終戦詔書と日本政治

義命と時運の相克

老川祥一

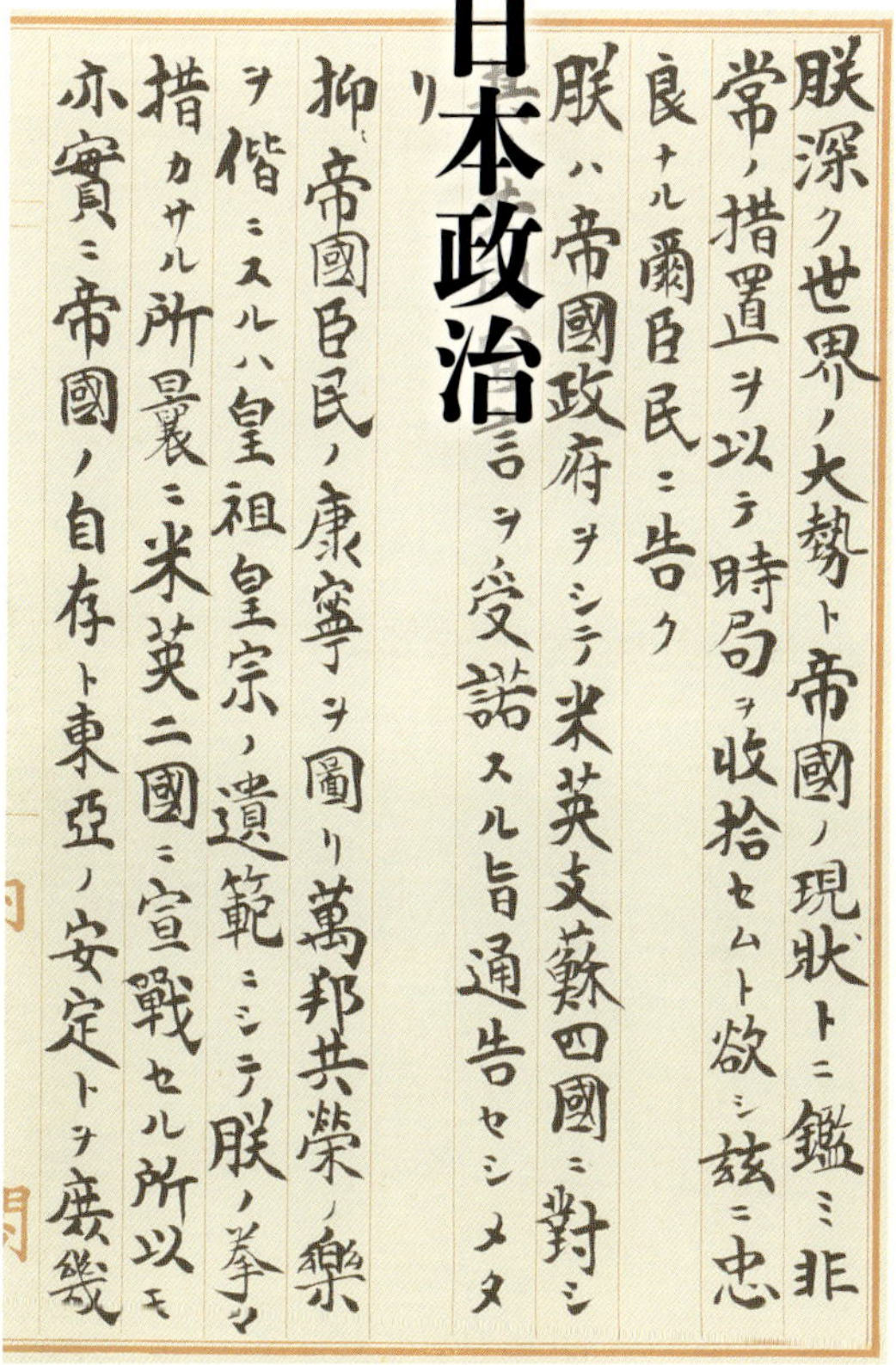
朕深ク世界ノ大勢ト帝國ノ現狀トニ鑑ミ非
常ノ措置ヲ以テ時局ヲ收拾セムト欲シ茲ニ忠
良ナル爾臣民ニ告ク
朕ハ帝國政府ヲシテ米英支蘇四國ニ對シ
言ヲ受諾スル旨通告セシメタ
リ
抑〻帝國臣民ノ康寧ヲ圖リ萬邦共榮ノ樂
ヲ偕ニスルハ皇祖皇宗ノ遺範ニシテ朕ノ拳〻
措カサル所曩ニ米英二國ニ宣戰セル所以モ
亦實ニ帝國ノ自存ト東亞ノ安定トヲ庶幾

中央公論新社

まえがき

「堪えがたきを堪え、忍び難きを忍び――」。一九四五年八月一五日正午、昭和天皇の肉声で戦争終結を告げた玉音放送のこの一節は、あれから七〇年たったいまも、多くの日本人の胸に深く刻まれている。しかし、その「堪えがたき」の言葉の前にどんな言葉があったかと問われて、すぐに答えられる人は少ないだろう。

陸軍などが徹底抗戦、本土決戦を叫ぶ中で、天皇の「聖断」によってポツダム宣言受諾、戦争終結が決まり、その時の天皇の言葉が終戦詔書としてラジオで天皇自身によって読み上げられたという経過は、よく知られている。玉音放送を阻止しようとする軍部の録音盤争奪クーデターの騒動についても、当時から知られていた。しかし、その詔書の作成自体が政府部内の対立で難航に難航を重ね、天皇の放送用録音が始まる直前まで激論、確執、葛藤が繰り広げられた激動の内幕を知る人は、ほとんどないだろう。

それも無理はない。詔書作成の過程については、当時の関係者たちの証言など、断片的な情報が知られていただけで、それも内容があいまいだったり食い違っていたりして、確認の取りようがない。証言の真偽や事実関係を裏付ける文書類の記録など存在しないと、長く信じられていたからだ。

ところが、その終戦詔書作成過程の紆余曲折を物語る、いく通りもの原案類が、そっくりそのまま保存されていたのだ。国立公文書館に眠っていた、「公文類集」と書かれた表紙で束ねられた詔書原案類の文書が発見されたのは、終戦から三五年後の、一九八〇年のことである。発見したのは徳島県の、茶園義男という研究者だった。彼は、エンピツの手書き文字、ガリ版刷り、タイプ印刷など、さまざまな様式で作成された複数の文書の、加筆、修正、削除などが加えられた詔書原案類をたんねんに検証し、その結果を『密室の終戦詔勅』という著書にまとめて発表した。私が知る限り、終戦詔書の作成過程を集中的に研究し、原資料（モノクロ写真等）とともに公刊された書籍は、この一冊だけである（ほかに国立公文書館、国会図書館などの専門員による貴重な研究資料があるが、これらについては別途言及する）。

ただし茶園の研究の主眼は、詔書原案の第一起草者は誰であったか、などの点にあった。このため、詔書作成過程で行われたおびただしい加除訂正など、詔書の文言をめぐるせめぎあいの政治的意味について の掘り下げた研究は、これまで存在しなかったといってよい。私自身も、政治取材の必要上、現代史に関するひと通りの書籍には目を通したつもりだったが、終戦詔書に関しては、ポツダム宣言受諾に際し、「国体護持」をどのような形で担保するかをめぐって政府部内の意見集約が難航したといった程度の、部分的な知識しかなかった。

それが、たまたま公文書管理体制に関する内閣府の研究会に参加した縁で、国立公文書館に所蔵されている終戦詔書の「ご署名原本」や、原案類をまとめた「公文類集」を直接目にする機会を得て、思わず息を呑んだ。

まず、ご署名原本だ。閣議決定をへて、昭和天皇の御名御璽が刻された、最終の確定版文書である。にもかかわらず、淡黄色の厚手の和紙に毛筆で書かれた端正な文字の列に、数箇所、書き損じた部分を薄く削って書き直したかのような痕跡や、小さな文字でカッコ書きの挿入が行われるなど、不ぞろいの部分が見て取れる。連日の大空襲。広島に次ぐ長崎への原爆投下。国家滅亡の淵に立った緊迫状況の中での、ドタバタの作業ぶりが目に浮かぶようだ。

ご署名原本に至るまでの詔書原案類の文書は、さらにすさまじい。九通り八種類の詔書案が時系列と思われる順番で綴じ込まれていて、各案のほとんどに加筆、訂正、削除などの痕跡が残っている。テニオハ的な用字用語の手直しも含めれば、修正は一六一箇所にものぼる。連合軍側の真意が読みきれない中で、ポツダム宣言受諾による戦争終結と「国体護持」とを、どのような表現で両立できるようにするか。この点をめぐって苦心惨憺した跡が、はっきり確認できる。

それにもまして重要な問題を含む修正が、ほかにいくつも見出せる。とくに注目されるのは、「第三案」と表記された文書以降の、挿入や削除の激しい手直しの経過である。たとえば「堪ヘカタキヲ堪ヘ……」の前に、内閣の委嘱を受けた陽明学者の安岡正篤（まさひろ）が書き込んだ「義命ノ存スル所」という文言だ。二転三転の修正のあげく、最終文書では「時運ノ赴ク所」に変更された。大義に基づく戦争終結、という意味合いが、ことの成り行き上やむを得ずそうなった、というぐあいに、まるで正反対に変わっている。

戦争を終結させざるをえない状況に立ち至った「戦局」についての判断も、三回の修正の結果、「戦局日ニ非（あらざる）ニシテ」から「戦局必スシモ好転セス」に変わった。「日ニ非ニシテ」では戦局がずっと悪化の一途を辿っていたことを認めることになり、それまでの威勢のよい「大本営発表」と辻褄が合わなくなる、という判断からだろう。

当時の関係者たちの証言と重ね合わせてこれらの原案類を検証すると、こうした修正の痕跡から浮かび上がってくるのは、戦争指導の誤りを認めたくない、追及されたくないという責任の回避、また、戦争終結は戦争指導の失敗とその反省に基づく決断というわけではなくて、あたかも自然の成り行きであるかのようにみなしたいという決断の放棄、ひとことでいえば「政治の無責任」ぶりである。

責任のたらい回し、既成事実への屈服、成り行きや大勢への順応といった、丸山眞男のいう「無責任の体系」が、絵に描いたようにくっきりと表れているように見える。もし丸山が健在の時にこの文書類が発見されていたら、自説の正しさを裏付ける最高の史料とみなしたに違いない。

しかし私は、この終戦詔書の原案類を、「無責任の体系」のまたとない証拠物件とみなして、日本政治はだからこのようにお粗末なのだと、批判し冷笑するだけで終わる気にはなれない。もともと私は、丸山の鮮やかな分析に感嘆しながらも、「無責任」が日本政治の宿命的な文化的後進性であるかのような捉え方には、ずっと違和感を拭えないでいた。

日本の明治以来の政治史を見ても、大局観に立った的確な政治判断や意思決定が行われた事例がいくつもある。同時に、無責任な、だらしない政治は、日本がしばしば模範と仰ぐ西洋の政治史にだって、たくさん見出せる。「政治の無責任」は、決して日本固有の、また変えがたい運命ではないのだ。政治は健全な、気迫に満ちた興隆の時代もあれば、劣化して機能麻痺に陥る時機もある。だからこそ常に、政治に緊張感をもった不断の改革努力を促す余地と、その必要性があるのだと思う。

詔書案の修正をめぐって明らかになった、敗北を認めたくない、責任を追及されたくないという無責任に見える言動も、見方を変えれば、詔書の文案を手の込んだ表現に妥協することによって、無謀な戦争がもたらした空前の惨害をなんとかここで終わらせようという痛ましい苦闘だった、と見ることができよう。実際、もしこの努力なしに軍部の暴走に引きずられてずるずると戦争を継続していたら、第三の原爆投下を含め、さらに大規模な被害は避けられず、日本という国家は破滅していたかもしれない。

その限りでは、ここに、ある程度の合理的判断と責任感を見ることもできる。問題は、その判断や責任感が身内の関係者だけに通じる小さな組織情理であって、国家や国民に向けた大局的判断を欠いていたことにある。

ひるがえって、現代の日本政治はどうだろうか。民主党政権時代に起きた沖縄の基地返還問題や東日本大震災に伴う福島第一原発事故への対応で見せた指導者らの、責任の自覚すらないような無責任ぶりを、私たちは目撃したばかりである。また、そうした未熟な政治家たちを「政権交代」のスローガンとともに熱狂的に誕生させた背景に、自民党長期政権時代の劣化の過程があったことも見落としてはなるまい。

このように見れば、「無責任」をキーワードに日本政治を論評する場合でも、それがどのような意味で無責任なのか、たとえば、①責任の自覚の有無、②責任の果たし方の適否、③決断内容や時機の適否、④決断そのものの放棄――といった観点から、具体的に分析・検討することが必要となろう。

また、その無責任現象の原因についても、①制度に欠陥があるのか、②政治家たちの資質によるのか、③時間的要因による経年劣化なのか――などをそれぞれの事例に照らして考察することによって初めて、問題の所在の把握、劣化の兆候の早期発見、そして責任ある政治を確立するための改革の方策を探求することが可能になる。

こうした観点に立って終戦詔書のドラマを検証してみると、それが戦前政治の劣化過程の凝縮点であり、同時に戦後政治の起伏の出発点であったことが明らかになるだろう。終戦詔書の原案類を通じて私たちは、戦前から戦後、そして現代にまでおよぶ政治の数々の失敗の系譜とその形態を学ぶことができる。またそうしなければならない地点に、いま私たちは立っている。

戦後七〇年。終戦直後の荒廃から見事に復活を遂げ、世界第二の経済大国にまで成長した日本だったが、バブルの崩壊を機に長いデフレ不況に陥り、産業空洞化、雇用の喪失、人口の減少、社会保障制度の動揺など、深刻な課題を抱えるに至っている。加えて、友好国だと信じていた韓国、中国からは歴史問題をめぐって反日攻勢をかけられ、領土・領海という国家存立の基盤まで脅かされる事態となっている。日米同盟関係は強固なはずだが、韓国や中国の対米プロパガンダの影響や米国内での世代交代もあって、アメリカの対日信頼感にかげりも見える。

冷戦構造の崩壊と経済のグローバル化で、平和と繁栄の時代が到来すると期待された世界は、逆に、アメリカの国力の低下、イスラム過激派による残虐なテロ活動、ロシアのクリミア編入、中国の軍事的勢力拡大など、かつてない不安要因が重なり合って、既存の国際秩序が急速に崩れつつある。アメリカとの良好な関係に寄りかかっているだけではすまない厳しい時代に、日本は直面しているのだ。

国家として何をめざし、世界にどう立ち向かうのか、国の安全と国民生活の安定をどう確保していくのかを、自らの知恵と努力で決断し、行動しなければならない。誰も経験したことのない未知の新時代だが、そうであるからこそなおさら、しっかりと過去を検証し、そこから政治の回復を図らなければならないだろう。

その糸口を私は、終戦詔書のドラマに見出せるように思う。政治のあるべき姿と現実との乖離など、政治に自己認識と反省を促す原点が、そこにあるからだ。そうした問題意識に立って、まず、旧首相官邸の玄関のガラス窓にあいた、小さな穴の謎から考察を始めることにしたい。

目次

終戦詔書とその草稿

本書出版にあたり、終戦詔書のご署名原本、および九通り八種類四八ページ（うち一ページ分は別案件）にのぼる原案類の、全史料コピーを一括して掲載する。これらの文書の一部はこれまでも国立公文書館内で一般向けに展示されたことはあったが、すべてをまとめて、鮮明なカラー画像で一般書に収録して公刊するのは初めてであり、画期的なことだろう。これによって読者は、本書に書かれている終戦詔書作成過程の生なましいドラマを、自分の目で直接確認することができると思う。

国立公文書館では現在、所蔵している公文書の一般市民による利用度を高めるためデジタル・システムを改修中で、終戦詔書関連文書も遠からずインターネットによる閲覧が可能になる予定だ。本書への収録は、これに先だって、加藤丈夫館長はじめ国立公文書館スタッフの理解と協力によって実現したものだ。電子媒体とは別に、本書のような一般書籍への掲載によって、歴史的価値の高い公文書を保存、管理し、広く国民が利用することの大切さについて、より一層関心を高めることに本書が役立てるとすれば、幸いである。

朕深ク世界ノ大勢ト帝國ノ現狀トニ鑑ミ非
常ノ措置ヲ以テ時局ヲ收拾セムト欲シ茲ニ忠
良ナル爾臣民ニ告ク
朕ハ帝國政府ヲシテ米英支蘇四國ニ對シ
其ノ共同宣言ヲ受諾スル旨通告セシメタ
リ
抑〻帝國臣民ノ康寧ヲ圖リ萬邦共榮ノ樂
ヲ偕ニスルハ皇祖皇宗ノ遺範ニシテ朕ノ拳〻
措カサル所曩ニ米英二國ニ宣戰セル所以モ
亦實ニ帝國ノ自存ト東亞ノ安定トヲ庶幾

スルニ出テ他國ノ主權ヲ排シ領土ヲ侵スカ如キハ固ヨリ朕カ志ニアラス然ルニ交戰已ニ四歳ヲ閲シ朕カ陸海將兵ノ勇戰朕カ百僚有司ノ勵精朕カ一億衆庶ノ奉公各ゝ最善ヲ盡セルニ拘ラス戰局必スシモ好轉セス世界ノ大勢亦我ニ利アラス加之敵ハ新ニ殘虐ナル爆彈ヲ使用シテ頻ニ無辜ヲ殺傷シ慘害ノ及フ所眞ニ測ルヘカラサルニ至ル而モ尚交戰ヲ繼續セムカ終ニ我カ民族ノ滅亡ヲ招來スルノミナラス延テ人類ノ文明ヲモ破却スヘシ斯ノ如クムハ朕何ヲ以テカ億兆ノ赤子ヲ保シ皇祖

皇宗ノ神靈ニ謝セムヤ是レ朕カ帝國
政府ヲシテ共同宣言ニ應セシムルニ至レル所
以ナリ
朕ハ帝國ト共ニ終始東亞ノ解放ニ協力セ
ル諸盟邦ニ對シ遺憾ノ意ヲ表セサルヲ得
ス帝國臣民ニシテ戰陣ニ死シ職域ニ殉シ非
命ニ斃レタル者及其ノ遺族ニ想ヲ致セハ五
内爲ニ裂ク且戰傷ヲ負ヒ災禍ヲ蒙リ家業
ヲ失ヒタル者ノ厚生ニ至リテハ朕ノ深ク軫念ス
ル所ナリ惟フニ今後帝國ノ受クヘキ苦難ハ

固ヨリ尋常ニアラス爾臣民ノ衷情モ朕善ク之ヲ知ル然レトモ朕ハ時運ノ趨ク所堪ヘ難キヲ堪ヘ忍ヒ難キヲ忍ヒ以テ萬世ノ爲ニ太平ヲ開カムト欲ス

朕ハ茲ニ國體ヲ護持シ得テ忠良ナル爾臣民ノ赤誠ニ信倚シ常ニ爾臣民ト共ニ在リ若シ夫レ情ノ激スル所濫ニ事端ヲ滋クシ或ハ同胞排擠互ニ時局ヲ亂リ爲ニ大道ヲ誤リ信義ヲ世界ニ失フカ如キハ朕最モ之ヲ戒ム宜シク擧國一家子孫相傳ヘ確ク神州ノ

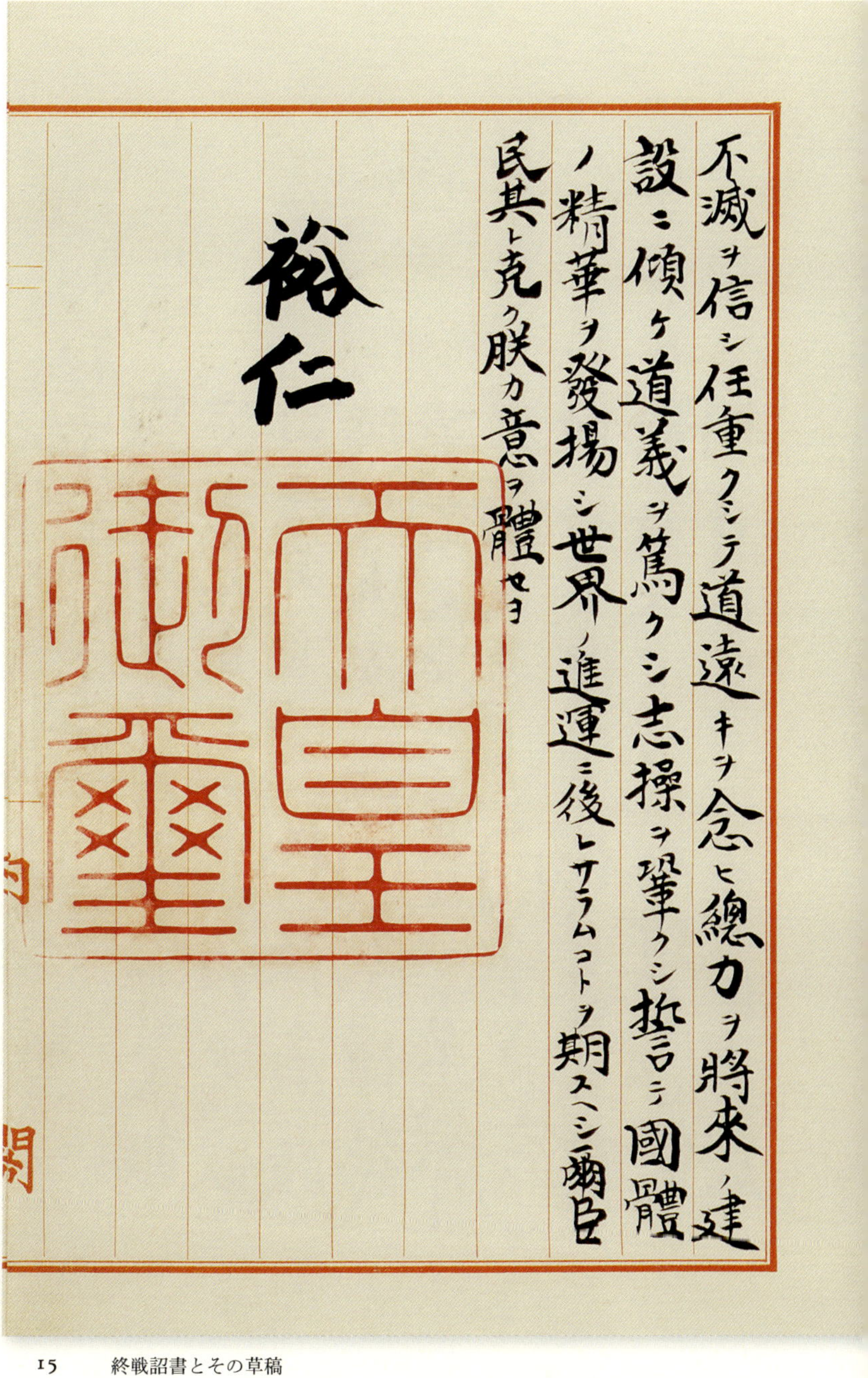
不滅ヲ信シ任重クシテ道遠キヲ念ヒ總力ヲ將來ノ建
設ニ傾ケ道義ヲ篤クシ志操ヲ鞏クシ誓テ國體
ノ精華ヲ發揚シ世界ノ進運ニ後レサラムコトヲ期スヘシ爾臣
民其レ克ク朕カ意ヲ體セヨ

裕仁

内閣

昭和二十年八月十四日

内閣總理大臣男爵　鈴木貫太郎

海軍大臣　米内光政

司法大臣　松阪廣政

陸軍大臣　阿南惟幾

軍需大臣　豊田貞次郎

厚生大臣　岡田忠彦

國務大臣　櫻井兵五郎

國務大臣　左近司政三

國務大臣　下村宏

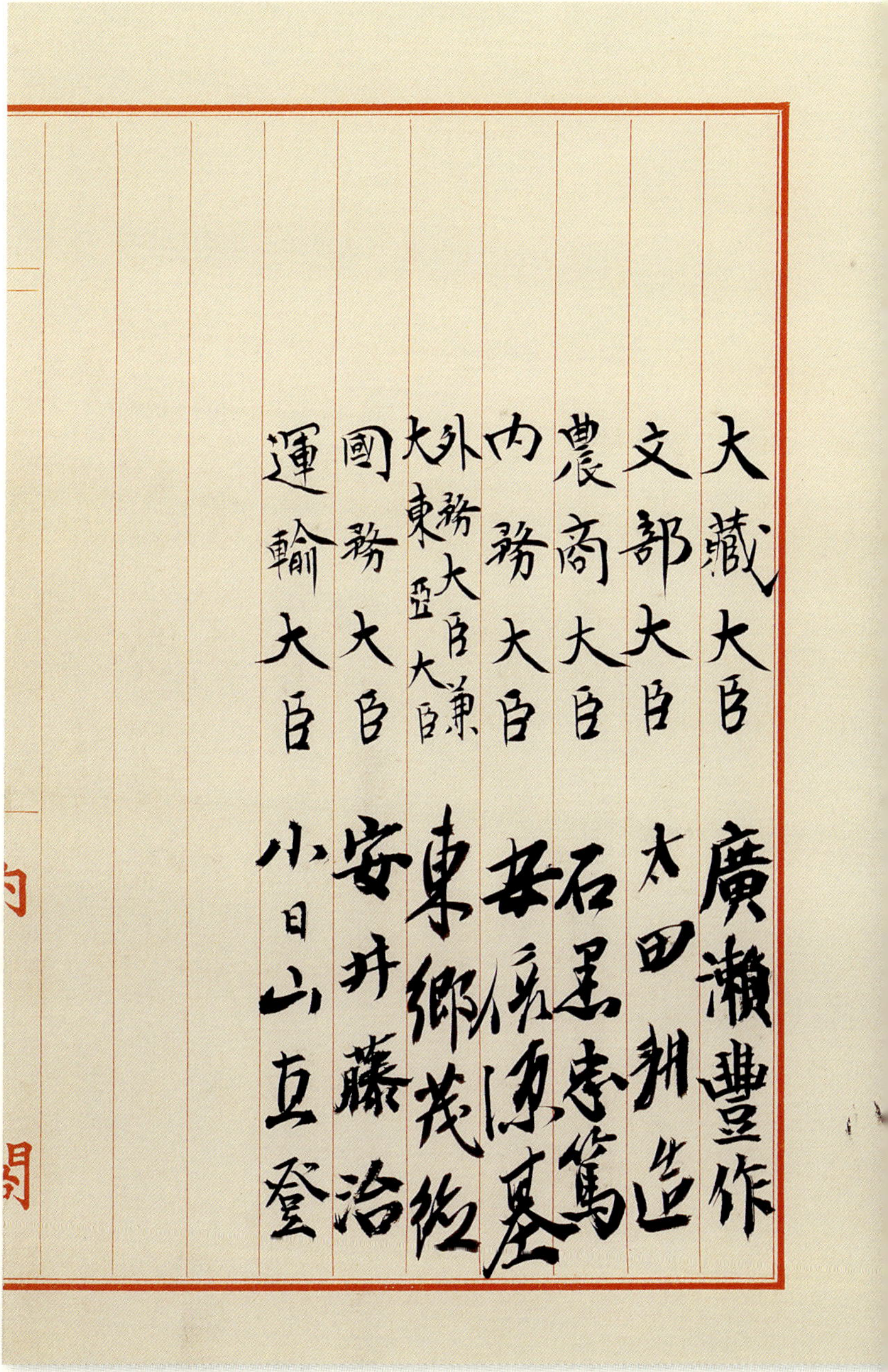
大藏大臣 廣瀨豐作
文部大臣 太田耕造
農商大臣 石黒忠篤
内務大臣 安倍源基
外務大臣兼大東亞大臣 東郷茂徳
國務大臣 安井藤治
運輸大臣 小日山直登

九通り八種類の原案類

見出一九號

（後日添附）

（第一案）

朕茲ニ忠良ナル爾臣民ニ告ク

朕ハ帝國政府ヲシテ米英重慶並ソヴィエート政府ニ對シ各國共同宣言ヲ受諾スル旨通告セシメタリ

世界人類ノ和平ト帝國臣民ノ康寧トヲ冀求スルハ皇祖皇宗ノ遺範ニシテ朕ノ拳々措カサル所曩ニ米英二國ニ對スル宣戰ヲ敢テセル所以モ亦實ニ帝國ノ自存ト東亞ノ安定トヲ庶幾スルニ出テ他國主

權ノ毀損ト領土ノ侵略トハ固ヨリ朕カ素志ニアラス
然ルニ交戰已ニ四歳ヲ閲シ朕カ陸海將兵ノ健
鬪朕カ百僚有司ノ勵精朕カ一億衆庶ノ刻
苦甚ノ極ニ達スルモ未タ戰爭ノ局ヲ結フニ至ラス
此ノ間歐洲ニ於テハ友ラ戰火ノ終熄ヲ見世界ノ大
勢ハ新ナル國際秩序ノ實現ヲ促スノ機運ヲ示セリ
是ノ秋ニ當リ尚交戰ヲ繼續セムカ激烈ナル破

壊ト惨酷ナル殺戮トノ極マル所遂ニ民族生存ノ根
據ヲ奪フノミナラス延テハ人類文明ノ大本ヲ滅却スル
ヤ必セリ

内閣

朕ハ戰局益々不利ニシテ敵國ノ人道ヲ無視セル爆
撃ノ日ニ月ニ苛烈ヲ極メ朕カ赤子ノ犠牲愈々
多ク人倫ノ大變所在並起ルヲ見ルニ忍ヒス特
ニ戰火ノ及フ所人類共存ノ本義ヲ否定スル
ニ至ラムコトヲ懼ル是レ朕カ先ニ帝國政府ヲ
シテ第三國ノ調停ヲ求メシメタル所以ナルモ不幸
其ノ容ルル所トナラス遂ニ各國共同ノ宣言ニ

内閣

應セシムルニ至レル理由ナリ

斯ノ如キ非常ノ措置ニヨリ戰爭ノ終結ヲ求ム今後帝國ノ受クヘキ苦難ハ固ヨリ尋常ニアラサルヘク爾臣民ノ衷情ハ朕最能ク之ヲ知レリ且夫レ帝國ト共ニ東亞新秩序ノ建設ニ協力セル東亞ノ諸盟邦ニ對シテモ事遂ニ志ト違ヘルコトヲ謝セサルヘカラス然レトモ事態ハ今ヤ此ノ

一途ヲ餘スニ過キス朕ハ實ニ堪ヘ難キヲ~~忍~~堪ヘ
忍ヒ難キヲ忍ヒ爾臣民ト共ニ黽勉努力以テ
社稷ヲ保衛セムト欲ス
忠良ナル爾臣民朕ハ常ニ爾臣民ノ赤誠ニ
信倚シ神器ヲ奉シテ爾臣民ト共ニ在リ苟モ
激情輕擧益々事端ヲ滋クシ同胞排擠愈々
時局ヲ亂リ爲ニ世界ニ信ヲ失フカ如キハ朕

ノ最戒ムル所ナリ爾臣民其レ克ク朕カ意

ヲ體セヨ

極秘

詔書案

朕深ク世界ノ大勢ト帝國ノ現状トニ鑑ミ非常ノ措置ヲ以テ時
局ヲ収拾セムト欲シ茲ニ忠良ナル爾臣民ニ告ク
朕ハ帝國政府ヲシテ米英二國並ニ重慶政權ソヴィエート聯邦
ニ對シ各國共同宣言ヲ受諾スル旨通告セシメタリ
世界人類ノ和平ト帝國臣民ノ康寧トヲ冀求スルハ皇祖
皇宗ノ遺範ニシテ朕ノ拳々措カサル所曩ニ米英二國ニ

宣戰セル所以モ亦實ニ帝國ノ自存ト東亞ノ安定トヲ庶幾
スルニ出テ他國ノ主權ノ毀損ト領土ノ侵畧トハ固ヨリ朕カ素志
ニアラス然ルニ交戰已ニ四歳ヲ閲シ朕カ陸海將兵ノ敢闘
朕カ百僚有司ノ勵精朕カ一億衆庶ノ奉公各々最善ノ
盡セルニ拘ラス未タ戰爭ノ局ヲ結フニ至ラス此ノ間歐洲
ニ於テハ反テ戰火ノ終熄ヲ見世界ノ大勢ハ新ナル國
際秩序ノ實現ヲ促スノ機運ヲ示セリ是ノ秋ニ當リ

尚交戰ヲ継續セムカ激烈ナル破壊ト惨酷ナル殺戮トノ究
極スル所単ニ民族生存ノ根據ヲ奪フノミナラス延テ人類
文明ノ大本ヲ滅却スルヤ必セリ朕ハ此ノ戰局ノ危急ニシテ
人道ヲ無視セル敵襲ノ今後益苛烈ヲ加ヘ國家ノ犠牲愈
多ク朕ノ赤子ノ非命ニ斃ルル者日ニ月ニ其ノ数ヲ増スヲ
見ルニ忍ヒス特ニ戰火ノ及フ所人類共存ノ本義ヲ否定
スルニ至ラムコトヲ懼ル是レ朕カ先ニ帝國政府ヲシテ第三國

ノ調停ヲ求メシメタル所以ナルモ不幸其ノ容ルル所トナラス
遂ニ各國共同ノ宣言ニ應セシムルニ至レル理由ナリ
斯ノ如キ非常ノ措置ニヨリ戦争ノ終結ヲ求ム惟フニ帝
國ノ受クヘキ苦難ハ固ヨリ尋常ニアラサルヘク爾臣民ノ
衷情モ朕能ク之ヲ知レリ且又帝国ト共ニ終始新秩序
ノ建設ニ協力セル東亜ノ諸盟邦ニ對シテモ事遂ニ志ト違
ヘルニトシ謝セサルヘカラス然レトモ事態ハ今ヤ此ノ一途ヲ餘ス

日本標準規格 B4（十四行罫）

ノミ朕ハ實ニ堪ヘ難キヲ堪ヘ忍ヒ難キヲ忍ヒ臥薪嘗膽
爲ス有ルノ日ヲ將來ニ期シ爾臣民ノ協翼ヲ得テ永ク社
稷ヲ保衛セムト欲ス

朕ハ常ニ忠良ナル爾臣民ノ赤誠ニ信倚シ神器ヲ奉
シテ爾臣民ト共ニ在リ若シ夫レ情熱ノ激スル所輕擧
妄動濫ニ事端ヲ滋クシ或ハ同胞排擠互ニ時局ヲ亂リ
爲ニ信義ヲ世界ニ失フカ如キハ朕ノ最戒ムル所宜シク

冷靜沈着刻苦自勵益々国体ヲ明カニシ弥名分ヲ正シ確ク神州ノ不滅ヲ信シ誓テ
禍ヲ轉シテ福ト爲スノ基ヲ開クヘキナリ爾臣民其レ克
ク朕カ意ヲ體セヨ

日本標準規格 B十（十四行罫）

極秘

詔書案（第三案）

朕深ク世界ノ大勢ト帝國ノ現状トニ鑑ミ非常ノ措置ヲ以テ
時局ヲ收拾セムト欲シ茲ニ忠良ナル爾臣民ニ告ク
朕ハ帝國政府ヲシテ米英二國並ニ重慶政權ソヴィエート
聯邦ニ對シ各國共同宣言ヲ受諾スル旨通告セシメタリ
世界人類ノ和平ト帝國臣民ノ康寧トヲ冀求スルハ
皇祖皇宗ノ遺範ニシテ朕ノ拳々措カサル所曩ニ

米英二國ニ宣戰セル所以モ亦實ニ帝國ノ自存ト東
亞ノ安定トヲ庶幾スルニ出テ他國主權ノ毀損ト領土ノ
侵畧トハ固ヨリ朕カ素志ニアラス 然ルニ交戰已ニ四
歳ヲ閲シ朕カ陸海將兵ノ敢鬪朕カ百僚有司ノ勵
精朕カ一億衆庶ノ奉公各々最善ヲ盡セルニ拘ラス未タ
戰爭ノ局ヲ結フニ至ラス 此ノ間歐洲ニ於テハ友邦戰ヒ
終熄シ見世界ノ大勢ハ新ナル國際秩序ノ實現

日本標準規格 B4（十四行罫）

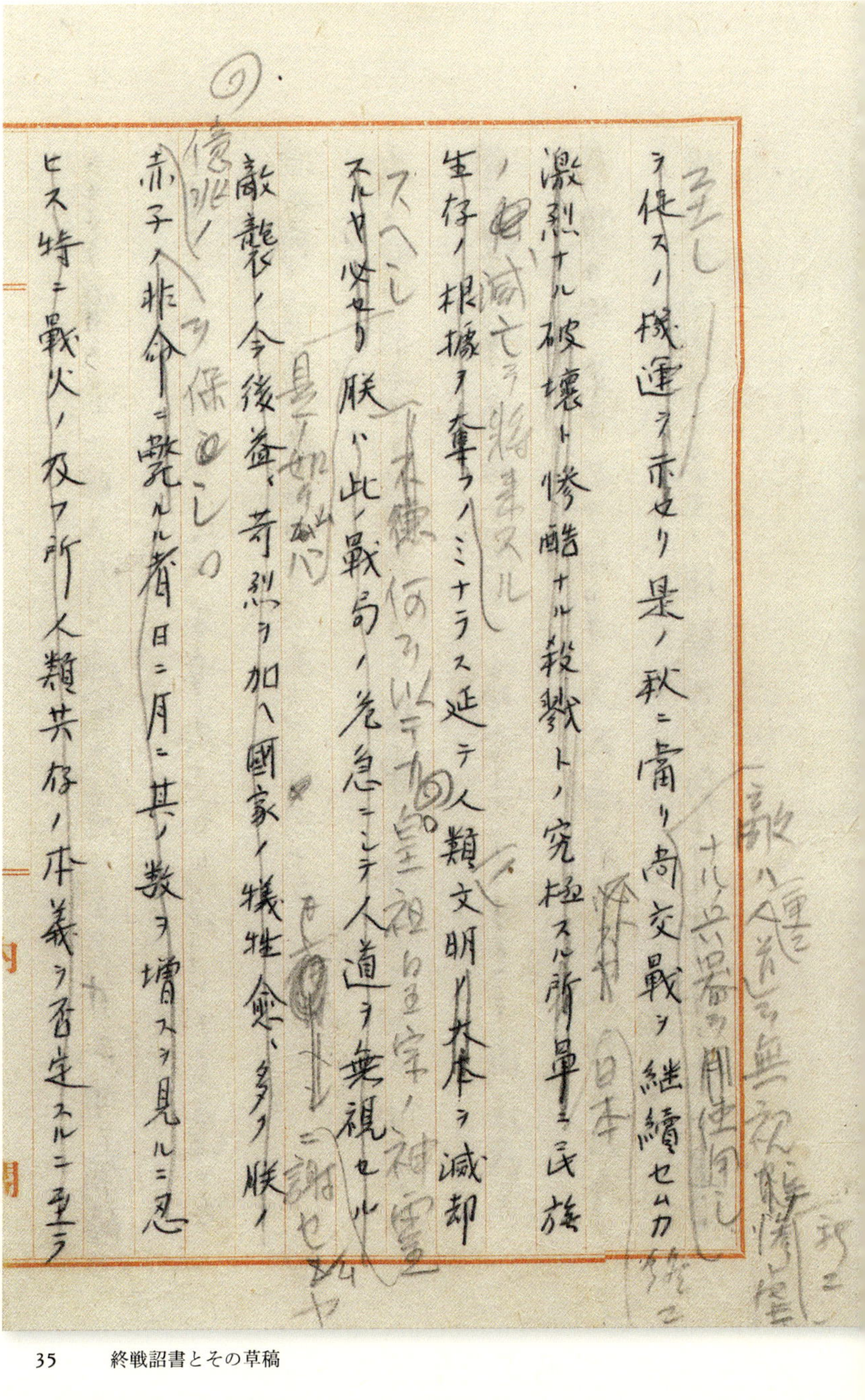

ヲ促スノ機運ヲ來セリ是ノ秋ニ當リ尚交戰ヲ繼續セムカ
激烈ナル破壞ト慘酷ナル殺戮トノ究極スル所單ニ民族
ノ生存ノ根據ヲ奪フノミナラス延テ人類文明ノ大本ヲ滅却
スルヤ必セリ朕ハ此ノ戰局ノ危急ニシテ人道ヲ無視セル
敵襲ノ今後益〻苛烈ヲ加ヘ國家ノ犧牲愈〻多ク朕ノ
赤子ハ非命ニ斃ルル者日ニ月ニ其ノ數ヲ増スヲ見ルニ忍
ヒス特ニ戰火ノ及フ所人類共存ノ本義ヲ否定スルニ至ラ

ムコトヲ懼ル是レ朕カ先ニ帝國政府ヲシテ第三國ノ調停
ヲ求メシメタル所以ナルモ不幸其ノ容ルル所トナラス遂ニ各
國共同ノ宣言ニ應セシムルニ至レル理由ナリ
斯ノ如キ非常ノ措置ニヨリ戰争ノ終結ヲ求ム惟フニ帝
國ノ受クヘキ苦難ハ固ヨリ尋常ニアラサルヘク爾臣民ノ
衷情モ朕能ク之ヲ知リ且又帝國ト共ニ終始新秩序ノ
建設ニ協力セル東亜ノ諸盟邦ニ對シテモ事志ト違ヘル
一実ニ慚愧ニ堪ヘズ

コトヲ謝セルヘカラス然レトモ事態ハ今ヤ此ノ一途ヲ餘スノミ朕ハ
義命ノ存スル所
實ニ堪ヘ難キヲ堪ヘ忍ヒ難キヲ忍ヒ敢テ嘗膽ノ爲ス有
萬世ノ爲ニ太平
ルノ日ヲ將來ニ期シ爾臣民ノ協翼ヲ得テ永ク社稷ヲ保
衛セムト欲ス ヲ開カムト欲ス

朕ハ常ニ忠良ナル爾臣民ノ赤誠ニ信倚シ神器ヲ奉シテ
爾臣民ト共ニ在リ若シ夫レ情ノ激スル所輕擧妄動
濫ニ事端ヲ滋クシ或ハ同胞排擠互ニ時局ヲ亂リ爲ニ信

義ヲ世界ニ失フカ如キハ朕ノ最モ戒ムル所宜シク冷静沈
着刻苦自勉（以テ國体ノ明カニ…）確ク神州ノ不滅ヲ信シ誓テ禍ヲ轉シテ福
ト爲スノ基ヲ開クヘキナリ爾臣民其レ克ク朕カ意ヲ
體セヨ

官民一致、任重クシテ道遠

日本標準規格 B4（十四行罫）

極秘

正

詔書案（第三案）

朕深ク世界ノ大勢ト帝國ノ現状トニ鑑ミ非常ノ措置ヲ以テ時局ヲ收拾セムト欲シ茲ニ忠良ナル爾臣民ニ告ク

朕ハ帝國政府ヲシテ米英二國並ニ重慶政權ソヴィエート聯邦ニ對シ各國共同宣言ヲ受諾スル旨通告セシメタリ

改行

世界人類ノ和平ト帝國臣民ノ康寧トヲ冀求スルハ皇祖皇宗ノ遺範ニシテ朕ノ拳々措カサル所曩ニ米英二國ニ宣戰セル

所以モ亦實ニ帝國ノ自存ト東亜ノ安定トヲ庶幾スルニ出テ他國

ノ主權ヲ排シ領土ヲ侵スハ固ヨリ朕カ素志ニアラス然ルニ交戰

已ニ四歳ヲ閲シ朕カ陸海將兵ノ勇戰朕カ百僚有司ノ勵精

朕カ一億衆庶ノ奉公各〻最善ヲ盡セルニ拘ラス戰局次第ニ不 [日ニ非ニシテ]

利ニ陥リ世界ノ大勢亦悉ク我ニ非ト爲ルニ至レリ是ノ秋ニ當リ [利アラサル] [之ニ加フルニ]

敵ハ專人道ヲ無視シテ新ニ慘虐ナル兵器ヲ使用シ尚交戰 [目的ノ爲ニ手段ヲ擇ハス……後]

ヲ繼續セムカ終ニ日本民族ノ滅亡ヲ將來スルノミナラス延テ [敗] [招]

内閣

人類ノ文明ヲ滅却スヘシ是ノ如クムハ朕ハ何ヲ以テカ億兆ノ赤
子ヲ保シ皇祖皇宗ノ神靈ニ謝セムヤ是レ朕カ先ニ帝國政府
ヲシテ第三國ノ調停ヲ求メシメタル所以ナルモ不幸其ノ容ルル所トナラス
遂ニ各國共同ノ宣言ニ應セシムルニ至レル理由ナリ
斯ノ如キ非常ノ措置ニヨリ戰爭ノ終結ヲ求ム惟フニ帝國ノ受ク
ヘキ苦難ハ固ヨリ尋常ニ非ス爾臣民ノ衷情ハ朕善ク之ヲ
知ル且又帝國ト共ニ終始新秩序ノ建設ニ協力セル東亞ノ諸

別紙

盟邦ニ對シ實ニ感愧ニ堪ヘス然レトモ朕ハ義命ノ存スル所（時運ノ命）

堪ヘ難キヲ堪ヘ忍ヒ難キヲ忍ヒ萬世ノ爲ニ太平ヲ開カント欲ス

朕ハ常ニ忠良ナル爾臣民ノ赤誠ニ信倚シ神器ヲ奉シテ爾臣民（國體ヲ護持シ得タルヲ欣ヒ）（常ニ）

ト共ニ在リ若シ夫レ情ノ激スル所輕擧妄動濫ニ事端ヲ滋クシ

或ハ同胞排擠互ニ時局ヲ亂リ爲ニ大道ヲ誤リ信義ヲ世界

ニ失フカ如キハ朕ノ最戒ムル所（之ヲ）官民一致任重クシテ道遠キヲ（宜シク）

念ヒ弘毅ノ志ヲ失ハス確ク神州ノ不滅ヲ信シ國體ヲ護持シ

誓テ禍ヲ轉シテ福ト爲スノ基ヲ開（立ツ）クヘキナリ爾臣民其レ克ク

朕カ意ヲ體セヨ

14

説書案（第三案）修正意見

第一頁
第三行「米英ニ[illegible]並ニ重慶政権ヨリ出イエーート解釈」
「ハ米英支ヨリ」四国政府」トス
（重慶政権トハ今、更、交ヲ七キニ非ス）

第二頁
「道ヲ無視シテ」及ヒ目的ノ為ニ手段ヲ擇ハス」今後」
ハ何レモ直接削除
（敵ヲ挑発スルハ対外的ニ避クルモノトス）

第三頁
「[illegible]

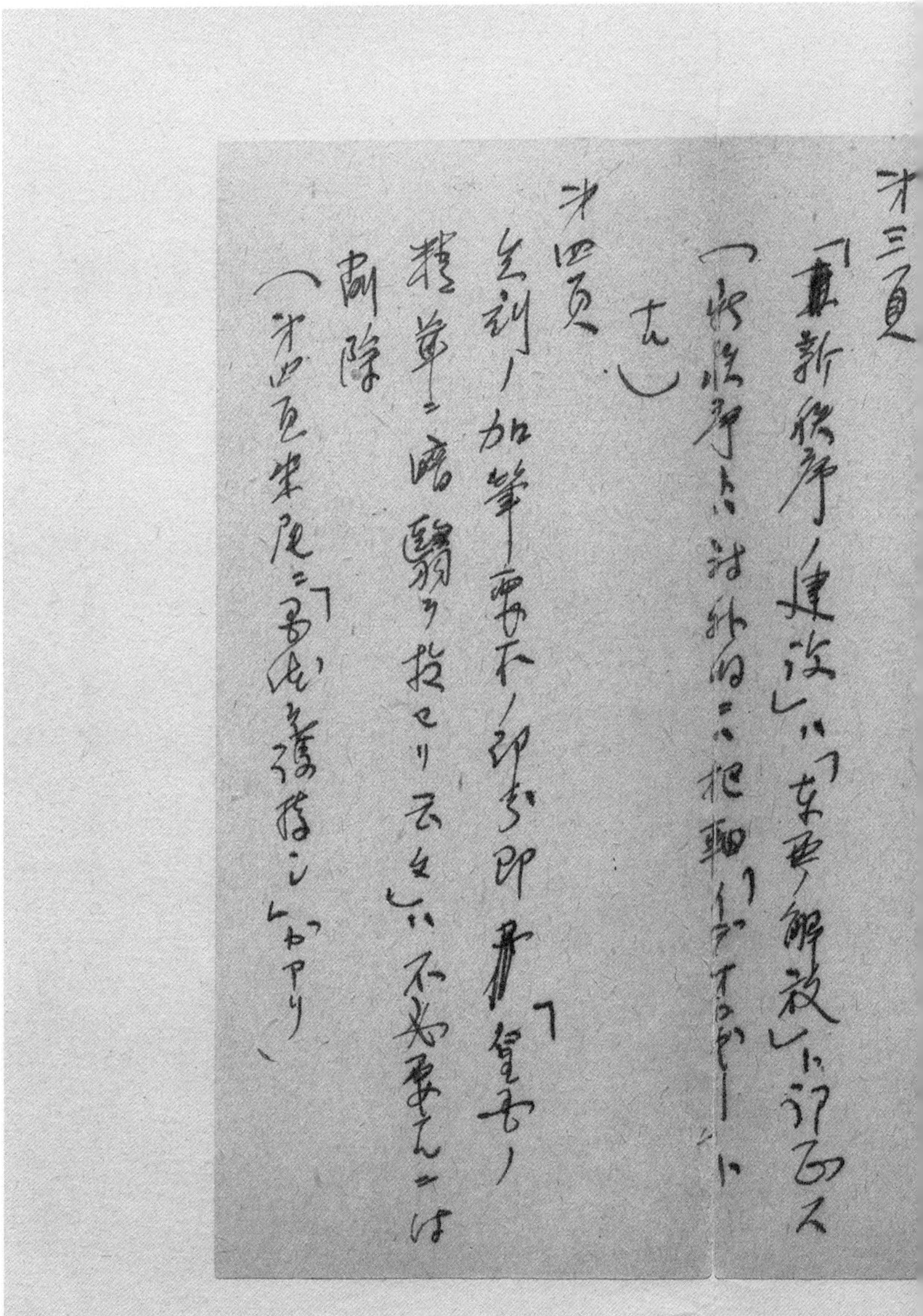
才三頁
「新秩序ノ建設」ハ「東亜ノ解放」ト訂正ス
（新秩序トハ対外的ニハ枢軸ノイデオロギー」ト
云ふ）
才四頁
先訓ノ加筆要求ノ印象即「朕」億兆ノ
精華ニ磨礪ヲ抜セリ云々」ハ不必要ナルニ付
削除
（才四頁末尾ニ「易经ノ議ヲ稍ニ」ノカアリ）

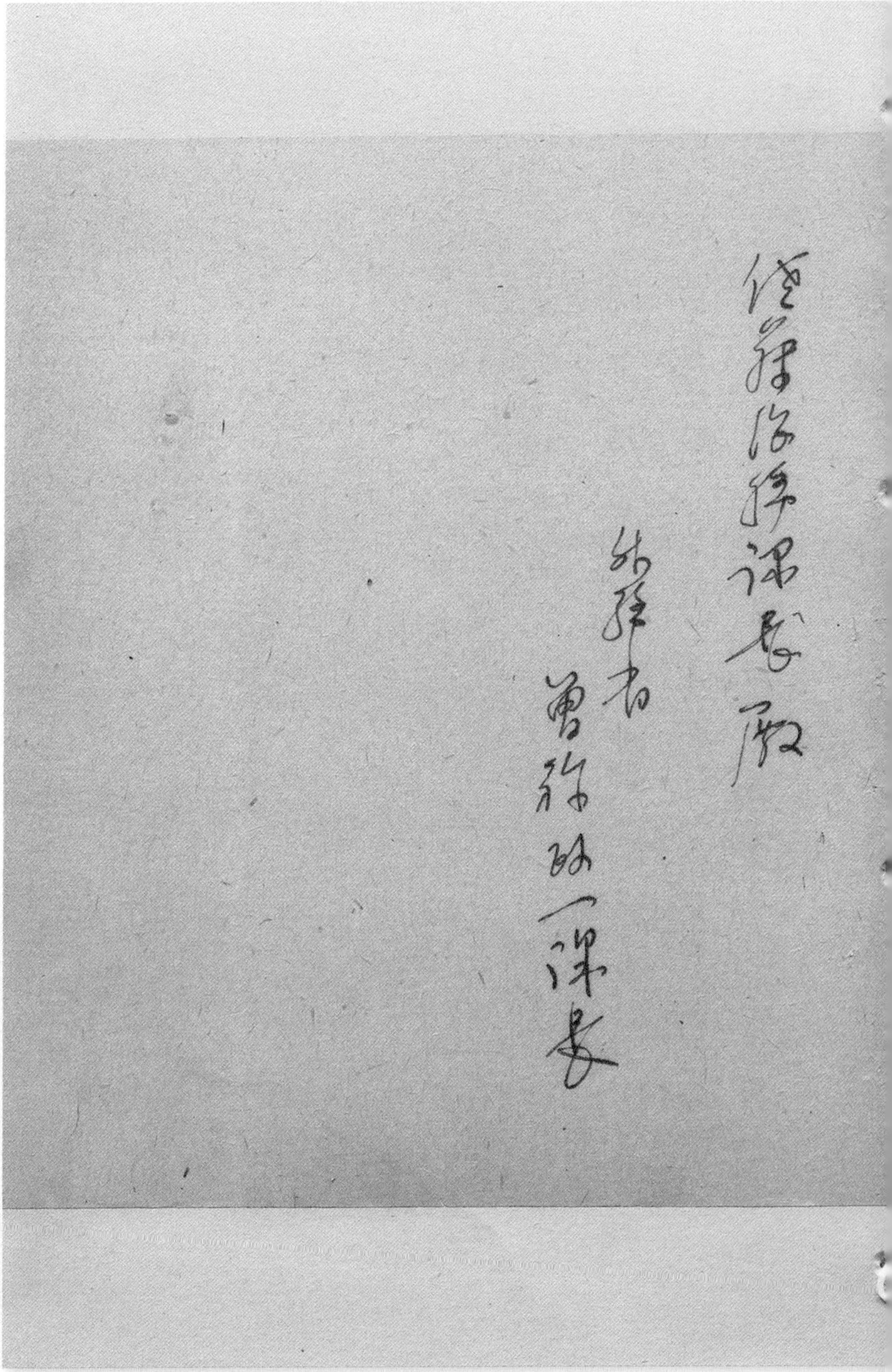
佐藤総務課長殿
外務省
曽祢政一課長

秘

詔書案

朕深ク世界ノ大勢ト帝國ノ現狀トニ鑑ミ非常ノ措置ヲ以テ時局ヲ收拾セムト欲シ
茲ニ忠良ナル爾臣民ニ告ク
朕ハ帝國政府ヲシテ米英二國並ニ重慶政權ソヴィエート聯邦ニ對シ各國共同宣
言ヲ受諾スル旨通告セシメタリ
世界人類ノ和平ト帝國臣民ノ康寧トヲ冀求スルハ皇祖皇宗ノ遺範ニシテ
朕ノ拳々措カサル所曩ニ米英二國ニ宣戰セル所以モ亦實ニ帝國ノ自存ト東
亞ノ安定トヲ庶幾スルニ出テ他國ノ主權ヲ排シ領土ヲ侵スハ固ヨリ朕カ素
志ニアラス然ルニ交戰已ニ四歳ヲ閲シ朕カ陸海將兵ノ勇戰朕カ百僚有
司ノ勵精朕カ一億衆庶ノ奉公各々最善ヲ盡セルニ拘ラス戰局日ニ非ニシ
テ世界ノ大勢ハ悉ク我ニ利アラサルニ至レリ之ニ加フルニ敵ハ人道ヲ無視シテ
新ニ殘虐ナル兵器ヲ使用シ目的ノ爲ニ手段ヲ擇ハス今後尚交戰ヲ繼續セム
カ終ニ日本民族ノ敗亡ヲ招來スルノミナラス延テ人類ノ文明ヲ滅却スヘシ
斯ノ如クムハ朕ハ何ヲ以テカ億兆ノ赤子ヲ保シ皇祖皇宗ノ神靈ニ謝セムヤ

レ朕カ先ニ帝國政府ヲシテ第三國ノ斡旋ヲ求メシメタル所以ナルモ不幸其ノ容
ルル所トナラス遂ニ各國共同ノ宣言ニ應セシムルニ至レル理由ナリ
此ノ如キ非常ノ措置ニヨリ戦争ノ終結ヲ求ム惟フニ帝國ノ受クヘキ苦難ハ固
ヨリ尋常ニ非ス爾臣民ノ衷情ハ朕善ク之ヲ知ル且又帝國ト共ニ終始新
秩序ノ建設ニ協力セル東亞ノ諸盟邦ニ對シ實ニ慙愧ニ堪ヘス然レトモ朕ハ時運
ノ命スル所堪ヘ難キヲ堪ヘ忍ヒ難キヲ忍ヒ萬世ノ為ニ太平ヲ開カント欲ス
朕ハ國體ヲ護持シ得タルヲ欣ヒ忠良ナル爾臣民ノ赤誠ニ信倚シ神器ヲ
奉シテ常ニ爾臣民ト共ニ在リ若シ夫レ情ノ激スル所輕擧妄動濫ニ事端ヲ
滋クシ或ハ同胞排擠互ニ時局ヲ亂リ為ニ大道ヲ誤リ信義ヲ世界ニ失フカ
如キハ朕最モ之ヲ戒ム宜シク官民一致任重クシテ道遠キヲ念ヒ弘毅ノ志ヲ失ハス
確ク神州ノ不滅ヲ信シ彌々國體ヲ明徴ニシ戦争遂行ニ盡シタル力ヲ移シテ之ヲ
戦後ノ建設ニ傾ケ誓テ禍ヲ轉シテ福ト為スノ基ヲ立ツヘキナリ爾臣民其
レ克ク朕カ意ヲ體セヨ

極秘

○詔書案

朕深ク世界ノ大勢ト帝國ノ現狀トニ鑑ミ非常ノ措置ヲ以テ時局ヲ收拾セムト欲シ茲ニ忠良ナル爾臣民ニ告ク

朕ハ帝國政府ヲシテ米英支蘇四國ニ對シ各國（其ノ）共同宣言ヲ受諾スル旨通告セシメタリ

抑ヽ帝國臣民ノ康寧ヲ圖リ萬邦共榮ノ樂ヲ偕ニスルハ皇祖皇宗ノ遺範ニシテ朕ノ拳々措カサル所曩ニ米英二國ニ宣戰セル所以モ亦實ニ帝國ノ自存ト東亞ノ安定トヲ庶幾スルニ出テ他國ノ主權ヲ排シ領土ヲ侵スカ如キハ固ヨリ朕カ志ニアラス然ルニ交戰已ニ四歲ヲ閱シ朕カ陸海將兵ノ勇戰朕カ百僚

有司ノ勵精朕カ一億衆庶ノ奉公各〻最善ヲ盡セルニ拘ラス戦局日ニ非ニシテ世界
大勢ハ悉ク我ニ利アラサルニ至レリ之ニ加フルニ敵ハ新ニ殘虐ナル兵器ヲ使用シ禍
害ノ及フ所眞ニ測ルヘカラス而モ尚交戦ヲ継續セムカ終ニ日本民族ノ敗亡ヲ招
來スルノミナラス延テ人類ノ文明ヲモ滅却スヘシ斯ノ如クムハ朕何ヲ以テカ億兆ノ赤
子ヲ保シ皇祖皇宗ノ神靈ニ謝セムヤ是レ朕カ帝國政府ヲシテ第三國ノ斡
旋ヲ求メシメテ不幸其ノ容ルル所トナラス遂ニ各國共同宣言ニ應セシムルニ至レル
所以ナリ
惟フニ今後帝國ノ受クヘキ苦難ハ固ヨリ尋常ニ非ス爾臣民ノ衷情モ朕善ク之
ヲ知ル殊ニ戦陣ニ死シ職域ニ殉シ非命ニ斃レタル将兵赤子及其ノ遺族ニ想ヲ致セ

ハ寢食安カラス戰傷ヲ負ヒ災禍ヲ蒙リ家業ヲ失ヒタル者ノ厚生ニ至リテハ朕深ク
之ヲ念トス且又帝國ト共ニ終始東亞ノ解放ニ協力セル諸盟邦ニ對シ實ニ感慨ニ堪
ヘス然レトモ朕ハ時運ノ命スル所堪ヘ難キヲ堪ヘ忍ヒ難キヲ忍ヒ以テ萬世ノ爲ニ
太平ヲ開カムト欲ス

朕ハ茲ニ國體ヲ護持シ得ルヲ欣ヒ忠良ナル爾臣民ノ赤誠ニ信倚シ神器ヲ奉シ
テ常ニ爾臣民ト共ニ在リ若シ夫レ情ノ激スル所濫ニ事端ヲ滋クシ或ハ同胞
排擠互ニ時局ヲ亂リ爲ニ大道ヲ誤リ信義ヲ世界ニ失フカ如キハ朕最モ之
ヲ戒ム宜シク擧國一家子孫相傳ヘ確ク神州ノ不滅ヲ信シ任重クシテ道遠キ
ヲ念ヒ總力ヲ將來ノ建設ニ傾ケ道義ヲ篤クシ志操ヲ尚クシ誓テ國體ノ精

華ヲ發揚シ世界ノ進運ニ後レサラムコトヲ期スヘシ爾臣民其レ克ク朕カ意ヲ
體セヨ

極秘

詔書案

朕深ク世界ノ大勢ト帝國ノ現狀トニ鑑ミ非常ノ措置ヲ以テ時局ヲ收拾セムト欲シ玆ニ忠良ナル爾臣民ニ告ク

朕ハ帝國政府ヲシテ米英支蘇四國ニ對シ其ノ共同宣言ヲ受諾スル旨通告セシメタリ

抑ゝ帝國臣民ノ康寧ヲ圖リ萬邦共榮ノ樂ヲ偕ニスルハ皇祖皇宗ノ遺範ニシテ朕ノ拳々措カサル所曩ニ米英二國ニ宣戰セル所以モ亦實ニ帝國ノ自存ト東亞ノ安定トヲ庶幾スルニ出テ他國ノ主權ヲ排シ領土ヲ侵スカ如キハ固ヨリ朕カ志ニアラス然ルニ交戰已ニ四歳ヲ閲シ朕カ陸海將兵ノ勇戰朕カ百僚有司ノ勵精朕カ一億衆庶ノ奉公各ゝ最善ヲ盡セルニ

拘ラス戰局日ニ非ニシテ世界ノ大勢亦我ニ利アラス加之敵ハ新ニ殘虐ナル爆彈ヲ使用シ慘害ノ及フ所眞ニ測ルヘカラサルモノアリ而モ尚交戰ヲ繼續セムカ終ニ我カ民族滅亡ヲ招來スルノミナラス延テ人類ノ文明ヲモ破却スヘシ斯ノ如クムハ朕何ヲ以テカ億兆ノ赤子ヲ保シ皇祖皇宗ノ神靈ニ謝セムヤ是レ朕カ帝國政府ヲシテ共同宣言ニ應セシムルニ至レル所以ナリ

朕ハ帝國ト共ニ終始東亞ノ解放ニ協力セル諸盟邦ニ對シ遺憾ノ意ヲ表セサルヲ得ス帝國臣民ニシテ戰陣ニ死シ職域ニ殉シ非命ニ斃レタル者及其ノ遺族ニ想ヲ致セハ五内爲ニ裂ク且戰傷ヲ負ヒ災禍ヲ蒙リ家業ヲ失ヒタル者ノ厚生ニ至リテハ朕ノ深ク軫念スル所ナリ惟フニ今後帝國ノ

受クヘキ苦難ハ固ヨリ尋常ニアラス爾臣民ノ衷情モ朕善ク之ヲ知ル然レトモ朕ハ時運ノ命スル所堪ヘ難キヲ堪ヘ忍ヒ以テ萬世ノ爲太平ヲ開カムト欲ス

朕ハ茲ニ國體ヲ護持シ得テ忠良ナル爾臣民ノ赤誠ニ信倚シ常ニ爾臣民ト共ニ在リ若シ夫レ情ノ激スル所濫ニ事端ヲ滋クシ或ハ同胞排擠互ニ時局ヲ亂リ爲ニ大道ヲ誤リ信義ヲ世界ニ失フカ如キハ朕最モ之ヲ戒ム宜シク擧國一家子孫相傳ヘ確ク神州ノ不滅ヲ信シ任重クシテ道遠キヲ念ヒ總力ヲ將來ノ建設ニ傾ケ道義ヲ篤クシ鞏クシ誓テ國體ノ精華ヲ發揚シ世界ノ進運ニ後レサラムコトヲ期スヘシ爾臣民其レ克ク朕カ意ヲ體セヨ

極秘

詔書案

朕深ク世界ノ大勢ト帝國ノ現狀トニ鑑ミ非常ノ措置ヲ以テ時局ヲ收拾セムト欲シ茲ニ忠良ナル爾臣民ニ告ク

朕ハ帝國政府ヲシテ米英支蘇四國ニ對シ其ノ共同宣言ヲ受諾スル旨通告セシメタリ

抑〻帝國臣民ノ康寧ヲ圖リ萬邦共榮ノ樂ヲ偕ニスルハ皇祖皇宗ノ遺範ニシテ朕ノ拳々措カサル所曩ニ米英二國ニ宣戰セル所以モ亦實ニ帝國ノ自存ト東亜ノ安定トヲ庶幾スルニ出テ他國ノ主權ヲ排シ領土ヲ侵スカ如キハ固ヨリ朕カ志ニアラス然ルニ交戰已ニ四歳ヲ閲シ朕カ陸海將兵ノ勇戰朕カ百僚有司ノ勵精朕カ一億衆庶ノ奉公各〻最善ヲ盡セルニ

拘ラス戰局日ニ非ニシテ世界ノ大勢亦我ニ利アラス加之敵ハ新ニ殘虐ナル爆彈ヲ使用シ慘害ノ及フ所眞ニ測ルヘカラサルモノアリ而モ尚交戰ヲ繼續セムカ終ニ我カ民族ノ滅亡ヲ招來スルノミナラス延テ人類ノ文明ヲモ破却スヘシ斯ノ如クムハ朕何ヲ以テカ億兆ノ赤子ヲ保シ皇祖皇宗ノ神靈ニ謝セムヤ是レ朕カ帝國政府ヲシテ共同宣言ニ應セシムルニ至レル所以ナリ

朕ハ帝國ト共ニ終始東亞ノ解放ニ協力セル諸盟邦ニ對シ遺憾ノ意ヲ表セサルヲ得ス帝國臣民ニシテ戰陣ニ死シ職域ニ殉シ非命ニ斃レタル者及其ノ遺族ニ想ヲ致セハ五內爲ニ裂ク且戰傷ヲ負ヒ災禍ヲ蒙リ家業ヲ失ヒタル者ノ厚生ニ至リテハ朕ノ深ク軫念スル所ナリ惟フニ今後帝國ノ

受クヘキ苦難ハ固ヨリ尋常ニアラス爾臣民ノ衷情モ朕善ク之ヲ知ル然レトモ朕ハ時運ノ命スル所堪ヘ難キヲ堪ヘ忍ヒ以テ萬世ノ爲太平ヲ開カムト欲ス

朕ハ茲ニ國體ヲ護持シ得テ忠良ナル爾臣民ノ赤誠ニ信倚シ常ニ爾臣民ト共ニ在リ若シ夫レ情ノ激スル所濫ニ事端ヲ滋クシ或ハ同胞排擠互ニ時局ヲ亂リ爲ニ大道ヲ誤リ信義ヲ世界ニ失フカ如キハ朕最モ之ヲ戒ム宜シク擧國一家子孫相傳ヘ確ク神州ノ不滅ヲ信シ任重クシテ道遠キヲ念ヒ總力ヲ將來ノ建設ニ傾ケ道義ヲ篤クシ鞏クシ誓テ國體ノ精華ヲ發揚シ世界ノ進運ニ後レサラムコトヲ期スヘシ爾臣民其レ克ク朕カ意ヲ體セヨ

次の「一九」の詔書の原案書類がここに綴り込まれている。

51.9.5

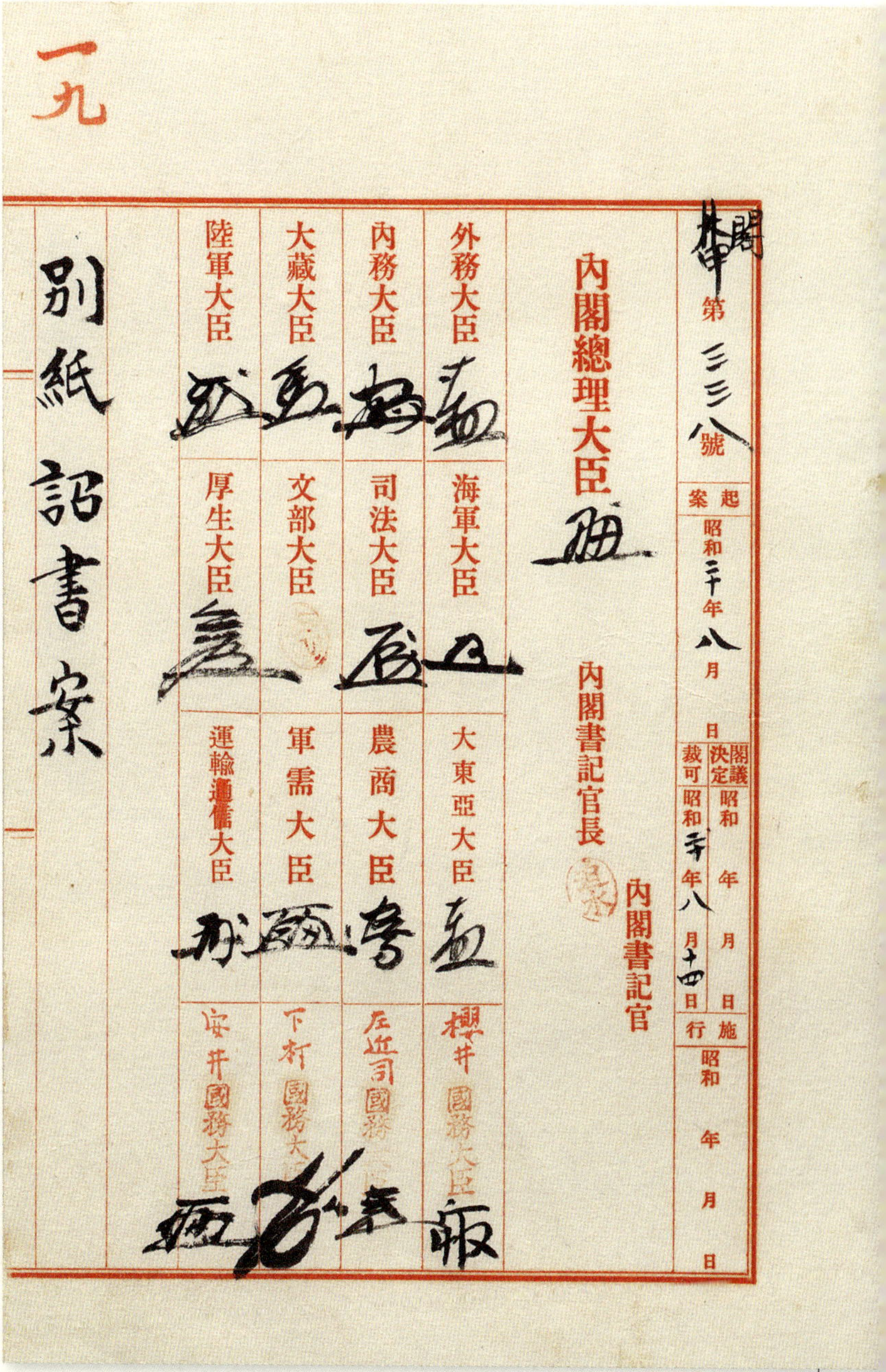
一九

閣甲
第三三八號
起案 昭和二十年八月　日
閣議決定 昭和　年　月　日
裁可 昭和二十年八月十四日
施行 昭和　年　月　日

内閣總理大臣

内閣書記官長

内閣書記官

外務大臣
海軍大臣
大東亞大臣
櫻井國務大臣

内務大臣
司法大臣
農商大臣
左近司國務大臣

大藏大臣
文部大臣
軍需大臣
下村國務大臣

陸軍大臣
厚生大臣
運輸通信大臣
安井國務大臣

別紙詔書案

右閣議ニ供ス

（東東二二二一）

朕深ク世界ノ大勢ト帝國ノ現狀トニ鑑ミ非常ノ
措置ヲ以テ時局ヲ收拾セムト欲シ茲ニ忠良ナル爾臣民
ニ告ク
朕ハ帝國政府ヲシテ米英支蘇四國ニ對シ其ノ
共同宣言ヲ受諾スル旨通告セシメタリ
抑〻帝國臣民ノ康寧ヲ圖リ萬邦共榮ノ樂ヲ皆
ニスルハ皇祖皇宗ノ遺範ニシテ朕ノ拳々措カサル所

曩ニ米英二國ニ宣戰セル所以モ亦實ニ帝國ノ自存ト
東亞ノ安定トヲ庶幾スルニ出テ他國ノ主權ヲ排シ
領土ヲ侵スカ如キハ固ヨリ朕カ志ニアラス然ルニ交戰
已ニ四歳ヲ閲シ朕カ陸海將兵ノ勇戰朕カ百僚
有司ノ勵精朕カ一億衆庶ノ奉公各〻最善ヲ盡
セルニ拘ラス戰局~~日ニ非ニシテ~~必スシモ好轉セス世界ノ大勢亦我ニ利
アラス加之敵ハ新ニ殘虐ナル爆彈ヲ使用シテ頻ニ無辜ヲ殺傷シ慘害

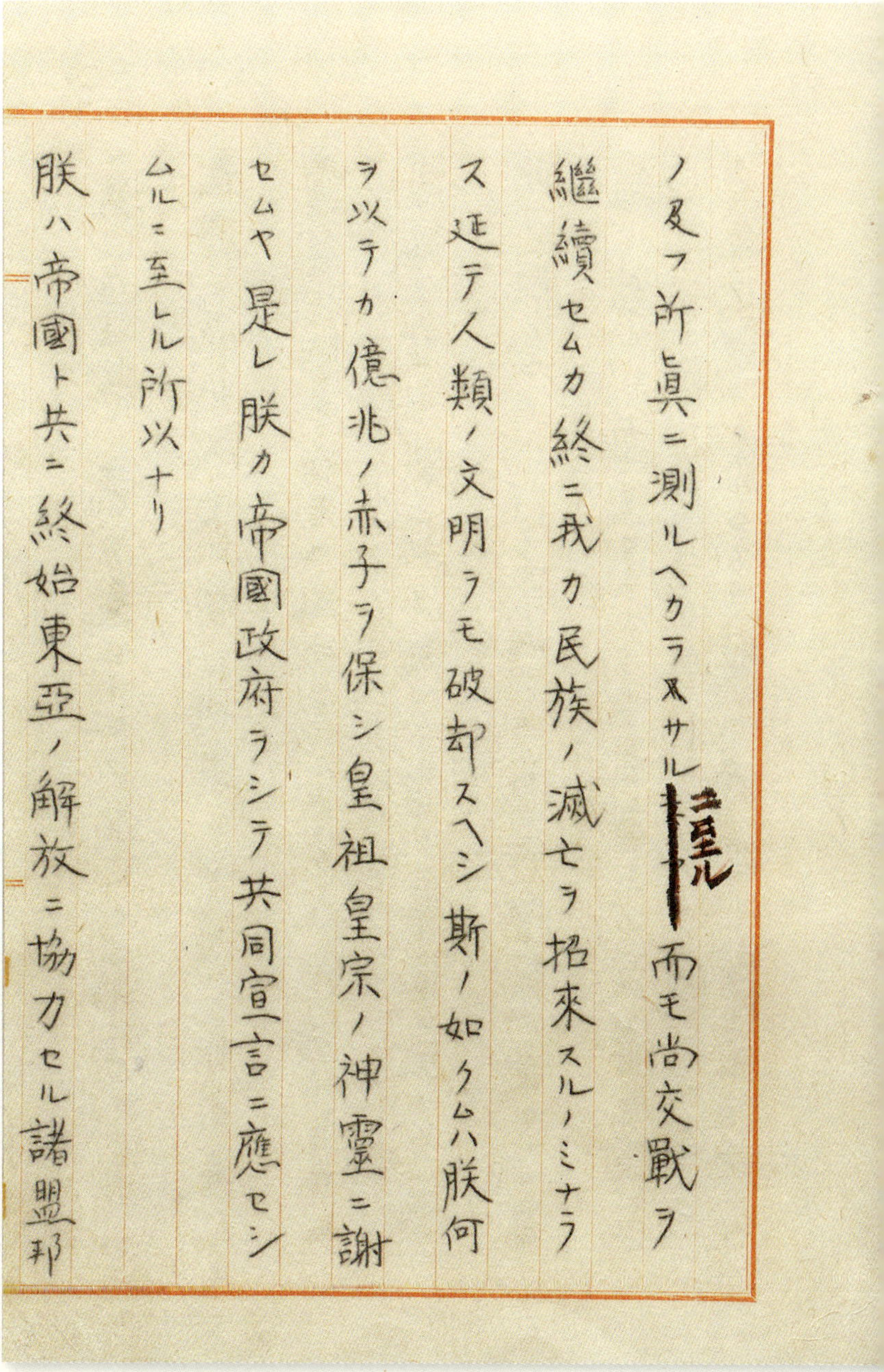
ノ及フ所眞ニ測ルヘカラサルニ至ル而モ尚交戰ヲ
繼續セムカ終ニ我カ民族ノ滅亡ヲ招來スルノミナラ
ス延テ人類ノ文明ヲモ破却スヘシ斯ノ如クムハ朕何
ヲ以テカ億兆ノ赤子ヲ保シ皇祖皇宗ノ神靈ニ謝
セムヤ是レ朕カ帝國政府ヲシテ共同宣言ニ應セシ
ムルニ至レル所以ナリ
朕ハ帝國ト共ニ終始東亞ノ解放ニ協力セル諸盟邦

ニ對シ遺憾ノ意ヲ表セサルヲ得ス帝國臣民ニシテ戰陣ニ死シ職域ニ殉シ非命ニ斃レタル者及其ノ遺族ニ想ヲ致セハ五内爲ニ裂ク且戰傷ヲ負ヒ災禍ヲ蒙リ家業ヲ失ヒタル者ノ厚生ニ至リテハ朕ノ深ク軫念スル所ナリ惟フニ今後帝國ノ受クヘキ苦難ハ固ヨリ尋常ニアラス爾臣民ノ衷情モ朕善ク之ヲ知ル然レトモ朕ハ時運ノ~~命スル~~趨ク所堪ヘ

日本標準規格 B4（十四行罫）

難キヲ堪ヘ忍ヒ難キヲ忍ヒ以テ萬世ノ爲ニ太平ヲ
開カムト欲ス

朕ハ茲ニ國體ヲ護持シ得テ忠良ナル爾臣民ノ
赤誠ニ信倚シ常ニ爾臣民ト共ニ在リ若シ夫レ
情ノ激スル所濫ニ事端ヲ滋クシ或ハ同胞排擠
互ニ時局ヲ亂リ爲ニ大道ヲ誤リ信義ヲ世界
ニ失フカ如キハ朕最モ之ヲ戒ム宜シク擧國一

内閣

家子孫相傳ヘ確ク神州ノ不滅ヲ信シ任重クシテ道遠キヲ念ヒ總力ヲ將來ノ建設ニ傾ケ道義ヲ篤クシ志操ヲ鞏クシ誓テ國體ノ精華ヲ發揚シ世界ノ進運ニ後レサラムコトヲ期スヘシ爾臣民其レ克ク朕カ意ヲ體セヨ

御名御璽

昭和二十年八月十四日

内閣總理大臣

各國務大臣

日本標準規格 B4（十四行罫）

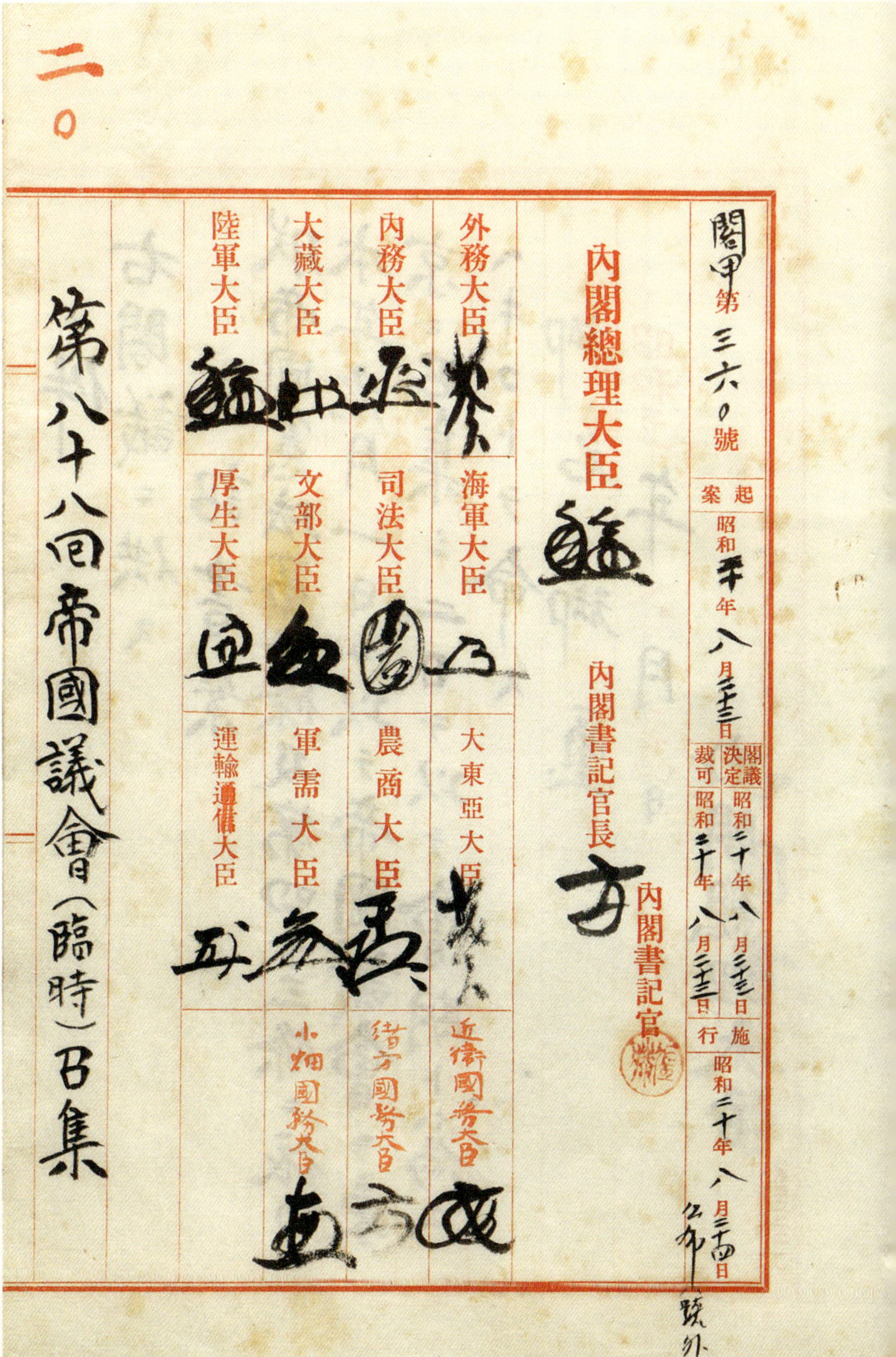

二〇

閣甲第三六〇號

起案 昭和二十年八月二十三日

閣議決定 昭和二十年八月二十三日

裁可 昭和二十年八月二十三日

施行 昭和二十年八月二十四日 公布（號外）

内閣總理大臣

内閣書記官長

内閣書記官

外務大臣　海軍大臣　大東亜大臣　近衛國務大臣

内務大臣　司法大臣　農商大臣　緒方國務大臣

大藏大臣　文部大臣　軍需大臣　小畑國務大臣

陸軍大臣　厚生大臣　運輸通信大臣

第八十八回帝國議會（臨時）召集

終戦詔書と日本政治
――義命と時運の相克

第一章
ミミズクと弾痕

1

うかつにも、つい最近まで私は、そのことにまったく気づかなかった。一九七〇年五月、政治部に配属されて首相官邸詰めとなって以来、三〇年以上にわたる現場取材を通じて何度も足を運び、目をつぶっても歩けるくらいに官邸のことについて熟知していたはずだったのに。

べつに内閣がそれを秘密にしていたわけではないから、気づいていた人は何人もいたかもしれないが、少なくとも私が現場取材をしていた当時、記者仲間でそれが話題になったことは一度もなかった。

たぶん、そこに出入りする人の動きにばかり気をとられていたせいかもしれない。政治記者にとって大事なのは、誰と誰が、たとえば総理大臣と与党の幹部、あるいは民間の経済界などの有力者が、そこで何を語り合い、それが日本の政治にどんな意味をもつのか、といったことをいち早くキャッチすることだ。時には正面玄関からではなく、報道陣に気づかれないよう裏口から重要人物が出入りすることもある。

官邸詰めの記者はだから、首相官邸を訪れる人物を確認し、何の用件で来たのか、首相とどんな話をしたのか、などを聞き出すことに、まずは全神経を尖らせる。そういう過程で私自身、七〇年代初めの佐藤栄作首相の時代、沖縄返還や繊維問題をめぐる日米交渉でひそかに密使が佐藤首相のもとに出入りしていたのを目撃したことがあった。

官邸の公式カメラマンだった久保田富弘さんに、取材経験を綴った本（『政治家の胸中』藤原書店）を二〇一二年秋に出版するにあたって歴代首相らの写真を使用させてもらった縁で、昔話をしている時だった。「こんな写真もありますよ」と、久保田さんがかつて官邸勤務時代に撮影したという写真集の中の一枚を、私に見せてくれた。ガラスに丸い穴があき、周囲がめくれたように輝いている。

「何ですか、これは」

「弾痕ですよ」

「えっ、弾痕？」

「そう、弾痕ですよ」

首相官邸（旧）正面玄関左上部ガラス窓に撃ち込まれた弾丸の跡は、今もそのままの状態で残されている。
撮影：久保田富弘

「一体どこにこれが」
「官邸正面玄関の上部ガラスのところです」
「本当ですか。こんな弾痕は見たことがなかった」

思い返せば私は、官邸の玄関を正面からしげしげと眺めたことはなかった。いや、眺めたことはあったかもしれないが、視線を上げて玄関の上のほうの飾りのついたガラス戸を注視したことは一度もなかった。官邸正面の階段を上った、閣議室の前の池上秀畝作「荒磯の鷲」の絵が、二・二六事件の際、兵士の軍刀で突き刺されて傷がついたことは、官邸詰めになって間もないころ、守衛の人に聞いたことはあった。しかしその時はすでに傷は修復されていて、刀傷らしい跡は見当たらなかった。まさか官邸正面のガラスに、久保田さんの写真にあるような弾痕があったとは。

「なんでまたこんなところに弾痕が」
「さあ、たぶん二・二六事件の時ではないかといわれますが、はっきりしたことはわからないようです。私は佐藤政権時代に官邸勤務となって間もなく、当時の首相秘書官にあのガラス戸の穴は機関銃の弾痕だと教えてもらったので、官邸の歴史の一つと思って撮影しておいたんです」

少なくとも戦後は、一九六〇年の安保反対のデモ隊が官邸に突入しようとしたり、岸信介首相が退陣の際に暴漢に刺されるといった事件はあったが、官邸に機関銃が撃ち込まれるような事件は起きていない。占領下でもそのような事態はなかった。とすれば弾痕が、戦前にできたことに間違いはあるまい。それでいていつのことなのかはっきりしないというのは、実は官邸に機関銃が撃ち込まれたのは戦前に二回あったからだといわれる。

終戦時に内閣書記官長（現在の官房長官）を務めていた迫水久常は著書『機関銃下の首相官邸』の中で、

「永田町の首相官邸は、できてから今日まで二度、日本軍の機関銃によって撃たれている。二・二六事件のときと終戦のときとである」と述べている。一九三六年（昭和一一年）二月二六日、皇道派青年将校らが兵士一四〇〇人を動員して首相官邸や警視庁などを襲い、高橋是清蔵相らを殺害した二・二六事件は、政党政治にトドメを刺した大事件として広く知られているが、もう一つの歴史的大変動の当日、すなわち一九四五年（昭和二〇年）八月一五日、昭和天皇の玉音放送で終戦が伝えられた日の未明にも、あくまで終戦を阻止しようとする陸軍の兵士らが官邸を襲って機関銃を撃ち込んだ。迫水はその二回とも、最初は岡田啓介首相の秘書官として、後には鈴木貫太郎内閣の書記官長として、その機関銃の襲撃を官邸で目撃している。

二〇〇五年に新しい官邸のビルができて、当時の官邸はいま、外国の賓客の接遇や首相が起居するための公邸として使われている。その旧首相官邸ができたのは一九二八年（昭和三年。正式竣工は同四年）。旧鍋島侯爵邸跡地に建設された、レンガ色の低層二階建て（一部三階建て）の重厚な造りは、昔の帝国ホテルを連想させるが、それも当然だろう。設計した大蔵省営繕管財局が参考にしたのがライト風建築、つまり米国の建築家フランク・ロイド・ライトの手法だったからである。

その屋上の端にある四角い塔の各面には、石彫りのミミズクがそれぞれ飾ってある。ミミズクは耳のように尖った羽のあるフクロウ科の鳥で、夜でも目が利くところからか、英知の象徴とされる。ローマ神話で知恵と武勇の女神ミネルバのお使いとされ、ヘーゲルの「ミネルバのフクロウは夕暮れに飛び立つ」（『法の哲学』）という言葉でも広く知られている。

これら石のミミズクたちは、完成間もない一九三二年（昭和七年）の五・一五事件では犬養毅首相が、四年後の二・二六事件では岡田首相の義弟らが、いずれも軍人に殺害されるという痛ましい歴史を目撃することになる。民主主義の時代となった戦後はこんな血なまぐさい事件こそなくなったが、官邸の主となるための権力争いや権謀術策が渦巻く権力の館であることに変わりはない。そこに英知の象徴というのはいささか場違いな感じもぬぐえない。

とはいえ、ヘーゲルの比喩は、理性が時代を思想としてとらえるのはいつもその時代が進展を遂げた後からだ、という哲学的思惟の傾向を述べたものだ。だから哲学は無駄だというのではなくて、逆に、それでもなお人間は、思惟することによって意思決定の自由を持つ、ということを強調するところに力点があると解される。そう見ると、旧大蔵省の設計者がそこ

官邸屋上には石彫りのミミズクの像が飾られている。英知の象徴とされるが、この権力の館で繰り広げられるドラマをどのような思いで見つめているのだろう。写真提供：内閣官房

官邸（旧）に入ると正面に総理大臣執務室（旧）に通じる赤じゅうたんの階段があり、かつては「男の花道」と呼ばれた。その正面奥の「荒磯の鷲」の絵は、二・二六事件の際、兵士の軍刀で突き刺されたが、今は修復されている。写真提供：内閣官房

まで考えたかどうかはべつとして、官邸の屋上に据えられたミミズクは、濁世を凝縮したような政治の渦中にあってもたえず歴史に学びつつ、国民生活の安寧と繁栄を託された政治指導者として気高い使命を果たしてほしいという、官邸の主人となる人に向けた祈りのようにも見えてくる。

「いまもこの弾痕は残っているでしょうかね」

「私がこの写真をとったのはもう四〇年以上前だけど、たぶんいまもそのままだと思いますよ」

久保田さんの話の通りに弾痕がいまもそのままの状態かどうか、官邸に問い合わせればすぐにわかることだが、新聞記者である以上、ぼんやりと眺めて見逃してしまっていた重大な日本政治の歴史の現場を、自分の目でもう一度しっかりとたしかめないわけにはいかない。そう思い立って二〇一三年一〇月のある日、かつて毎日のように駆け回っていた当時の首相官邸、いまの首相公邸を、安倍晋三首相の秘書の初村滝一郎さんに案内してもらった。

建物の外観は当時とほとんど変わっていないが、新しい官邸のビルが作られたのに伴って、旧官邸は当時の場所から五〇メートルほど南に場所を移されている。そのため、広々としていた南庭は半分ほどの狭さになっている。南に移動といっても、コンクリート作りの建物を地面ごと移すとは、一体どうやって？

「床の下の土地を掘り下げて空間を作り、そこから持ち上げて少しずつ動かすというやり方だそうです」と初村さん。総重量二万トンというわが国最大級の曳き家工事で、移動だけで一か月近くかかったといわれる。

中に入ってびっくりした。首相が起居する部分はすっかり新しくリニューアルされ、現代風のマンションのようだ。来客を通すためのエレベーターも完備されている。もともと段差のある地形を生かした一部三階建ての複雑な構造が、さらに壁と狭い階段で迷路のように仕切られていて、かつてあった通路わきの小部屋が別の用途に変わったり、壁で塞がれてしまったりしている。

一方で、首相執務室へ向かう正面の赤じゅうたんの階段や、外国の賓客を招いて晩餐会などを開く大ホール、閣議室や大会議室など、昔の官邸機能の大半はそのままだ。八五年前からの歴史を刻んだ古く荘重なたたずまいと、近代建築技術を生かした真新しい空間が、扉ひとつ隔てて見事に同居している。

正面玄関わきの小部屋は当時、番小屋と称し、私たち総理番の新聞記者たちがそこにたむろして、官邸に出入りする人物を確認していた場所だ。いまは公邸警備の警察官の詰め所として使われているという。

「正面玄関のガラス窓を確認したいのですが」

「ああ、どうぞ。こちらです」

外部に面した正面玄関の、重い扉の上部、地上二・五メートルほどの飾り柱のついたガラス戸に、あった。直径一センチ余の穴がぽっかりとあいている。

「弾痕だ」

思わず声を挙げた私に、初村さんは「そうです。二・二六事件の時にできた弾痕です」と、あっさりという。

「その可能性が高いのでしょうが、終戦の日の八月一五日にも官邸は機関銃で襲撃されたようですね」

「その日のことはよくわかりませんが、この弾痕が二・二六事件の時のものだということはほぼ間違いないと思いますよ。こちらを見てください」

そういいながら初村さんは、官邸の玄関から正面のロビーに進んで、「これです」と、いきなり赤じゅうたんの端を持ち上げた。板張りの床が、一メートル余四方にわたって真っ黒にこげている。

「どうしたんですか、この部分は」

「兵士たちがここで焚き火をしたらしいんですね。二・二六事件の当日は大雪で、ここを占拠した陸軍兵士たちも夜に入って寒くてたまらず、建物の中なのにこの場所で火を燃やして、暖をとったということだと聞いています」

首相官邸の公式説明文では、「二・二六事件の傷跡と言い伝えられてきた弾痕のような穴」に関しては「真相のほどはわかりません」とあり、また床のこげ跡も「二・二六事件の時のものとも、戦時中のものともいわれている」と、どちらも慎重に断定を避けている。

冒頭に紹介した迫水の証言にあるように、首相官邸が襲撃されたのは五・一五事件のあとでは二・二六事件と終戦当日の二回であり、問題の痕跡はこのうちどちらかとなるわけだが、弾痕と焚き火の跡が別々の日にできたとは考えにくいこと、終戦当日の八月一五日は真夏で焚き火をする状況にないこと、などから考えると、これらの痕跡が二・二六事件の際にできたものと見て間違いなさそうに思えてくる。とすれば、機関銃を撃ちながら官邸に侵入した軍隊が岡田首相の義弟や警備の巡査らを殺害し、そこで一夜を明かした時に板張りの床で焚き火をしたということになる。

だが、そうだとすれば官邸の公式説明はなぜ、今もって「真相はわからない」と、断定を避けているのだろうか。当時はじゅうたんが敷かれていなかったのだろうか。木作りの床が燃えて火事にでもなったら、占拠していた兵士たちはどうするつもりだったのだろう。いくつか疑問点は依然として残るが、この点はのちにもう一度触れることにしよう。二・二六事件の時にせよ、あるいは終戦当日の襲撃の際のものにせよ、この弾痕と焼け焦げた床が物語っている軍部の行動の計画性や展望のなさ、無謀さに、改めて驚かされる。

新官邸への移転と旧官邸改築工事にあたって、これらの傷跡をどうするかが政府部内で検討され、その結果、どちらもそのまま保存することが決まったという。政治を暴力によって圧殺してはならない。民主主義の根幹を日本の政治にしっかりと根付かせるためにも、官邸に残されたこれらの惨劇の記憶は、長く留め置かれねばならないだろう。

2

旧官邸の閣議室だった部屋の前の通路を歩くと、下に降りる狭い階段がある。薄暗い階段を降りて左手に曲がると、突然、別世界が待っている。「日本を感じさせる和風のしつらえ」というコンセプトで設計された、真新しい「和の空間」である。左手に茶室、正面には広々とした和室が設けてある。和室は三〇畳ほどで掘りごたつ式になっていて、外国の賓客を日本料理でもてなす時などに使うが、与党の幹部や、経済界はじめ各界の著名人らとの会食にも使われる。

一般の人はほとんどアクセスする機会のない、世間と隔絶されたような政治空間の中に、こんな静かで落ち着いた部屋があって、そこに招かれて首相と懇談できるというのは、それだけで客としては自分の社会的地位を実感できるし、招く側の首相にとっては相手をそれだけ重視しているというメッセージにもなる。

通常国会が終わってひと息ついた二〇一三年夏のある夜の、自民党幹部らを招いての懇談会も、そうした一連の行事だった。国会乗り切りの苦労話などくつろいだ談笑の中で、一人が安倍首相に「総理はなんでいまだに公邸に住まないんですか」と問いかけた。

　最近十数年だけ見ても、小泉純一郎首相はじめ歴代首相は就任後間もなくから公邸に移り住んでいるのに、安倍の場合は、二〇一二年末に就任してからもう半年以上たつというのに、なかなか引っ越そうとしない。二〇〇六年の第一次安倍内閣の時は公邸住まいをしていたのに、なぜ今度はそうしないのか。健康問題でもあるのか。

　とくに、前の政権の時は持病をこじらせて突如政権を投げ出した前歴があるだけに、万一そんなことが再びあっては大変だと、安倍の体調を心配して自民党幹部は質問したのだったが、返ってきた安倍の答えに、聞いた方が驚いた。

「幽霊が出るからいやなんだ。怖いから一緒に住みましょうよ」

「なに、幽霊？」「そういえば」と、話題は一転して、あの首相経験者も言っていた、別の元首相もと、その場は幽霊談義で持ちきりになったという。

　それというのも実は、公邸のこの付近は、旧官邸時代に歴代首相が起居するための公邸として、昭和初期の旧官邸創建時から使われていたところで、五・一五事件で犬養首相が、そして二・二六事件では岡田首相が、それぞれ襲撃された歴史的な現場だったからだ。「日本間」と呼ばれていたその部屋は、新官邸建設に伴って取り壊され、現在は近代建築の公邸の一室に生まれ変わっているわけだが、いわくつきの場所であることに違いはない。

　政界ではそれ以前から、旧公邸に住んだことのある羽田孜（はたつとむ）元首相の綏子夫人が「庭に軍服をきた人たちがいるという話を聞いた」と語ったとか、新公邸になってからも野田佳彦前首相が「幽霊が出るらしい」と周辺に洩らしたという話が伝わっていて、二〇一三年には第二次安倍内閣に対し、野党議員が「幽霊が出るという噂があるが、それは事実か」と尋ねる質問趣意書を出し、政府が「お尋ねの件については承知していない」という答弁書を閣議決定する騒ぎにもなっている。

ここは直接、首相経験者に聞いてみる必要があろう。そう思っていたところ、ちょうど小泉純一郎、森喜朗の二人の元首相と会う機会があった。

「小泉さんは古い公邸と新しい公邸の両方に住んだのでしたね」

「そうだよ。いや、旧公邸、仮公邸、それから新公邸。三か所ともぜーんぶ住んだされ」

仮公邸というのは旧官邸を取り壊して新官邸ができるまでの間、仮住まいをしていたところだ。二〇〇一年四月から六年九月まで、五年五か月という近来まれに見る長期政権を維持した小泉ならではの経験だ。

「仮公邸を含めて三回も転居では大変でしたね。」

「いや、それが、仮公邸が一番豪華でね。内閣法制局長官の官舎を使わせてもらったんだが、これが立派な建物なんで驚いた。それに比べりゃ総理大臣の公邸なんて貧弱なものさ。日本はやっぱり官尊民卑の国だと、その時しみじみ思ったね」

「それはともかく、在任中に幽霊を見たことはありましたか」

「幽霊？　ないない、そんなもの、出やしないよ」

「でも、実際に幽霊の存在を感じたという人もいるようですが」

「うん、そういう話を聞いていたから僕も待っていたんだ。いつ出るかいつ来るかと待っていたんだがね、ついに一度も出てこなかった。残念だね」

ところが、小泉の前任者で旧公邸に一年近く住んだ森は、逆に真剣な表情で「幽霊はいた」と断言する。しかも、何回もだという。

「幽霊を目撃されたんですか」

「姿をこの目で見たということではないけど、たしかにあれは幽霊だったと思う。夜、寝ていると妙な物音がする。ごそごそと、天井だったり、隣の部屋だったり。耳をすませると、ザッザッと、たくさんの靴音が聞こえたこともあった」

同じような現象は、隣の部屋で待機しているＳＰ（警護の警察官）たちも体験したと、森に証言したという。

森のもとに、村山富市からこんな電話がかかってきたこともあったという。村山は一九九四年六月、自民、社会、さきがけの三党連立政権誕生にあたって、五五年体制以後では初めての社会党党首として首相の座につき、一年半の間、旧公邸に住んだ。

「森さん、あんたどの部屋で寝てるんだね」

「和室だけど」

「わしはベッドで寝てたんだが、夜になるとざわざわと頭の上の方で音がしてね」

「実は私もですよ」

「そうか、やっぱりあれは幽霊だったのかなあ」

そんな経験を何度かしたのに加えて、森が幽霊の存在を確信したのは、二〇〇一年四月、退陣を表明して明日は公邸を引き払うという最後の夜だったという。寝ていると、カギのかかった部屋のノブを、ガチャガチャ回そうとする音が聞こえるので目が覚めた。誰だろう、こんな時間に。もしかしたら、と考えて一呼吸おいてから、思い切ってパッとドアを開けた。だれもいない。すぐＳＰたちを呼んで「いま誰かこの部屋に来なかったか」と聞くと、「いいえ、どなたも」。

「やっぱりそうかと思ったよ。私がここで寝起きするのも今日限りと知って、お別れに来てくれたのかもしれないなあ」

幽霊は出るのか、いないのか。小泉も森も自分の体験をありのまま語っているわけだから、その限りではどちらが正しいとも言い切れない。とすると幽霊は、人を見て出たり出なかったりするというわけか。

公邸の裏玄関に向かいながら、初村さんが「このへんには官邸職員たちもあまり来たがらないようなんです。これまで守衛さんたち何人もが、幽霊を見たといっていますし」と語るのを聞いて、ここがまぎれもなく、血塗られた悲劇をも伴う昭和史の舞台であったことを、改めて実感せざるをえなかった。

3

二・二六事件については多くの資料や研究書があるが、当日に首相官邸に居合わせて事態を直接目撃した迫水久常の『機関銃下の首相官邸』には、その日の官邸襲撃の模様が生々しく描写されている。

岡田啓介首相の女婿だった迫水は、当時、首相秘書官として、首相官邸裏門前にある秘書官官舎に住んでいた。一九三六年（昭和一一年）二月二六日未明。午前五時ごろか。二階でぐっすり寝込んでいたが、ふと目が覚めた。なんとなく騒がしい。耳をすますとピーッという警笛の音が聞こえ、続いてパンパンという銃声が聞こえる。「とうとうきたか」と飛び起きて窓を開けると、前夜から降りしきる雪の中を警護の警官たちが右往左往している。すぐに警視庁に電話をして異変を知らせてから、身支度をして飛び出した。

「とうとうきたか」というのは、その四年前の五・一五事件前後から、右翼や軍部の一部に不穏な動きがあり、暴徒が官邸を襲うこともありうると警戒していたからだ。官邸の扉を鉄製に変えたり非常ベルを設置するなどして防備体制を固め、万一の場合は一〇分以内に警視庁から特別警備隊が、三〇分後には麻布第三連隊から軍隊が、それぞれ救援に駆けつける手はずを整えていた。

ところが、雪明かりで見えたのは銃剣つき鉄砲を持った兵士たち。銃声が聞こえ、裏門付近の警官がばったり倒れた。兵士たちは次々に裏門と塀を乗り越えて公邸に押し入っていく。激しい銃声が響く。何なのだ、これは。暴徒ではない。軍隊の襲撃ではないか。

近づこうとすると門前の兵士が銃剣を突きつけて、迫水は秘書官官舎の中に押し戻されてしまった。警視庁に電話をかけると、電話に出たのは「こちらは蹶起部隊だ」という声。警視庁も軍隊に占拠されてしまったようだ。来るはずの麻布第三連隊も来ない。それもそのはず。あとでわかったことだが、なんと官邸を襲った部隊には麻布第三連隊の一部も加わっていたのだ。

夜が明ける頃、官邸の方から「万歳」と叫ぶ声が聞こえてきた。やがて将校がやってきて「お気の毒ですが、国家のために総理大臣のお命をちょうだいしました」と告げ、一部の兵士たちを残して帰っていった。首相官邸を襲ったのは約三〇〇人。官邸正面と裏の公邸の双方から機関銃を撃ち込み、押し入った。官邸表玄関正面ガラスの、今に残る弾痕はその時のものか。

岡田首相が殺害されたという。万事休す。しかし、呆然としているわけにはいかない。迫水は、気を取り直して、もう一人の秘書官・福田耕とともに、出てきた憲兵を通じて反乱軍の指揮官・栗原安秀中尉に「せめて遺骸だけでもみせてほしい」と交渉し、やっと公邸の中に入ることができた。官邸裏門前には機関銃が据えられ、玄関を入ると各部屋とも足の踏み場もないほど器物が散乱している。ところどころ血痕が飛び散っているのが目に入る。岡田首相の寝室の前に来ると、中尉が「どうぞ」と指さした。のぞくと、布団のうえに掛け布団を顔までかぶせられた遺体が横たわっている。

「やっぱりだめだったか」。体中の力が抜ける思いで近づこうとすると、憲兵がそっと耳元で「死骸をみても驚かないように」とささやいた。そんなにむごい状態なのか。部屋に入ってふすまを閉め、福田秘書官と二人、静かに拝んで顔の布団を持ち上げた瞬間、あっと息を呑んだ。違う。岡田ではない。松尾伝蔵陸軍大佐ではないか。

松尾は岡田首相の義弟（岡田の妹の夫）で、岡田が首相に就任してからは無給で内閣嘱託として岡田の世話係を務めていた。当日はたまたま郷里の福井から上京し、岡田とともに公邸に宿泊していた。岡田と問違えて殺されたようだ。福田秘書官も、びっくり目を見開いたまま、声を失っている。

遺体が岡田首相でないとすると、本人はどこに。ひょっとすると、どこかにまだ隠れているのかもしれない。福田と示し合わせてハンカチで目を押さえながら部屋を出ると、栗原中尉が「岡田閣下のご遺骸に相違ありませんね」と念を押す。「相違ありません」と答えたが、さてそれからどうしたらよいのか。

「女中が二人いたはずですが」「女中さんならあちらの部屋におります」ということで、台所わきの部屋にいくと、サク、絹という二人のお手伝いさんが、襖を背に異様に緊張した表情でこちらをにらんでいる。ここか。とっさにひらめいたが、そばの兵士に気づかれてはいけない。「けがはなかったか」と襖の二人に声をかけると「はい、おけがはありません」という答え。自分のことに「お」をつけるのはおかしい。襖の後ろの押入れに岡田首相がひそんでいるに違いない。飛び立つような思いをこらえて、二人には「あとで迎えにくるからしっかりしていてくれ」と言い残し、足早にそこを立ち去った。

さあ、問題はそれからだ。どうやって岡田首相を救い出すか。秘書官官舎に戻ると、あちこちから電話がかかり、襲撃されたのはほかに斎藤実内大臣、高橋是清大蔵大臣、渡辺錠太郎教育総監、牧野伸顕伯爵、鈴木貫太郎侍従長らで、斎藤、高橋、渡辺の三人は殺害され、鈴木侍従長は重傷を負ったことがわかった。岡田首相は即死と伝わっている。宮内省からも電話があり、岡田の弔問に天皇陛下からの勅使を差し向けるという。

電話は反乱軍に盗聴されているかもしれないから、実は首相が生存していると、話すわけにもいかない。「官邸はまだ反乱軍に占拠されていて、勅使をお受けできる状況にない」という理由をつけて延期してもらったが、事態を案じている天皇に一刻も早く事実を報告しなければならない。

反乱軍に包囲されている中で、岡田の救出と天皇への報告をどうやって実行したらよいのか。福田秘書官と策を練った結果、迫水は「総理の私邸にいって葬式の相談をしたいから、外へ出してくれ」と頼んで宮中へ駆けつける。福田は岡田の弔問という名目で親戚や友人など十数人を官邸内に案内し、その人たちの間に岡田をまぎれ込ませて外へ連れ出す、というアイデアをもとに、官邸を占拠している中尉らと折衝する。

まる一昼夜の息詰まる緊張の中、岡田首相は無事救出されるが、その間、あわや絶体絶命と思える瞬間が何度かあった。迫水がのちに岡田から聞き取ったところによると、兵隊たちがなだれ込んできた時は警護の警官が岡田を風呂場に押し込み、兵隊たちと撃ち合いになった。警官はたちまち倒されて、松尾も「天皇陛下万歳」と唱えて射殺されたという。兵隊たちは、官邸には岡田以外に老人がいるとは考えず、松尾も「ここにじいさんが死んでいる。総理大臣に違いない」といいながら、さっきまで岡田が寝ていた布団に松尾を横たえて部屋を出て行った。岡田は寒いので風呂場から部屋に移り、ふだん着に着替えて羽織の紐を結ぼうとした。その時だ。廊下で「いま何か変な音がしたぞ」「じいさんだったたな」「すーっと消えてしまったぞ」「気味が悪いな」などと言い合う声が聞こえた。見つかったかと観念したが、兵隊たちは部屋の中を見ずに立ち去っていった。

官邸にいた男性職員たちはほとんど死んでしまった。自分一人がかすり傷一つ負わず、姿を見られても幽霊と間違えられて、生き残ってしまった。これでよいのか。名乗って出るべきか。いや、これだけの襲撃であれば、ほかの重臣たちにも異変があったかもしれない。五・一五事件とは比較にならないほどの大事件であろう。この暴動を鎮定して軍を粛清することこそ自分の責任ではないか。そう思い直して岡田が反対側の廊下に出ると、お手伝いの女性二人が飛びついてきた。彼女らの手引きで押入れの中にしばらく潜んでいたが、あたりが静かなのでそっと出てみた。

その瞬間、生き残っていた守衛が部屋に入ってきた。その後ろには下士官が立っている。見つかったか。ところが二人とも黙って立ち去る。気づかなかったはずはないのに、どうしたことか。仕方なく再び押入れに隠れていると、しばらくして今度はお手伝いたちと兵隊が何か押し問答をしている。突然、唐紙があいた。上等兵と正面から目が合う。ついに見つかった、と思ったら、上等兵はぴしゃりと唐紙を閉め、「憲兵さん、女中さんたちに弁当をあげてください」と廊下の外に声をかけて出て行った。「そのとき自分は、兵隊たちの大部分は味方であると確信した」と、岡田はあとで迫水に語っている。

岡田の確信は間違っていなかった。迫水が憲兵曹長・小坂慶助の著書から引用しているところによると、事件発生を受けて官邸に駆けつけた部下の篠田惣寿上等兵が、二六日午後二時頃、重大な事実を発見した。お手伝いの女性二人の挙動を不審に思って無理やり襖を開けてみたら、岡田首相が袴姿で座っていたという。驚いた篠田はしかし、黙って襖を閉めて外に出て麹町分隊に戻り、内密に小坂らにこのことを伝えた。

分隊長の森健太郎少佐は、「これはうっかり本部に連絡はできない。憲兵将校の中にも反乱軍側に味方しているものがいるかもしれず、彼らに内通するかもしれない。そうなると、せっかく生きている首相を結果的に殺すことになる」と語り、岡田の救出策を小坂らと相談した。

「憲兵服務規定」には、憲兵は、人の生命財産に対する不法の侵害に対しては兵器を使用してでもこれを守らなければならない、と書いてある。天皇陛下が親任した一国の首相の危険を知って、見殺しにするわけにはいかない。

小坂は翌二七日、占拠している反乱軍に、岡田首相の遺骸を引き取る準備のためと説明して再び官邸に入り、福田秘書官と相談のうえ、弔問客たちにまぎれて岡田を脱出させることを決めた。福田が集めた弔問客一二人を小坂らが引率し、そのうちの一人が遺体を見て卒倒したというシナリオだ。

「閣下、憲兵です、救出にまいりました」

あらかじめ弔問客らしいモーニング姿に着替えてもらっていた岡田の両脇を福田と一緒に抱えながら、「閣下！　でましょう！」、一気に裏玄関に向かう。

「急病人だ！　車をいれろッ！　屍体など見るからだ！」と大声で怒鳴りながら、あっけにとられている警戒兵の前で、走り込んできた車に福田秘書官と岡田を押し込んだ。車が無事、公邸門外に消えていくのを見て、「とめどもなく涙が出てきた」と、小坂は述懐している。

映画や小説では悪役の典型のような憲兵隊が、実は、正義を自称して重臣たちを襲撃した反乱軍とは逆に、人命尊重、法の遵守に命がけで取り組んだという意外な事実に、驚きと感銘を覚えざるをえない。

小坂の著書には、事件発生当日の二六日午後、反乱軍の青年将校たちが臨時陸軍省に当てられていた憲兵司令部に意気揚々と乗り込んできた時の様子が描かれている。

「こんな馬鹿なことがあるか。貧農出身の一兵卒の犯罪なら、空腹に耐えかねて酒保で盗み食いした小事件でも、軍規の名の下に情け容赦もなく軍法会議に送り込むのに、将校の犯罪となるとそうでない。表ざたになると軍の威信を失墜するという名目で、うやむやに葬り去る。この悪弊が積もり積もって今次の大事件を引き起こしたのではないか。憤りがふつふつとわいてきた」

三人の青年将校たちが軍装姿も勇ましく車から降り立った。玄関の補助憲兵二人が着剣した銃を捧げて敬礼する中を、三人は悠々と階段を上っていく。窓からこの光景を見ていた下士官の一人が怒鳴った。

「ばか野郎！　叛軍の将校に敬礼するやつがあるか。あれは皇軍ではないぞ！」

反乱軍の青年将校たちは、自分たちの行動こそが正義であり、軍首脳はもとより天皇陛下も自分たちを支持してくれているはずだと信じていたのだろうが、実際には正反対だったのだ。天皇自身が真っ先に「朕ガ股肱ノ老臣ヲ殺戮ス。此ノ如キ兇暴ノ将校等、其精神ニ於イテモ何ノ恕スベキモノアリヤ」と激怒して即刻鎮圧を命じたと、本庄繁侍従武官長の日記にある。

軍部内の大半も、反乱軍が心酔していた皇道派と呼ばれるグループに対しては、かねて批判的だった。当時の軍部は、青年将校たちの下剋上的な直接行動に理解を示す皇道派と、軍部内の秩序を重視する統制派の、二つの派閥が激しい主導権争いをしていたが、升味準之輔『日本政治史　3』によれば、軍部幕僚社会の中で「皇道派は、団結した極少数派であって、一〇数名にすぎなかったであろう」という。青年将校らの反乱は、一面では「皇道派の将軍幕僚によってあふられた隊付青年将校たちの、統制派にたいする憎悪と復仇の炎であった」と、升味は語る。

陸軍第一師団の歩兵第一、第三連隊、近衛歩兵第三連隊、野戦重砲第七連隊など合計一四八七人が、中隊長、小隊長らに率いられ、首相官邸、内大臣私邸、蔵相私邸、侍従長官邸、教育総監私邸、前内大臣投宿先旅館、陸相官邸、警視庁、陸軍省、参謀本部、東京朝日新聞社を襲撃し、高橋蔵相ら三人や警護の警官らを殺害した二・二六事件。その規模と組織的行動において五・一五事件をはるかに上回る大クーデターだったが、坂野潤治の『日本近代史』は、事件六日前の二月二〇日に行われた第一九回総選挙で、陸軍皇道派と連携して天皇機関説攻撃などを繰り広げていた政友会が惨敗し、反ファシズム路線の民政党などが躍進したことなどを指摘して、升味と同様に「二・二六事件は国民的支持や期待を欠いていた」と述べている。

このように、二・二六事件は、世界大恐慌以後の経済不安や満州事変をはじめとする軍事的緊張が背景にあったとはいうものの、直接的には軍部内の派閥争いとも絡んだ一部青年将校たちの暴走であり、到底容認されるはずのものではなかった。岡田首相を救い出した小坂ら憲兵たちの行動は、彼らが軍の規律を監視する憲兵だったという職務上の判断からというよりは、一人合点で暴走する青年将校や、それを煽るような軍幹部らの言動に対する、社会全体の拒否反応ぶりを反映したものだったといってよかろう。

情けないのは、軍や政府の首脳たちのうろたえぶりだ。迫水が宮中に駆けつけて宮内大臣を通じて岡田の無事を伝えると、天皇は「それはよかった」と大変喜ばれ、「一刻も早く安全地域に救いだすようにと仰せられた」という。ところが、集まった閣僚や軍幹部たちは、みな困ったような表情を浮かべるばかり。反乱軍の青年将校たちが読み上げた決起趣意書に共感を示すものも多く、中には「岡田首相が軍のいうとおりにしないから、こういうことがおこるのだ、けしからんのは岡田首相だ」という声さえ聞こえたという。迫水がある軍幹部に岡田救出のための軍出動の可能性を打診すると、「君、僕はこの話はきかなかったことにしておくよ」と、向こうへ行ってしまったという。

こんな状態で、政府・軍の首脳や長老たちは終日、部屋を出たり入ったり議論を繰り返すばかり。一向に対応が決まらないことに業を煮やした天皇が「朕自ラ近衛師団ヲ率キ、此レガ鎮定ニ当タラン」と、激しい怒りを込めて鎮圧を指示して、ようやく二七日未明に戒厳令の発令、さらに一昼夜たって二八日午前五時に撤退を命ずる奉勅命令が出された。それでも実力で排除すべきかどうかをめぐって陸軍内の調整が難航し、鎮圧が完了したのは二九日の夕方だった。

まさに「決められない政治」である。のちの民主党政権の代名詞ともなった「決められない政治」は、それに先立つこと八〇年近く昔の戦前から、日本政治の病理として深刻な混乱要因となっていたのだ。民主党政権時代の、あるいは民主党政権誕生の引き金ともなった自民党政権の機能麻痺状態は、主として衆議院と参議院の政党勢力間の「ねじれ」によるものと解説されていたが、実態を見ると、そうした制度要因もさることながら、政治を担う指導者たちの資質の劣化によるところが大きいことも見逃すわけにいかない。

坂野は前述書の中で、二・二六事件当時、「政治社会に一種の液状化が生じていたように思われる。陸軍も政党も官僚もそれぞれの内部に分裂が生じており、政治勢力というものが細分化されていた」と述べ、宇垣一成の当時の日記を引用している。

「維新後、薩長土肥の争いより、官僚―政党の争いに、次に二大政党の対立となりしが、現在では、政党―軍部―官僚―左傾―右傾、なお進んで政友会の内争、民政の提携非提携の抗争、軍部内派閥の闘争等と、如何(いか)にも争いが小キザミと成り来れり」

指導層の内部に対立が生じることは避けがたい政治の宿命といえようが、その対立の構造が時間的推移とともに次第に流動化し、指導者たち自身も小粒化していく傾向にあるようだ。坂野によると、明治維新後の政治対立の「薩長土肥」でトップは四人、「官僚―政党の争い」では二人、「二大政党の対立」でも二人であるのに対し、宇垣日記の一九三五年は一挙に一〇人。「政治の不安定化とエリートの質の低下に直面していた」のである。

軍の規律を乱しても、それが上層部の行為であれば表ざたになるのを恐れて「うやむやに葬り去るという悪弊が、積もり積もって大事件を引き起こしたのではないか」という小坂憲兵曹長の怒りは、当時の政治状況を鋭く見抜いた指摘といわざるをえない。

大事件を引き起こしただけではない。その事件処理をめぐって誰も決断しようとせず、責任を負おうともせず、最後は天皇の「ご聖断」に頼るだけ、という政府内の構図は、このあとさらに取り返しのつかない事態に日本を引きずっていく。二・二六事件で皇道派は失脚し、統制派が軍部の主導権を握ったが、これで事態が正常化するどころか、かえって「軍部は粛軍を実行する条件として、政府に対して、戦時体制の確立、庶政一新の要求をつきつけて、政府にこれを承認せしめた。首相官邸はまさに火を噴かない機関銃の下に置かれ」る状況となった。そして日本は中国戦線の拡大、やがて日米開戦、泥沼の太平洋戦争へと、突き進んでいく。「二・二六事件は、日本の針路を不幸な方角に持ってゆく一つの道標となってしまった」と、迫水は回想する。

そして、決断できないまま最後は天皇の「ご聖断」頼み、という不幸なパターンは、そっくりそのまま五年後に、再び繰り返されることになる。機関銃もまた、首相官邸に向かって再び火を噴く。

4

誰が見ても勝ち目のない戦争に、なぜ日本は突き進んでいったのか。欧米人がいかに理解に苦しんだかは、丸山眞男の代表的論文「軍国支配者の精神形態」が冒頭に引用している国際政治学者、F・シューマン教授の言葉に、象徴的に語られている。

「狂熱主義(ファナティズム)と誇大妄想病に罹った死物ぐるいの狂人たちがなした選択は、外交とか戦略とかいった種類の問題ではなく、むしろ精神病理学の問題とした方が説明がつき易い」

欧米の連合軍にとってさらに謎だったのは、そんな無謀な戦争を日本政府の誰が決定したのか、それがさっぱりわからないという点にあった。東京裁判の最終論告でキーナン検察官はこう総括している。

「元首相、閣僚、高位の外交官、宣伝家、陸軍の将軍、元帥、海軍の提督及内大臣等より成る現存の二十五名の被告の全ての者から我々は一つの共通した答弁を聴きました。それは即ち彼等の中の唯一人としてこの戦争を惹起することを欲しなかったというのであります。……彼等は他に択ぶべき途は開かれていなかつたと、平然と主張致します」

戦犯として訴追された日本政府・軍部のリーダーたちがみな、意図的にウソの証言をしていたというのなら、まだ理解しやすいのかもしれない。だがそうではなくて、進んで戦争に突入しようと主張したわけではない、という意味においては、彼らなりに正直に当時の心境を述べていたのだともいえる。丸山が引用している鈴木貞一・企画院総裁の供述が、開戦直前の日本政府内の空気をよく言い表している。

「海軍は日米戦争は不可能であるとの判断を内心有するが之を公開の席上で言明することを希望せず、陸軍は戦争を必ずしも望むのではないけれど、中国からの撤兵には反対し、しかも外相は中国の撤兵を認めなければ日米交渉は成立しないというのでした」

要するに、メンツの張り合いと責任回避の思惑が絡み合って三者三すくみとなった状態でずるずると最悪の事態になだれ込んでしまった、だからやむをえなかったのだ、というのが当事者たちの認識だったのである。

開戦の決定にあたってこの優柔不断ぶりだから、戦争終結をめぐっての右往左往ぶりも当然といえるかもしれない。

戦況が思わしくないことは、開戦二年後の一九四三年にはもう重臣たちの間では明らかになっていた。国民向けの勇ましい大本営発表とは逆に、太平洋戦線は次々に陥落して悲劇的な玉砕が続き、軍需生産は崩壊状態、国民生活も日に日に窮迫する一方となる。戦争を始めた東条内閣では戦争を終結させるのは難しいということで、一九四四年七月、やっとのことで東条英機を退任に追い込んだが、後継の小磯国昭内閣も終戦の決断ができない。米軍の本土空襲や本土上陸が避けられない状況となったことはわかっていても、陸軍を中心とする「聖戦完遂」の強硬論を前にして、誰も戦争終結を言い出せないまま、一九四五年を迎える。

三月、ついに東京に本格的な空襲が始まった。私は当時まだ四歳の子供だったが、生家の東京・浅草の夜空が真っ赤に炎上している光景が、いまもまぶたに浮かぶ。三月一〇日の大空襲では、多くの人々と同様、私の親戚たち何人もが焼死、あるいは炎を逃れようとして隅田川で溺死した。生き残った人々は衣も食も住も失って、親戚・知人を頼って地方に疎開したり、それもできずに放浪生活に落ち入ったが、反戦的な言動をすれば憲兵や警察に捕まることを恐れ、街では「欲しがりません、勝つまでは」のスローガンがうつろに叫ばれていた。

四月一日、沖縄に米軍が上陸し、五日には小磯首相が退陣、代わって二・二六事件で侍従長として襲撃を受けた経験を持つ海軍大将・鈴木貫太郎が、首相に任命された。七九歳という高齢、軍人出身で政治には無縁の立場であることなどを理由に就任を固辞する鈴木に対して、天皇は「この国家危急の重大時機に際して、もう他に人はいない。頼むからどうか枉げて承知してもらいたい」と述べたという。

鈴木はのちに自伝の中で、この時のことを次のように述べている。

「すみやかに大局の決した戦争を終結して、国民大衆に無用の苦しみを与えることなく、また彼我ともにこれ以上の犠牲をだすことなきよう、和の機を摑むべしとの思し召しと拝された。もちろんこの思し召しを直接陛下が口にされたのではないことは、いうまでもないことであるが、それは陛下に対する余の以心伝心として、みずから確信したところである」

こうして鈴木内閣は、ついに戦争終結へ向けて動き出すのだが、「この内なる確信は、当時としては深く秘めてだれにも語りうべくもなく」、表向きは逆に「今日はどこまでも戦争を戦ひ抜かなければならぬ」と、強硬な継戦論を国民に訴えていた。迫水は鈴木内閣で内閣書記官長（現在の官房長官）となっていて、鈴木の談話の草案を起草した際、戦争一本槍のような表現を用意して「少し調子が高すぎると思いますが」と鈴木に見せると、鈴木はあっさり「結構です」と答えたという。「したがって鈴木内閣成立の当初は、国民のだれ一人も、鈴木総理が終戦の機をつかむことを至上の使命と考えていられたと感じ取ったものはいなかった」と語る。

迫水によるとこれは、「大きな国を治めることは、小さな魚を煮るのに似ている。……あまり箸でつついたりしてはいけない」という老子の言葉をモットーとする鈴木の戦術で、急がば回れ、時間をかけて環境整備を図ろう、というのが鈴木の真意だったというわけだ。「もし最初から鈴木総理が、終戦への兆候をみせられたら、陸軍は、いち早く内閣をつぶしていたであろう」と、迫水は語る。実際、和平のためにひそかに行動を始めていた吉田茂(のち首相)が鈴木内閣発足と前後して逮捕されるなど、正面切って戦争終結を口にできるような雰囲気でなかったといえよう。

しかし、そうやって時間をかけているうちに、戦局はどんどん悪化していく。空襲は激しさを増し、五月二五日には宮城が炎上した。戦艦大和も失われ、沖縄では海軍地上部隊、陸軍部隊が六月、ともに玉砕した。イタリアに続いてドイツもすでに降伏した。ソ連の参戦も予想され、日本は文字通り孤立無援。それでも陸軍は「本土決戦」を叫んで譲らず、六月八日の最高戦争指導会議では「すみやかに本土の戦場態勢を強化する」ことを柱とする「戦争指導の基本大綱」を決める始末。たまりかねたように天皇は同二二日、会議の六人のメンバーを招いて重大な発言をする。

「これは命令ではなく懇談だが」と前置きした天皇は、「戦争の終結について、この際従来の観念にとらわれることなく、すみやかに具体的研究をとげ、これの実現に努力するよう希望する」と述べた。「戦争終結」が、初めて言葉として天皇の口から語られたのだ。これでようやく内閣としても終戦へ向けた工作を始められることになったのだが、それでもなおこの事実は「極秘」として、当日の出席者六人だけの胸にしまっておくことになった。もし万一、天皇の意図が陸軍の下部に漏れてクーデターが起きたりしたら、早期終戦という天皇の意図が実現できなくなってしまうと恐れたためという。

それで彼らはどうしたか。ソ連に和平工作を頼むという方法を考えた。渋る近衛文麿元首相を口説いてモスクワに派遣することを決め、ソ連側に申し入れた。しかし、ソ連からは一向に返事がこない。じりじりしながら回答を待っているうちに、日本時間の七月二七日早朝、トルーマン、チャーチル、蔣介石の米英中三国首脳による「ポツダム宣言」が発表されてしまった。

カイロ宣言の履行、日本軍の武装解除、戦犯の処罰などいくつかの条件を列挙したうえで「即時・無条件の降伏」を求めるポツダム宣言を突きつけられて、日本政府は最高戦争指導会議、閣議を相次いで開いて対応を協議したが、なかなかまとまらない。「無条件の降伏」という要求は文字通り無条件なのか、それとも交渉の余地ある条件つきの要求なのかといった宣言の解釈をめぐる議論、あるいはソ連の出方がはっきりするまで様子を見ようという意見などが飛び交って、結局、当面は事態の推移を見守ることとし、鈴木首相が記者会見の場でこの問題に「軽くふれる」ことに落ち着いた。

その記者会見で鈴木首相は、「ポツダム宣言はそれに先立つカイロ宣言の焼き直しなので重要視しない、黙殺するだけ」と発言する。迫水の説明によると、打ち合わせでは、「ノーコメント（論評せず）」といったニュアンスのつもりで、しかし当時は英語の使用は禁止されていたので「黙殺」ということになったというのだが、これが通信社電で「イグノア（無視する）」と訳され、さらに英米の報道機関には「リジェクト（拒否する）」と意訳された表現で報じられてしまった。

むなしくソ連の回答を待っているうち、八月六日、広島に原爆が投下される。七万五〇〇〇人が即死、五万一〇〇〇人が重軽傷、建物の全半壊約七万、被災者は一七万六〇〇〇人余にのぼる空前の大被害である。陸軍の「原爆かどうか明らかではない」という主張で新聞には「新型爆弾」と発表するなど、動揺ぶりを隠すのに躍起になっている中で、八日、なんとソ連が対日宣戦布告した。ついにくるべきものが来た。

九日朝、宮中で最高戦争指導会議が開かれ、鈴木首相は「四囲の情勢上、ポツダム宣言を受諾して、戦争を終結せしむるほかなきものと思料するについては、各員の意見を承りたい」と述べて、初めて「ポツダム宣言受諾、戦争終結」を口にした。

会議の途中で連絡のため迫水が部屋に入ると、重苦しい空気の中で、米内光政海相が「皆黙っていてはわからないではないか。どしどし意見をのべたらどうだ」と言っているところだった。そこに、二つ目の原爆が長崎に投下されたというニュースが飛び込んでくる。もう戦争継続は無理と、誰もが思ったに違いなかろうが、東郷茂徳外相と米内海相が「国体護持を唯一の条件として、あとは無条件でポツダム宣言を受諾すべし」と主張したのに対し、阿南惟幾陸相、梅津美治郎参謀総長、豊田副武軍令部総長は「降伏ではなく自主的撤退とすべき」など、受諾する場合のいくつかの条件を要求して譲らず、結論に至らない。

会議を休憩にして午後から閣議に移ったが、ここでも同じような問答の繰り返し。閣議に参加していた下村宏（海南）の『終戦秘史』（講談社）は、閣議の場での阿南陸相と米内海相の間の激論を次のように伝えている。

陸相　戦局は五分々々である、互角である。負けたとは見ていない。

海相　戦争は互角というが、科学戦として武力戦として明らかに負けている。局所々々の武勇伝は別であるが、ブーゲンビル戦以来、……皆負けている。

陸相　会戦では負けているが、戦争では負けていない。陸海軍間の感覚がちがう。

海相　敗北とはいわぬが、日本は負けている。

陸相　負けているとは思わぬ。

海相　もし勝つ見込みがあれば問題はない。

陸相　ソロバンでは判断できぬ。……条件つきにて国体が護持できるのである。手足をもがれてどうして護持できるか。

迫水によると、この間、鈴木首相は一言も発せず沈黙したままだったが、閣僚の一人が「閣内の意見がこんなに不一致では、内閣は総辞職すべきではないか」と言った瞬間、厳然と「私は総辞職のことは考えていません」と言い切った。あくまでこの内閣で決着をつける、おそらく最後は天皇の聖断という形で、という決意だと感じ取った迫水は、いったん閣議を休憩にして、鈴木に「かくなるうえは、ご聖断を仰ぐほか途はないと思います」というと、鈴木は「私は早くからそう思っていた」と述べ、段取りをつけるよう指示したという。

九日深夜、宮中地下防空壕の会議室で、第二回最高戦争指導会議が天皇陛下親臨のもとで開かれた。ポツダム宣言を受諾して戦争を終結させるのか、それとも拒否してあくまで戦争を続けるのか。

下村の『終戦秘史』によると、まず東郷外相が「ポツダム宣言無条件受諾の外なき旨をのべた」のに対し、阿南陸相は「本土来襲を機として大打撃を与うべし、たゞし提案せる条件がまとまり、終戦可能ならば賛成なり」と、事実上の反対論。米内海相は外相説に賛成し、平沼騏一郎・枢密院議長は四〇分にわたっていろいろ質問をしたうえで、外相説に賛成の趣旨を述べた。梅津、豊田の両総長は陸相説を支持して、「死中活。玉砕」の決意を繰り返す。時刻は一〇日午前二時を回っていた。

迫水も著書の中で、この時の模様を次のように伝えている。

三対三の対立。鈴木首相が立ち上がった。自分の意見を述べるのかと一同が見つめる中、鈴木は、「すでに長時間にわたって論議を重ねましたが結論を得られません。事態は一刻の猶予も許されません。前例もなく畏れ多いことですが、聖断を拝して本会議の結論としたいと存じます」と、天皇の裁断を仰いだ。だれもこうした展開を予想していなかったのか、一瞬、その場に驚きの気配が走る。

天皇は、「それならばわたしが意見をいおう」と口を開いた。極度の緊張に、部屋中が静まり返って、次の言葉を待つ。

「わたしの意見は、先ほどから外務大臣が申しているところに同意である」

誰も声を出すものはない。迫水は「胸がつまって涙がほとばしりでて……みなすすり泣いているのであった」と、著書の中でその情景を回想している。

「涙のうちに陛下を拝すると、天皇陛下は、白い手袋をおはめになったお手の親指で眼鏡の裏をおぬぐいになっておられる。そして、低い押しつぶしたようなお声で、念のために理由を申しておく、と仰せられた」

途切れ途切れで抑揚も乱れ、一言ずつ絞り出すような天皇の言葉に、出席者のすすり泣きは次第に号泣に変わっていった。迫水が記録した天皇の発言は以下のような内容だ。

「戦争がはじまっていらい陸海軍のしてきたことは、どうも予定と結果がたいへん違う場合が多い。いま陸海軍は本土決戦の準備をしておって、勝算もじゅうぶんあると申しておるが、わたしはその点について心配している。先日参謀総長から九十九里浜の防衛対策の話を聞いたが、侍従武官が現地を視察しての報告では、その話とは非常に違っているようであるし、また新設の師団の装備完了との報告を受けたが、実は銃剣さえ兵士に配給されていないことがわかった」

天皇は軍部のそれまでの報告に疑問を持ち、自ら侍従武官に命じて現地の実態を調査させていたのだった。

「このような状態で本土決戦に突入したならばどうなるか、わたしは非常に心配である。あるいは、日本民族は、みな死んでしまわなければならないことになるのではないかと思う。そうなれば、皇祖皇宗から受け継いできたこの日本という国を子孫につたえることができなくなる。日本という国を子孫につたえるためには、一人でも多くの国民に生き残っていてもらって、その人たちに将来ふたたび立上ってもらうほか道はない。これ以上戦争を続けることは、日本国民ばかりでなく、外国の人々も大きな損害を受けることになる」

「わたしとしては、忠勇なる軍隊の降伏や武装解除は忍びがたいことであり、戦争責任者の処罰ということも、その人たちがみな忠誠を尽した人であることを思うと堪えがたいことである。しかし、国民全体を救い、国家を維持するためには、この忍びがたいことも忍ばねばならぬと思う。わたしは、いま、日清戦争のあとの三国干渉のときの明治天皇のお心持を考えている。みなの者は、この場合、わたしのことを心配してくれると思うが、わたしは、どうなってもかまわない。わたしは、こういうふうに考えて、戦争を即時終結することを決心したのである」——。

八月一五日正午、戦争終結を告げる玉音放送の、「堪えがたきを堪え、忍びがたきを忍び」の言葉で長く記憶されることになる終戦詔書は、この時の御前会議における天皇の言葉をもとに作成されたものである。

玉音放送に至るまでには、しかし、なお曲折をたどる。閣議の場では、天皇の国家統治の大権、つまり「国体」の護持がはっきりしない、といった異論が出たり、戦争終結に反対する陸軍が勝手に「断じて戦うところに死中おのずから活がある。全軍将兵一人残らず直進すべし」という大臣告示を発表したりの大混乱となる。一四日に再び御前会議が開かれて、改めて天皇がお言葉を述べ、これを受けて再三閣議が開かれて激論の挙げ句、ようやく終戦詔書の決定、そして翌日正午の天皇自らのラジオ放送となるわけだが、この間の閣僚たちの右往左往ぶりをいやというほど見せつけられた迫水は、「大事の前に臨んだ場合その人間の本質がこんなにもはっきり現われるものかと、むしろ慄然とした心持であった」と、のちに述懐している。

日本を無謀な戦争に突入させる引き金となった二・二六事件の際、政府の決断によって事態を収拾することができず、天皇の判断に頼るしかなかったのと同じように、終戦にあたっても、政府の意思で戦争終結を決めることができず、二度にわたって天皇の聖断を仰ぐことでやっと終戦に持ち込むことができたという政治の迷走ぶりには、迫水ならずとも慄然とせざるを得ない。そしてこの指導者たちの右往左往ぶりは、そのまま、これから述べる終戦詔書作成過程の混乱の原型ともなっていく。

しかも、首相官邸それ自体、二・二六事件の再来のような悪夢に、再び見舞われることになる。

八月一五日朝、首相官邸に前夜から泊り込んでいた迫水は、機関銃の音で目を覚ました。米軍による空襲の機銃掃射かと飛び起きると、隣室に泊まっていた実弟の久良が駆け込んできて、「兄さん、日本の兵隊の襲撃です」と叫んだ。幸い、鈴木首相は私邸にいて難を免れ、迫水も非常用の地下道を使って脱出できたが、約五〇人の兵隊は官邸に機関銃を撃ち込み、玄関にガソリンをまき火を放って退散した。火は官邸職員が備え付けの防空用具で消しとめ、敷物を焦がした程度で大事に至らなかったという。

前に述べた官邸玄関の床の焦げた跡は、この時にできたとも考えられる。放火であれば焼け焦げが真夏にできたとしても不思議はない。むしろ八月一五日早朝の、反乱軍による放火と考える方が自然のように思えるが、官邸の公式説明が、ガラス窓の弾痕や床のこげ跡の原因について、いまだに慎重に断定を避けているのもこうした事情によるのだろう。英知の象徴であるミミズクが見下ろす首相官邸の、この痛ましい傷跡は、それがどちらの事件の時のものであれ、政治が健全な判断力を失った時にもたらす悲劇の重さを、いまさらのように思い知らせてくれるようだ。

第二章

義命と時運

1

ポツダム宣言の受諾を天皇が自ら直接、ラジオで国民に話すという前代未聞の方法は、誰が、またなぜ、考え出したのだろうか。玉音放送が、独特の抑揚を伴った「堪えがたきを堪え」の言葉とともに、あまりにもよく知られすぎているため、それが天皇自身の「玉音」として告げられたことは何の不思議もないように現代の私たちには思えるのだが、当時は昭和天皇の肉声を一般国民が耳にすることはほとんどなかったことを考えると、玉音放送という形式自体が極めて異例の出来事だったといわなければなるまい。

実はこれも、八月一四日の、二回目の御前会議における天皇の発言から生まれたものだった。前章で述べたように、一〇日未明、最高戦争指導会議における天皇の聖断によって、ポツダム宣言受諾・戦争終結の基本方針は決まったものの、前述のように閣議ではなお強硬な反対論が出て、収拾が難航していた。そのうえ、この方針をいつ、どのように発表するかをめぐっても、政府部内で意見の対立が生じてまとまらず、政治の無力ぶりをここでもさらけ出していた。

情報局総裁としてこの調整を担当した下村によると、一刻も早く公表すべきだという意見は、①いま公表すれば、民心もそれだけ早く落ち着く、②原子爆弾が現れた状況を見れば、早く公表して空襲の被害を少なくさせることが大事だ、③軍部などの動きをいくらかでも抑えやすくなる、④このまま公表が遅れると流言がさかんになり、物情騒然として秩序の維持が困難になる――などの理由を挙げて決断を促す。

他方で反対論は、①今日まで国民挙げて気を張って重荷をかついできたものが、いったん終戦となったら一気に崩れてしまう、②軍は、ひとたび緊張がほぐれたら再び引き締めることは不可能だ、③民衆の厭戦気分が敵側に看取されるのは不利となる、④遠隔地にいる部隊に通知する場合、通信事情などが原因で事故や混乱が起きる恐れがあり、事前工作の時間が必要だ、⑤戦争継続を主張している分子が不測の事変を起こす懸念がある――などと強調する。

押し問答のすえ、結局、発表の時期は「大詔が発せられる時」、即ち天皇の詔勅を待ってからとすることにして、とりあえず下村が、「国体を護持し……最後の一線を守るため、……あらゆる困難を克服して行くことを期待する」という、何を言いたいのかよくわからない情報局総裁談話を発表することとなった。

ところが一方で陸軍は、前に述べたように戦争継続を叫ぶ激越な大臣告示を発表する。これに対して海軍は、海軍に断りなくこんな布告を出すなら海軍も黙っておられぬといきりたち、軍部内でも大混乱。下村が阿南陸相に聞くと、陸相は告示の件はまったく知らないという。「鈴木内閣は右の手にて戦い、左の手で和平工作をすゝめている。そのまた陸軍の中でも青年将校は課長、局長、次官も素通りしてジャン〳〵進軍の太鼓をたゝく」（下村）ありさまとなっていた。

そんな状態のところに、日本時間一二日夕刻、日本側の「国体護持」に関する問い合わせに対し、米英ソ中四国の回答が外務省に届く。外務省はなぜかこれを一三日朝になって関係方面に連絡した。翻訳に時間がかかった、あるいは時間をかけたためだろうか。

「天皇及び日本政府の国家統治の権限は、……連合軍最高司令官の制限の下に置かるるものとす（subject to）」

「最終的の日本国政府の形態は『ポツダム』宣言にしたがい日本国民の自由に表明する意志により決定せらるべきものとす」

これでまた、この回答の解釈が問題となる。陸軍は「subuject to は隷属を意味するではないか」と反発する。「政府形態の決定は国民の自由意思で」というのは天皇制の否定につながるのではないかという疑問も出される。そこで、強硬派は四国側に回答の真意を再照会するよう主張するが、東郷外相は「その必要はない」と突っぱねて譲らない。刻々と過ぎる時間をこれらの議論で空費したすえに、一四日朝、天皇のお召しによって、再び宮中で臨時の御前会議が開かれることになったわけだ。

通常は陸海両総長の副署を添え内閣が要請して開催するのが御前会議のならわしであり、天皇自身の発意による召集は異例中の異例だが、これは天皇が、陸軍の一部にクーデター計画などの不穏な動きをあるのを知った重臣たちの進言を踏まえて、開催を急いだためといわれる。

今度は最高戦争指導会議のメンバーに加えて閣僚たちも出席しての御前会議である。宮中の地下防空壕内の会議室は緊張感に包まれた。

鈴木首相が立って、「閣議では八割のものが先方の回答を承認することに賛成しましたが、全員一致に至りません。改めて反対の意見の者から親しく意見をお聞き取り願い、重ねてご聖断を仰ぎたいと思います」と発言し、阿南陸相と梅津、豊田両総長を指名した。

三人はいずれも、涙を流し、声をふるわせて「このままポツダム宣言を受諾したら国体の護持が案じられる。この際は死中に活を求めて戦争を継続するほかなし」と訴えたが、その内容はこれまでの繰り返しがほとんどだった。

鈴木が再び立って、「意見を申し上げるのは以上でございます」というと、天皇はうなずいて、「ほかに意見がなければ、私の意見を述べる。皆のものは私の意見に賛成してほしい」と前置きし、途切れ途切れに、絞り出すような声で語り始めた。部屋中に忍び泣きが漏れる。

下村は、このあと記憶を頼りに天皇の発言をメモに起こし、米内海相はじめ他の閣僚らの手記と照らし合わせて、著書『終戦秘史』にこの時の天皇の言葉を採録している。

「反対論の意見はそれぞ〳〵よく聞いたが、私の考えはこの前申したことに変りはない。私は世界の現状と国内の事情とを十分検討した結果、これ以上戦争を継けることは無理だと考える」

「国体問題についていろ〳〵疑義があるとのことであるが、私はこの回答文の文意を通じて、先方は相当好意を持っているものと解釈する。先方の態度に一抹の不安があるというのも一応もっともだが、私はそう疑いたくない。要は我が国民全体の信念と覚悟の問題であると思うから、この際先方の申入れを受諾してよろしいと考える、どうか皆もそう考えて貰いたい」

「さらに陸海軍の将兵にとって武装の解除なり保障占領というようなことはまことに堪え難いことで、その心持は私にはよくわかる。しかし自分はいかになろうとも、万民の生命を助けたい。この上戦争を続けては結局我が邦がまったく焦土となり、万民にこれ以上苦悩を嘗めさせることは私としてじつに忍び難い。祖宗の霊にお応えできない。和平の手段によるとしても、素より先方の遣り方に全幅の信頼を措き難いのは当然であるが、日本がまったく無くなるという結果にくらべて、少しでも種子が残りさえすればさらにまた復興という光明も考えられる」

「私は明治大帝が涙をのんで思いきられたる三国干渉当時の御苦衷をしのび、この際耐え難きを耐え、忍び難きを忍び、一致協力将来の回復に立ち直りたいと思う。今日まで戦場に在って陣歿し、或は殉職して非命に斃れた者、またその遺族を思うときは悲嘆に堪えぬ次第である。また戦傷を負い戦災をこうむり、家業を失いたる者の生活に至りては私の深く心配する所である」

「この際私としてなすべきことがあれば何でもいとわない。国民に呼びかけることがよければ私はいつでもマイクの前にも立つ。一般国民には今まで何も知らせずにいたのであるから、突然この決定を聞く場合動揺も甚しかろう。陸海軍将兵にはさらに動揺も大きいであろう。この気持をなだめることは相当困難なことであろうが、どうか私の心持をよく理解して陸海軍大臣は共に努力し、よく治まるようにして貰いたい。必要あらば自分が親しく説き諭してもかまわない。この際詔書を出す必要もあろうから、政府はさっそくその起案をしてもらいたい。以上は私の考えである」

列席者のすすり泣き、忍び泣きが、天皇の「私はいつでもマイクの前にも立つ」という言葉に至って、こらえきれずに声を挙げた号泣に変わったと、下村は記している。

下村が著書に採録したこの天皇発言のうち、「自分はいかになろうとも」という部分は事実ではないという説が、最近になって出ている。古川隆久『昭和天皇』(中公新書)では、「関係史料を比較考証してみると、出席者のうち、この発言に感動して泣いたと書いているのは下村だけで、他の出席者は一人もこれについて触れていない」ことを挙げて、「こうした発言はなかったのである」と断定している。『「終戦」の政治史 一九四三—一九四五』(鈴木多聞、東京大学出版会)もこれを踏襲して、「もし、昭和天皇がこのような無神経な発言を行えば、陸軍のクーデターの恰好の口実になっただろう」と、天皇発言のこの部分を「無神経な発言」とみなす立場から、発言の存在を否定している。

また『終戦史——なぜ決断できなかったのか』(吉見直人、NHK出版)も、こうした「最新研究」を前提に、「下村宏によって創作された『ありえない発言』であって、それが無検証のままに流布され、事実として長らく信じられてきたものであった。……フィクションを我々はずっと信じてきたのであった」と述べている。

私は政治過程の取材を専門とする新聞記者であって歴史の研究者ではないので、関係史料をすべて比較考証することは私の能力を超えているが、古川の「他の出席者は一人もこれについて触れていない」という記述には疑問がある。なぜなら、これまで何度か本書で引用している迫水久常の『機関銃下の首相官邸』では、下村とほとんど同じ内容の天皇の発言を記録していて、それによると、問題箇所で天皇は、こう述べている。

「陸海軍の将兵にとって、武装解除や保障占領ということは堪えがたいことであることもよくわかる。国民が玉砕して君国に殉ぜんとする心持もよくわかるが、しかし、わたし自身はいかになろうとも、わたしは国民の生命を助けたいと思う」

迫水は一〇日未明の第一回御前会議にも出席して、天皇が「わたしはどうなってもかまわない」と語ったのを記録している。迫水の場合、内閣書記官長という立場にあり、詔勅の起草を担当することを想定しながら天皇の発言を聞いていたわけだから、第二回の御前会議の発言記録も、大筋において間違いないと見るほうが自然のように思われる。

また迫水は、読売新聞社刊の『昭和史の天皇』第三〇巻の中のインタビューで、第一回の御前会議の模様を語った際、①「陛下のおことばを、ドライに、事務的に全部記録しておこうと思い、わざわざ別にメモ用紙を持って会議に参列した」と述べて、はじめからメモを取るつもりでいた、②しかし、天皇のお言葉を聞くうち「涙がほとばしり、二、三行しか」書けなかった、③会議終了後、記憶がうすれないうちに書きとめて、それを詔書の骨子にしようと思った――ことなどを明らかにしている。

さらに、天皇の発言を詔書に書く場合、「これは絶対に書いておく必要があることと、これは絶対に書いてはいけないことを改めて考えた」といい、「詔書の中に絶対あってはならないものは何か。陛下は『わたしはどうなってもかまわない』とおっしゃっているが、……それを詔書に入れたらたいへんなことになる。……陛下が戦争責任を負われることになる」と、天皇の戦争責任への波及を心配して、この部分を詔書で触れないように配慮したことを強調し、この発言をかなり強く意識して扱ったことを示している。迫水の回想や著作については、研究者たちの間で、内容に不正確な点が多い、あるいは自分の行動の重要性を強調しすぎている、などの理由で資料的価値は低いとされているから、評価は慎重でなければならないだろう。しかし、問題とされている天皇の発言を迫水が具体的に証言している事実をまったく無視して、下村以外の「他の出席者は一人もこれについて触れていない」とする「最新研究」には、首をかしげざるをえない。

外務省が編集して新聞月鑑社が一九五二年に出版した『終戦史録』下巻には、東郷外相ら御前会議の出席者の手記や口述記録などが収録されていて、たしかにここには下村や迫水が述べたような部分は見当たらないが、いずれも天皇発言の概略を説明したもので、発言の逐一を記録したものではない。最も詳しいと思われる第一回午前会議の際の保科(ほしな)善四郎・海軍省軍務局長の手記も、次のように簡潔な表現だ。

聖上　外相案を採らる。

理由　従来勝利獲得の自信ありと聞いて居るが、今迄計画と実行とが一致しない、又陸軍大臣の言ふ所に依れば九十九里浜の築城が八月中旬に出来上るとのことであつたが、未だ出来上つて居ない、又新設師団が出来ても之に渡す可き兵器は整つて居ないとのことだ。之ではあの機械力を誇る米英軍に対し勝算の見込みなし。朕の股肱たる軍人より武器を取り上げ、また朕の臣を戦争責任者として引渡すことは之を忍びざるも、大局上明治天皇の三国干渉の御決断の例に倣ひ、忍び難きを忍び、人民を破局より救ひ、世界人類の幸福の為に斯く決心したのである。

時に八月十日午前二時三十分

天皇が下村や迫水に述べたように「自分はいかになろうとも」という重要発言を実際にしていたのなら、他の出席者がこの点に触れないはずはない、というのが「発言はなかった」論の根拠だが、発言の簡略な要旨に書かれていないことを以って、「なかった」の証明になると言い切れるだろうか。むしろ、迫水がのちに回想して語ったように、発言が昭和天皇の戦争責任にまで波及しかねない微妙な問題だったとすれば、他の出席者も同様の判断から、この発言をあえて意識的に記録に残さないよう、言及するのを避けたという解釈も成り立つのではないか。

私には、この「自分はいかになろうとも」という天皇の言葉は、そのあとの「マイクの前に立つ」という発言と合わせて読めば、ポツダム宣言の受諾、すなわち戦争終結という決断が、天皇自身の固い決意に基づくものであることを、聞く者にはっきりとわからせようという意図を強調するものだったように思える。

それというのも、一九三六年の二・二六事件で、青年将校たちが天皇の意思を勝手に読み違えてクーデターにまで暴走したという苦い記憶が、天皇にはあったと思われるからだ。戦争を何としてもここで終結させねばという天皇に対し、今また、陸軍の一部強硬派が「国体の護持」、つまり天皇を擁護するという名目のもとに、あくまで本土決戦に持ち込もうとして、立ちはだかりつつある。厚木航空隊の一部や陸軍省若手将校たちの計画では、「要人を保護し、お上を擁し聖慮の変更を待つ」となっていた。天皇を監禁してでも聖断の変更を迫ろうというのだ。

この緊迫した状況を感じ取っていたからこそ天皇は、自ら前面に出て、自分の声で直接、国民に対しても軍部に対しても、自分の意思を、誤解の余地がないよう明確に伝えたかったと見るべきではなかろうか。

実際、一四日の第二回午前会議のあと、東郷外相から説明を受けた松本俊一外務次官の手記によると、天皇は聖断の結びに「なお自分の意思のある所を明白にするため詔書を用意せよ。今陸海軍大臣より聞く所によれば陸海軍部内に異論があるが、これ等にも良く知らせる様致せよ」と指示したとある（外務省編『終戦史録』新聞月鑑社）。「自分はいかになろうとも」の発言は、クーデターを誘発しかねない「無神経な発言」ではなく、それどころか逆に、ひそかに進行しつつあったクーデターの動きを封ずるためにも、自らが「マイクの前に立つ」という悲壮な決意を示したもののように、私には思えるのだ。

決定的と思われるのは、御前会議に出席していた保科善四郎が天皇発言について、外務省編の『終戦史録』では前述したように簡略にしか述べていないのに、のち一九七七年の朝日新聞社発行『語りつぐ昭和史 5』のインタビュー・シリーズの中では、次のように語っていることだ。

「（八月一四日の御前会議で）重ねて陛下はこの席において、最高戦争指導会議で申されたことと同じことを申されました。特に私は今も耳に残っておるのは、『自分の身はいかようになろうとも、国民の命を守りたいと思う。この際、自分のできることは何でもする、マイクの前にも立つ、頼むぞ』とおっしゃいました。その時、二十三人全部、声を上げて号泣しました。このときのみなさんの気持ちは、やはり最高戦争指導会議で慟哭したのと同じ気持ちであったと、私は今でも信じております」

この保科証言だけでも証明には十分と思えるが、さらにつけ加えれば、下村の『終戦秘史』が出版された一九五〇年より三年も前、すなわち終戦直後の一九四七年に出版された森正蔵著『旋風二十年』でも、天皇が御前会議で「国が焦土と化することを思へば、朕の一身は、どうならうとも意に介するところではない」と述べたと記していることを、指摘したい。森はこの天皇発言の出所を明示していないが、新聞記者として当時の関係者から取材したものと思われる。保科証言のような一次史料といえないにしても、少なくとも下村の著書より三年も早い出版であることからして、下村の著書を下書きにして引用したものでないのは明らかである。

ほかにも、やはり朝日新聞記者だった高宮太平が独自に取材して書いたと思われる著書『天皇陛下』（一九五一年）が、「忍び難いものも忍ばねばならぬ。自分の一身のことや、皇室のことは心配せぬでもよろしい」という天皇の言葉を伝えている。

このように私の手元にある関係史料を比較考証するだけでも、「自分はいかになろうとも」という天皇の発言は、「なかった」と強調する「最新研究」とは逆に、事実としてあったのであって、「下村宏によって創作されたありえない発言……フィクション」などではなかったと考えるしかないと、私は思う。

それでもまだ、これらは天皇自身の言葉ではなく間接的な証言にすぎないという人があるかもしれない。では、その人たちは、天皇自身が『昭和天皇独白録』（文春文庫）の中で以下のように述べていることまで無視するのだろうか。

「独白録」は、終戦翌年の昭和二一年（一九四六年）三月から四月にかけて、松平慶民宮内大臣や寺崎英成御用係ら五人の側近が、「張作霖爆死事件から終戦に至るまでの経緯」を四日間、計五回にわたって天皇から直々に聞いてまとめたものといわれる。文書の存在は長い間、知られていなかったが、寺崎の死後、グエン夫人がアメリカに持ち帰っていた遺品の中に、寺崎が聞き取った天皇発言の記録があることを、娘のマリコ・テラサキ・ミラーが発見した。日本語が読めないマリコは息子の知り合いの学者を通じて日本の現代史研究者に照会し、一九九〇年になって初めて世に知られることになった。

それによると天皇は、一九四五年八月九日から一〇日にかけての深夜の御前会議の模様を語りながら、ポツダム宣言の受諾・戦争終結の決断、すなわち「聖断」を下した心境について、次のように述べている。

「当時私の決心は第一に、このまゝでは日本民族は亡びて終ふ、私は赤子を保護する事が出来ない。第二には国体護持の事で木戸も仝意見であつたが、敵が伊勢湾附近に上陸すれば、伊勢熱田両神宮は直ちに敵の制圧下に入り、神器の移動の余裕はなく、その確保の見込みが立たない、これでは国体護持は難しい、故にこの際、私の一身は犠牲にしても講和をせねばならぬと思つた」

戦争継続は国民全体を壊滅状態に陥れてしまう、軍部が叫ぶ「国体護持」自体が不可能になってしまう、という二つの理由を挙げて、「私の一身は犠牲にして」でも戦争を終結させるという「決心」を表明したことを、天皇自身が明らかに確認しているのだ。これ以上に確実な証拠がほかにあるだろうか。

これほど明白な記録があるのに、なぜ現代史家たちの「最新研究」は天皇発言を「なかった」「フィクションだ」と否定するのだろうか。天皇が「自分はいかになろうとも」と発言していた事実を認めたからといって、それをもって天皇発言を「無神経」と非難する必要はなかろうし、また逆に、天皇の聖断を美化するということにもなるまい。重要なのは、昭和天皇がそのように切迫した思いを吐露して決断するような方法でしか戦争を終結させられなかったほど、政治が無力化していたという事実ではなかろうか。

「新説」を鵜呑みにすることの危険性を、ショーペンハウエルが指摘していたことが思い起こされる。

「学問はたえず進歩しており、最新の本には過去の知見が反映されているという誤った前提のもとに、最新刊にそそくさと手を出すのはひかえるべきだ」(『読書について』光文社文庫)

なぜなら、新刊書の著者が先人の研究をきちんと理解しているとは限らないし、それまでの通説を覆して自分の存在感を高めたいという誘惑に駆られることもあるからで、「学問の歩みは、しばしば後退の歩みとなる」と警告している。

「自分の身はいかになろうとも」という悲壮な決意を、天皇が言葉としてはっきり語ったことは事実であったと考えるほかない。そして、この御前会議での聖断を受けて、政府部内では終戦詔書の起草、そして天皇のお言葉の放送用録音の準備があわただしく始まるわけだが、一方でこれを阻止しようとする陸軍若手将校たちの録音盤争奪工作も激化し、死者まで出る事態となってゆく。

2

「自らマイクの前に立ってもよい」という天皇の言葉は、それだけ戦争終結の決意が固いことを強調するところに真意があったのだが、その時点では必ずしもラジオでの詔書読み上げを念頭に置いたものではなかったようだ。聖断をいつ、どのような方法で国民および外地に展開している部隊を含む陸海軍全体に周知させるかは、前例もなく、関係者たちはあれこれ頭を悩ませた。その結果、これしかないと結論に至ったのが、あの歴史に残る「玉音放送」だったといわれる。

聖断の公表作業を情報局総裁として担当した下村によると、戦争終結を発表した場合の反応として心配されたのが、①軍部内の反抗、②民衆の暴動、③外国人に対する加害行為——だった。これらを防ぐためには、何よりもまず、天皇の真意を誤りなく、一刻も早く、しかも時間差なく、周知徹底させることが必要なのだが、①新聞だと国内遠隔地への配達に時間差が生じうるし、外地の部隊に届くまでに場所によっては数か月もかかり、混乱が起きる、②無線通信や電報も、地理的状況によって届かないところがあり、外地に点在している第一線に配達するのは極めて困難——という理由から、ラジオ放送によることになった。

しかし、それでは何時に放送するのか。一刻も早くといっても、終戦詔書の作成、閣議決定、天皇陛下の裁可、録音という作業が必要で、放送時間は早くても一四日深夜になってしまう。そんな夜中ではどれだけの人が聴けるかわからない。では翌一五日朝か。朝といっても五時、六時、七時、どの時刻ならよいのか。早朝では、まだ寝ている人もあろうし、官庁や会社、学校、工場に通う人、田畑で働く人などさまざまで、時間によってはラジオを聴ける人もまちまちだ。

こうして「発表は十五日正午、ラジオ放送で」と決まり、聴き漏らす人がないよう、あらかじめ一四日夜から一五日午前にかけて、「十五日正午に重大放送がある」旨を外地も含めて予告することが決まった。

終戦詔書は、八月一〇日未明の第一回御前会議における天皇の聖断を受けてひそかに下書きの作業が進められており、一四日午前の第二回御前会議で示された二度目の聖断を踏まえ、閣議決定に向けた案文作成が正式に始まった。これと並行して天皇の言葉を録音するための準備も、宮内省の一室にある天皇の執務室を放送室に、隣室を録音室にあてて、放送協会（現在のＮＨＫ）の幹部職員らが参加して行われ、午後三時半頃から一同が待機していた。詔書案は、のちに詳しく述べるように、閣議で何度も修正が重ねられるなど作業に手間取り、深夜になってようやく宮中に届く。午後一一時二〇分頃、天皇陛下が姿を現す。

録音は二回行われた。最初の録音は天皇の声が低く、天皇も「いまのは少し低かったようだから、もう一回」といわれ、二回目の録音。今度は声が少し高かったが、接続詞が一箇所抜け、三回目の録音をとる案も出たものの、結局、二回目の録音分が一五日正午からの放送に使用されたと、下村は述べている。

約三〇分かけて、二回目に録音した分をもとに四枚の録音版が作成され、宮内省が保管した。翌朝ＮＨＫ幹部が受け取りに来る手はずを整えて、下村は別室でいったん休憩をとり、情報局やＮＨＫの一行らと一緒に外に出ようと車に乗った。天皇陛下のお言葉を収録するという大役を終え、あとは正午のラジオ放送を待つばかりと、ほっとしていた状況がここでにわかに一変する。暗闇の中で突然、近衛兵たちに停車を命じられ、二重橋近くの衛兵所に一行一八人が閉じ込められてしまったのだ。そばには近衛兵が三人、武装して見張っている。一体何が起きたのか。

天皇の録音が始まる前後から、竹橋の近衛師団司令部には陸軍の若手将校たちが押しかけ、森赳（たけし）師団長に決起を促していた。

「海軍が動かぬなら陸軍のみで皇土を守りたい。近衛師団決起の報が全国に飛べば、五百万の精鋭こぞって起き上がることは必至である。ぜひ閣下のご賛同を得たい」

「聖断はすでに下った。宮城の守護に任ずる近衛師団は、聖断に反した行動をとることはできない」

「聖旨は君側の奸によるものです。聖旨の変更をお願いします」

「さようなことはよろしくない」

押し問答をしているところに、近衛師団決起のうわさを聞いた若い航空士官学校の大尉が加わり、「ぐずぐずしていると夜が明ける。師団長は何を躊躇しているのか」と迫る。あくまで決起を拒否する森師団長に青年将校たちは激高し、「お国のためだ」と叫んで軍刀で斬りつけ、さらにピストルを撃って殺害した。

一五日午前零時、反乱将校らによって偽の近衛師団司令部命令が出された。「師団主力は宮城を、一部は放送局を遮断し、陛下を守護する」などの「命令」をうのみにした近衛連隊は、宮中と放送局に乱入した。録音盤を奪い取ろうというわけだ。監禁されている下村らの部屋からNHKの幹部を連れ出し、録音現場などを案内させて録音盤を探し回ったが、見つけることができない。そうこうしているうちに東部軍管区の田中静壱司令官が駆けつけ、命令は偽であることを知らせたため、ようやく反乱を鎮圧することができた。

迫水がいた官邸が機関銃の襲撃を受けたのも、ほぼ同じ頃だったのだろう。近衛師団司令部を襲った若手将校四人は自決し、反乱は収拾され、終戦詔書は無事、予定通り一五日正午、放送され、ここに戦争はついに終結となったのだが、田中司令官は一〇日ほどのちに、司令官公室で自決した。

下村の『終戦秘史』によると、田中はオクスフォード大学に学び、アメリカ駐在武官も経験した陸軍屈指の英米通だった。そのため軍の本流からははずれた存在だったようだ。陸軍が政治に関与することを苦々しく思っていたといわれる。一九四一年(昭和一六年)一二月八日、真珠湾攻撃の知らせを耳にした二男の俊資が居間に行くと、もう昼だというのに父の田中は布団をかぶって寝ていた。

「日米開戦、真珠湾大勝利の号外を見ましたか、この号外を見ましたか」と声をかけると、田中はうるさそうに顔を出し、不愉快そうな顔で、吐き出すようにこう言った。

「知っとる。馬鹿なまねをする。アメリカに勝てると思うのか。日本をどうするのだ」

田中の予想通りの敗戦。それでもなお、あくまで戦争の継続、本土決戦を叫んで、クーデターによって天皇に聖断の変更を迫ろうという反乱将校たち。決死の覚悟で彼らを鎮圧した田中を、天皇は宮中に招き、直接、「今朝の軍司令官の処置は誠に適切だった。感謝する」と、礼を述べた。玉音放送が無事に終わった八月一五日午後四時頃のことだった。天皇の目には涙が浮かんでいたという。

感激した田中は司令部に戻ると、ただちに天皇の言葉を、机にあった白紙に毛筆で書き留めた。この白紙は、のち自決した際に田中の胸のポケットにあって、発見された時は鮮血が滲んでいたといわれるが、偶然、私が手に入れた塚本素山著の『あゝ皇軍最後の日』(非売品)の中に、田中の筆跡と思われる毛筆の文書を複製した和紙が、ていねいに貼り付けてあった。しっかりした楷書で、次のような言葉が書かれている。

「御言葉　今朝ノ軍司令官ノ処置ハ誠ニ適切デ深ク感謝ス　今日ノ事態ハ真ニ重大デ色々ノ事件ノ起ルコトハ固ヨリ覚悟シテ居ル　非常ノ困難ノアルコトハヨク知ツテ居ル　併シ斯クセネバナラヌノデアル田中ヨク頼ム　シツカリヤツテ呉レ」

続けて小さな文字で「声涙共ニ下ラセ給フ」と注釈があり、「八月十五日午後五時十五分　於御文庫」となっている。

クーデターを阻止して無事に終戦を放送できたことに天皇がどれほど喜びを感じたかが、田中の面前で落涙したエピソードに示されているが、同時に、天皇が繰り返し、「事件の起こることは覚悟していた」「非常の困難のあることはよく知っている」「しかし斯くせねばならぬ」と語っていたことに注目したい。

天皇は、軍が自分を襲撃してくることをはっきりと予測しながら、それでもわが身を省みず、自分の肉声でラジオ放送を通じて全国民に戦争の終結を発表しようと決意していたことを物語るものだ。この一事にも、「自分はいかようになろうとも」、あるいは「私の一身は犠牲にしても」という趣旨の言葉を、天皇が御前会議の「聖断」の場面で間違いなく述べていたことが確認されよう。

戦争終結となった場合の軍のクーデターは、天皇だけでなく軍幹部の一部でも早くから懸念されていた。若手将校らのクーデター要請を拒否して斬殺された森近衛師団長は、終戦直前の三月に師団長に就任したばかりだったが、内命を受けた時、森は、義兄にこう語っていたという。

「今上層部にうわさのある平和説が実現すれば、満州事変以来の勢いをはらむ主戦派の人々は黙っているはずはなく、……必ず天皇に要請して戦争の継続を強要する極右の者多数あること明らかである。その時こそ近衛師団長の役目は相当の覚悟を要することを自覚している。いうまでもなく近衛師団長の大役は陛下のお膝元に死を以って最後のご奉公をするまでである。極右派の者共熱狂して大道を誤ることあるとも、森赳は大義名分を明らかにして死処を得べきである」

一般に、開戦の時も終戦を迎えた時も、政府部内の対立やせめぎあいは、主戦派の軍と和平派の重臣たちの間で、あるいは軍部内では主戦派の陸軍と慎重派の海軍の間で展開されたように見られがちだが、実態はそれほど単純ではなかった。軍部内でも客観的、冷静に状況を判断できる者と、理非もなく強硬論を唱えるものがあり、政治家や重臣たちの態度も一様ではなかった。

たとえば陸軍予備役中将で参謀本部顧問だった酒井鎬次(こうじ)や戦争指導課長の松谷誠大佐は一九四四年七月のサイパン陥落の段階で敗戦を確信し、早期講和を明確に唱えて重臣らの説得にあたっていた。その重臣側では、二・二六事件で危うく救出された岡田啓介元首相までが「戦い抜かねばならぬ」と戦争継続を主張し、木戸幸一内大臣も「戦争完遂が第一目的なり」と、岡田に同調していた。

岡田は、東京空襲などで敗北必至となった段階でも、「最後の決戦はもういっぺんやれるんじゃないかと思う」と近衛に語っていたし、東条の後任として首相になった小磯国昭も就任当時は「いっぺんでいいから勝とう、勝ったところで手を打とう」と、最後の一撃に期待を寄せていた。ポツダム宣言が発せられてからは早期受諾を強く主張して戦争終結に努力した東郷外相も、七月の段階ではまだ「(ポツダムの)三国会談開始前に少なくとも敵の機動部隊を捕捉して一大打撃を与えることにして貰いたい」と、陸海軍に要請していたといわれる。

敗北は避けがたいと心の中では思いながら、それを言い出す代わりに、「最後の一撃を加えてから」「せめて一太刀浴びせてから」という論理でずるずると時間をかけているうち、原爆投下という未曾有の大被害を国民にもたらしてしまったというのが実態である。

「一度でいいから勝つ、何とか一泡吹かせたい、のである。全てこれ人情だ。重臣会議は、理性が消えて人情によって推し進められたわけだ。仮に一勝できたら本当に講和に踏み切ったであろうか。おそらくその時は、勝てたのだからまだやれるだろう、という人情が頭をもたげるであろう」（篠原昌人・昭和史学会代表理事「現代史発掘」、『新国策』所収）

現実を直視して大局に立った決断を下す指導者が、政治の分野にも軍部にもいない。どうにも手の施しようがなくなって、最後に頼るのは「天皇の聖断」だけ、ということになる。二・二六事件の時がそうだった。そして今、戦争終結という重大局面を迎えても、同じような政治の不決断が混乱を長引かせ、拡大させ、しかも聖断が下されたあとも、その聖断の発表を阻止してあくまで「情」を発散させようとする強硬派によって、さらなる惨劇を生んでしまうのだった。

この政治の劣化ぶりが、終戦詔書の作成過程で一段と凝縮された形で浮き彫りになるのを、我々は見ることになる。

3

田辺聖子の自伝的短編集『私の大阪八景』が発表されたのは昭和四〇年（一九六五年）だから、終戦からすでに二〇年も経過していたが、そこにはあの日、八月一五日正午の玉音放送を聴いた時の庶民の家庭の情景が、まるでビデオカメラで録画したかのように鮮やかに描かれている。

主人公トキコは多感な文学好きの女学生。大阪郊外の航空機製作所の工場に学徒動員で送り込まれ、手ぬぐいに「神風」と書いた鉢巻をきりりと締めて、部品製作の作業に一心不乱に取り組む。かたわら吉川英治の「宮本武蔵」を読みふけって、「精神の剣の道をひとすじにきわめようとするムサシの姿勢は、いまや、精神力で勝とうとする日本の国民の手本でもある。……日本は物資力ではアメリカに負けてるかもしれない、しかし精神で勝つのだ、その道はまさにムサシの修行の如く、きびしくて孤高の道であるといわねばならない」と信じている。

昭和二〇年(一九四五年)になって空襲が激しくなり、動員は解除されたが街の大きな写真屋だった自宅が焼け出される。そんなある日、「八月十五日の日に、何やら、正午に重大発表があるというので、ラジオを持ち出してトキコの家族は、新しく借りた小さい家のひと間に集まった」。ラジオから聞きなれない声が伝わってくる。


「あ、怪態(けったい)な声……」

「ほんまに陛下かしら。ニセモノ?」

同時にハハ(母)とババ(祖母)がいった。

「わかる? いうてること」

マチコ(妹)がトキコにきいた。

「何や、戦争もう止め、いうてはるのとちがう?」

トキコはチチ(父)の顔を見た。

「どうも、そや、思うけどねえ」

「ふしがなあ……何や情けなさそうにいうてはります」

とハハもうなずいた。

「本土決戦、いうてはるのとちがうか」

マサル（弟）は未練気にラジオをにらんでいる。それほど、棒読みの勅語はむつかしいのである。むつかしい熟語が盛沢山である。

（へえ……これが陛下のお声？）

とトキコはうなるように思った。


ラジオを前にして父、母、妹、弟らがガヤガヤとしゃべり合っているうち、ラジオの声が「堪えがたきを堪え、忍び難きを忍び」と言った。戦争は終わった、負けたといっているらしい。犬を連れた近所の夫婦が「くやしいねえ」「やっぱり神風は吹きまへんでしたな」とトキコ一家に声をかけると、忙しそうに家に帰っていった。

その日から巷は一気に「デモクラシー」「民主化」の合唱になる。やがて、「人間」となった天皇陛下の全国行幸が、大阪方面にもやってくる。トキコも、目の回るような社会の変化に驚いたり怒ったりの毎日——。漫才でも聞いているような、大阪弁のユーモラスな会話を通じて終戦直後の庶民生活が巧みに描かれているが、八月一五日当日のやりとりで印象的なのは、ラジオを聴いていた多くの国民がそうだったように、トキコの一家も天皇の声をよく聞き取れずにいた情景である。

実は、玉音放送で読み上げる終戦詔書をどんな言葉にするかをめぐって、首相官邸では放送直前まで頭を悩ませていたのだった。のちに迫水が読売新聞の『昭和史の天皇』のインタビューで、その事情を以下のように明かしている。

「わたしたちも、もちろん初めから、陛下に詔書をそのまま読んでいただこうと考えたわけではなく、ご放送は口語体のものでやっていただくつもりでいたのです」

詔書は御前会議における天皇の発言を踏まえて荘重な漢文体で書かれたが、天皇が自らマイクで自分の真意を国民に語りかけたいという趣旨からすれば、言葉はわかりやすくなければなるまい。だとすれば、詔書とは別に、ラジオ放送用に口語体の文章が必要ではないか。そう考えた迫水は、鈴木首相と相談のうえ、閣議での詔書の審議と平行して、口語体の草案の準備に入った。起草は内閣嘱託の木原通雄に頼んだという。

ところが、それがうまくいかない。

「理由はきわめて簡単なんです。つまり、陛下が国民に呼びかける際、ご自分のことをなんとおっしゃるのか、いまでこそ、陛下が『わたくし』とおっしゃられることは、だれでも知っているが、当時は書記官長のわたしでさえ、陛下が『朕』とおっしゃるのか『ぼく』か『わたし』か『わたくし』か、あるいは『余』とおっしゃるのか、残念ながら見当がつかない」

「さらに、陛下は国民をなんとお呼びになるのか、『お前たち』か『諸君』『みなさん』といわれるのか、最近は『みなさん』とおっしゃられるようになったが、そのころは全く見当がつかない。この一人称と二人称の問題では、ほとほとこうじ果て、ついに筆を投じてしまった」

「木原君に『君ならどうする』といったんだけれども、彼も、『どうもこれだけは、天皇陛下になってみなければわかりませんなあ』と投げ出し『そりゃ、総理大臣になったつもりで書け、というなら書けますが、天皇陛下になったつもりにはなれませんよ』とニガ笑いする始末でした」

そうこうしているうちに時間切れとなって、「ついにやむを得ず、陛下に『終戦の詔書』そのものを、お読みいただく結果になってしまった」のだという。

一人称と二人称の使い方一つで文章化が行き詰まってしまうなど、「いまの若い人にはとてもわかってもらえないと思うが」と迫水が語るように、昭和天皇は当時、それほど国民から遠い存在であり、その天皇が肉声で国民に語ることがいかに異例の出来事だったのかが、この一事からもうかがえよう。

難航したのはしかし、漢文体にするか口語体がよいかの問題だけではなかった。というよりそれどころか、そもそもの詔書の文案作成それ自体が、加筆、削除、修正をめぐる閣僚たちの果てしない議論でもみくちゃになっていたのだ。

4

昭和天皇の御名御璽のある終戦詔書は、「ご署名原本」と呼ばれている。淡黄色で鶏卵の色に似ているところから鳥の子紙と称される厚手の高級和紙に、毛筆で書かれたこの文書を見れば、それがいかに切羽詰まった状況の中で作成されたかが、よくわかるに違いない。「朕深ク世界ノ大勢ト帝国ノ現状トニ鑑ミ」の書き出しで始まるこの詔書原本は、最終の確定版だから当然、きれいに清書されているのだが、にもかかわらず途中で書き込みの挿入文字があったり、カミソリで薄く削った上にひと回り小さな文字で書き直したと思われる、黒ずんだ部分に不ぞろいの言葉が書かれている。

一九四五年八月一四日午後から始まった閣議では案文審議が難航し、夜に入っても依然、何度も手直しが繰り返されていた。一方、宮中では天皇が、詔書をラジオで放送するための録音準備で、すでに待機している。閣議決定文が最終的に完成するのを待ってから清書を始めたのでは、一五日正午の放送予定に間に合わなくなる。やむなく閣議の審議と並行して、審議が終わった部分から隣の部屋で清書作業を進めるという綱渡りとなった。

御名御璽の詔書原本なら本来あってはならないはずの書き直しや挿入という異常事態は、こうしたドタバタの中で起きた。毛筆の清書を担当した官邸職員が急ぐあまりに書き損じたという説、官邸から送られてきた詔書案に目を通した天皇が誤りを指摘して手直しをさせたという説、などが当時から語られていたが、いずれも事実ではないようだ。詔書の案文作成にタッチしていない天皇が、手元に来た詔書を見て即座にミスを発見するなど、そもそもありえない話なのだが、記憶違いか推測かは別として、のちにそんな証言をする関係者がいたほど、事態は混乱の極にあったのだ。

その混乱のプロセスを見るうえでも、ここであらかじめ、発表された終戦詔書全文に目を通しておきたい。戦前と戦後の分岐点をなすこの詔書こそ、日本の歴史始まって以来の敗戦という重大な出来事をどう受け止め、その後の日本の歩みをどう方向づけるかをめぐる議論が、どのように詔書として形成されていったのかを示す歴史的文書であり、またそこにいくつかの重要な問題点が示唆されているからだ。

詔書は八〇二字。難しい漢字が多く、現在では読み方もわからないような言葉が大半なので、原文にルビを振って濁点・読点を補い読みやすくした読売新聞社発行の『昭和史の天皇』から引用させてもらう（原文はカタカナ）。

詔　書

朕深く世界の大勢と帝国の現状とに鑑み、非常の措置を以て時局を収拾せむと欲し、茲に忠良なる爾臣民に告ぐ。

朕は帝国政府をして、米英支蘇四国に対し、其の共同宣言を受諾する旨通告せしめたり。

抑ゝ、帝国臣民の康寧を図り万邦共栄の楽を偕にするは、皇祖皇宗の遺範にして、朕の拳々措かざる所、曩に米英二国に宣戦せる所以も、亦実に帝国の自存と東亜の安定とを庶幾するに出て、他国の主権を排し領土を侵すが如きは、固より朕が志にあらず。然るに、交戦已に四歳を閲し、朕が陸海将兵の勇戦、朕が百僚有司の励精、朕が一億衆庶の奉公、各ゝ最善を尽せるに拘らず、戦局必ずしも好転せず、世界の大勢亦我に利あらず。加之、敵は新に残虐なる爆弾を使用して、頻に無辜を殺傷し、惨害の及ぶ所真に測るべからざるに至る。而も、尚交戦を継続せむか、終に我が民族の滅亡を招来するのみならず、延て人類の文明をも破却すべし。斯の如くむば、朕何を以てか億兆の赤子を保し、皇祖皇宗の神霊に謝せむや。是れ、朕が帝国政府をして共同宣言に応ぜしむるに至れる所以なり。

朕は、帝国と共に、終始東亜の解放に協力せる諸盟邦に対し、遺憾の意を表せざるを得ず。帝国臣民にして戦陣に死し、職域に殉じ、非命に斃れたる者、及、其の遺族に想を致せば、五内為に裂く。且、戦傷を負ひ、災禍を蒙り、家業を失ひたる者の厚生に至りては、朕の深く軫念する所なり。惟ふに、今後帝国の受くべき苦難は、固より尋常にあらず。爾臣民の衷情も、朕善く之を知る。然れども、朕は時運の趨く所、堪へ難きを堪へ、忍び難きを忍び、以て万世の為に太平を開かむと欲す。

朕は、茲に国体を護持し得て、忠良なる爾臣民の赤誠に信倚し、常に爾臣民と共に在り。若し夫れ、情の激する所、濫に事端を滋くし、或は、同胞排擠互に時局を乱り、為に大道を誤り、信義を世界に失ふが如きは、朕最も之を戒む。宜しく挙国一家子孫相伝へ、確く神州の不滅を信じ、任重くして道遠きを念ひ、総力を将来の建設に傾け、道義を篤くし、志操を鞏くし、誓て国体の精華を発揚し、世界の進運に後れざらむことを期すべし。爾臣民其れ克く朕が意を体せよ。

御名御璽

昭和二十年八月十四日

『昭和史の天皇』には、「いまの若い人たちにはわかりにくいかもしれないので、前代未聞のことかもしれないが」として、漢学者に校訂を依頼し、新聞社独自の立場から以下のような詔書の現代語訳も掲載されている。

わたくしは、世界の情勢とわが国が置かれている現状とを十分考え合わせ、非常の手だてをもってこの事態を収めようと思い、わたくしの忠良な国民に告げる。

わたくしは、わが政府をもってアメリカ、イギリス、中国、ソ連の四国共同宣言、ポツダム宣言を受諾するむねを通告させた。

そもそも、わが国民がすこやかに、安らかに生活出来るよう心がけ、世界各国が共に平和に繁栄していくようはかるのは、歴代天皇が手本として残してきた方針であり、わたくしの念頭を去らなかったところでもある。したがって、さきに米英二国に戦いを宣した（昭和一六年一二月八日）理由もまた実に、わが国の自存とアジアの安定を心から願ったためであって、いやしくも他国の主権を押しのけたり、その領土を侵略するようなことはもちろん、わたくしの志とは全く異なる。この戦争がはじまってからすでに四年を経過した。その間、陸海将兵は各所で勇戦奮闘し、役人たちもそれぞれの職務にはげみ、また一億国民も各職域に奉公して来た。このようにおのおのが最善を尽くしたにもかかわらず、戦局は必ずしもわが方に有利に展開したとはいえず、世界の情勢もまたわれに不利である。加えて敵は新たに残虐な爆弾を広島、長崎に投下し、多くの罪なき人々を殺傷し、その惨害はどこまで広がるかはかり知れないものがある。このような状況下にあってもなお戦争を続けるなら、ついにはわが日本民族の滅亡をきたすようなことにもなり、ひいては人類が築きあげた文明をもうちこわすことになるであろう。それでは、わたくしはどうしてわが子どもにひとしい国民大衆を保護し、歴代天皇のみたまにおわび出来ようか。これこそわたくしがポツダム宣言を受諾するようにした理由である。

ポツダム宣言の受諾にあたってわたくしは、わが国とともに終始アジアの解放に協力した友邦諸国に遺憾の意を表明しないわけにはいかない。またわが国民のうち戦死したり、職場に殉ずるなど不幸な運命になくなった人々やその遺族に思いをはせると、まことに悲しみにたえない。かつ戦傷を負い、空襲などの災害をうけて家業をなくした人々の厚生を考えるとわたくしの胸は痛む。思えば今後わが国が受けるであろう苦難は筆舌に尽くし難いものであろう。わたくしは国民の心中もよくわかるが、時世の移り変わりはやむを得ないことで、ただただ堪え難いこともあえて堪え、忍び難いことも忍んで、人類永遠の真理である平和の実現をはかろうと思う。

わたくしはいまここに、国体を護持し得たとともに、国民のまことの心に信頼しながら、いつも国民と一緒にいる。もし感情の激するままに、みだりに問題を起こしたり、同胞がおたがいに相手をけなし、おとしいれたりして時局を混乱させ、そのために人間の行うべき大道をあやまって、世界から信義を失うようなことがあってはならない。このような心がけを、全国民があたかも一つの家族のように仲良く分かち合い、長く子孫に伝え、わが国の不滅であることを信じ、国家の再建と繁栄への任務は重く、そこへ到達する道の遠いことを心にきざみ、国民の持てる力のすべてをそのためにそそぎ込もう。そうした心構えをいよいよ正しく、専一にし、志を強固にして誓って世界にたぐいないわが国の美点を発揮して、世界の進歩に遅れないよう努力しなければならない。国民よ、わたくしの意のあるところを十分くみ取って身につけてほしい。

詔書というのは、明治憲法下の「公式令」によって、統治の大権を持つ天皇の意思を伝える形式として定められた言葉である。公式令第一条には「皇室ノ大事ヲ宣誥（せんこう）シ及大権ノ施行ニ関スル勅旨ヲ宣誥スル」ものは原則として「詔書ヲ以テス」とあり、親署（天皇の署名）と御璽（天皇印の押捺）のあと宮内大臣が年月日を記入し、内閣総理大臣とともに副署（署名）することになっている。また「大権ノ施行ニ関スルモノ」、つまり国政に関するものについては、内閣総理大臣が年月日を記入して他の閣僚とともに副署するとされている。第二条以下では、勅旨を伝える詔書以外の形式として勅書、勅令、勅諭、勅語などを挙げている。

天皇の意思を伝えるといっても、国政に関する事項は内閣がまず文案を起草し、閣議決定をしたうえで、宮中に送って天皇の御名と御璽を受け、戻ってきた詔書に首相と閣僚が副署して公表するという手順で行われる。終戦詔書もこの形式を踏んで作成されたが、そのプロセスに関してこれほど異説や異論、誤伝が多く、また未解明の部分が残されているものは他に例を見ないだろう。ご署名原本の挿入や書き直しが生じた理由をめぐる誤解もその一例だし、第一、詔書のもとになる原案を最初に起草したのは誰かについても、いまだに諸説あって確定していない。

たとえば、終戦から三八年もたった一九八三年（昭和五八年）末に陽明学者の安岡正篤（まさひろ）が死去した時の新聞報道で、安岡が「終戦詔書の起草者」として紹介されたことがあった。共同、読売、サンケイ、東京、日経の各紙は、安岡が「草案（原案）を執筆」したと伝え、朝日は「原案に朱を入れ」、毎日は見出しでは「原稿を執筆」とする一方で本文では「詔書に筆を入れ」と書くなど、混乱した記述となっていた。正しいのは朝日がいうように、安岡は原案に何箇所か修正語句を書き込んだ人物なのだが、各紙の間違いを生んだもとは、なんと朝日がそれ以前に出版していた現代人物事典で、安岡について「玉音放送の原案を執筆した」と書いていて、各紙はそれを参照したためといわれている。

このように事実関係をめぐってさまざまな混乱が生まれた理由も、またさまざまだ。まず、なんといっても敗戦という史上初の重大局面であり、前例がない。一九四一年一二月八日の開戦詔書の時は日清・日露戦争などの例を参考にできたが、敗戦の詔書となると、それまで一度も作られたことがない。それに、開戦詔書は当時、内閣と軍部の実務者が宮内省の職員、漢学者、民間人の意見を参考に起草されたといわれるが、文章が粗雑だ、国際条約尊重への言及がない、などの問題点が早くから関係者の間で指摘されていた。その轍を踏まないためにも、終戦詔書の作成には慎重な検討が必要とされ、複数の関係者たちの間で何度か推敲を重ねるなど、複雑な経過をたどらざるをえなかった。しかもそれを短時間のうちに行わなければならず、てんやわんやの騒ぎとなっていたのが実態である。

だが、それだけではない。もっと深刻だったのは、ポツダム宣言を受諾して戦争を終結させるという天皇の決断が示され、内閣も一応これを受け入れたとはいえ、政治家と軍人、また軍部内では陸軍と海軍、というように主要人物たちの間で立場や思惑の違いが大きく、言葉の使い方ひとつでも激論が尽きない状況にあったことだ。

加えて、閣議の外では陸軍の一部などでクーデター計画が進行しつつあった。詔書の表現によっては閣僚が襲撃の的にされるかもしれないという緊迫した空気の中で、閣議は何度も中断を繰り返し、そのたびに閣僚たちが出たり入ったりで議論を蒸し返す。読みやすさとか理解のしやすさといった、国民向けの配慮から文章と苦闘していたというよりも、政府としての肝心の意思統一それ自体が、困難をきわめていたのだった。

誤伝や不明点が多い理由は、それに尽きるものではない。そもそも終戦詔書作成の過程についての一次史料が乏しく、頼りは当時の関係者たちの証言だけ、という状態が終戦後も長く続いていたという事情がある。またその関係者たちの証言も、ほとんどが戦後しばらくたってからの著作やインタビューでの発言のため、記憶違いがあるし、同じテーマでも人によって内容が微妙に食い違っていることが少なくない。

そのためだろう。終戦前後の日本政府の動向に関してはたくさんの研究書や刊行物があるのに、終戦詔書の作成過程に焦点を絞った研究は驚くほど少ない。まして、詔書の作成過程で展開された政府部内のせめぎあいが、日本の政治にとってどんな意味を持っていたのかといった考究は、ほとんど見当たらない。本書はそこに照明を当て、そこから現代日本の政治が直面している病理の遠因を探ろうという試みなのだが、その意味でも終戦詔書の作成過程に関する原資料の行方に関心を寄せざるをえない。

多くの研究者には、一次史料が少ない理由は自明のことだと思われていたようだ。八月一五日の玉音放送で日本の降伏が決まり、間もなく連合軍が進駐して占領下に置かれるとあって、政府部内では大急ぎで重要書類の焼却が進められていた。だから終戦詔書も、何度か手直しが行われて下書きの書類があったに違いないとしても、それらの文書やメモは恐らく、すべて焼却されてしまったと、長い間ずっと信じられていたからだ。

ところがなんと、それがあったのだ。「第一案」と書かれた原案から最終のご署名原本までの、幾通りもの草案がそっくりそのまま残っていたのだ。

発見したのは茶園義男（ちゃえんよしお）という、徳島県の国立阿南高等専門学校教授である。長年、独力で終戦関連の文書などを研究していた過程で、昭和五五年（一九八〇）一一月、国立公文書館にひとまとめに束ねて所蔵されていた八種二二枚の文書を見つけ出した。終戦から三五年後のことである。茶園はこれらの文書を丹念に分析し、詔書の書き出しがまず「朕深ク世界ノ大勢ト……」ではなく、最初の案では「朕茲ニ忠良ナル爾臣民ニ告ク……」であったことをはじめ、加筆、修正、削除など逐一の過程を解明して、後年、『密室の終戦詔勅』という著書として出版した。

公刊された終戦詔書の研究書としては、目にふれた限りではこれが唯一のものと思われ、最近の終戦関連の諸著作は、その多くをこの茶園の研究に依拠していると思われる。これによって、当事者たちの証言で曖昧だった点や間違いだった部分がかなり判明したが、それでもなお、確定に至らない点も残っている。

茶園は、国立公文書館にあった文書類とは別に、終戦当時の内閣嘱託で漢学者の川田瑞穂（かわだみずほ）（早大教授）の自宅に所蔵されていた終戦詔書の草稿と思われる文書こそが最初の起草文であって、第一の起草者は、「自分が起草した」と証言している迫水久常・内閣書記官長ではなく、川田だったと結論づけている。

茶園にこの説を伝えたのは、元宮内省御用係だった木下彪（ことら）（のち岡山大学教授）である。川田の遺族から木下は、問題の詔書草案と思われる文書類を預かっていた。茶園が発見した文書類と照らし合わせた結果、川田宅にあった草案の内容がそれらの文書のものとほぼ一致することがわかったとして、迫水が「詔書の起草者」だと自称していることを強く非難している。

ただ、二〇一〇年にこれらの文書や証言をさまざまな角度から検証した国立国会図書館の山田敏之・総務部副部長による論考「終戦の詔書　史料で読み解く二つの疑問」では、「第一案」が仮に川田の起草によるものだったとしても、「その下敷きとなった、迫水が内閣書記官長の職責において用意した草稿あるいは要綱があったと考えざるを得ない」と延べ、茶園や木下のように川田が第一起草者だと断定することには慎重な立場をとっている。

このように、戦後七〇年の歳月をへてなお、終戦詔書はいくつもの謎を残しているのだが、ここで改めて原資料を直接検証してみよう。そうすることによって、詔書の作成過程を通じて当時の政治状況とその問題点が浮き彫りになるだろうし、翻ってそれがまた、現代日本の政治が抱えている問題点を考える手がかりにもなると思われるからだ。

5

「ほんとに奇跡としかいいようがありませんね」。国立公文書館の加藤丈夫館長は感慨深げに語る。「ご署名原本は閣議決定文書なので、焼却とか廃棄などすることはありませんから保存されていて当然なのですが、その下書きや原案などがそっくり残されているとは、私もある時期までは全く想像していませんでした」

国立公文書館は、明治憲法、日本国憲法の原本など、国の歴史的重要文書が散逸するのを防ぐため、一九七一年に東京・北の丸公園に設立された。二〇〇一年には独立行政法人化され、内閣や各行政機関、独立行政法人などの行政文書だけではなく、徳川幕府から明治政府が引き継いださまざまな文書や絵図類などを含め、現在約一三三万冊が収蔵されている。書架の長さにして総延長五九キロにおよぶ大量の文書類だ。現在の書庫ではあと数年で満杯になるため、新館の建設が課題となっている。

一九七一年の設立当時、内閣や皇居内書庫などからの移管が三年がかりで進められ、約二三万冊の公文書が三回に分けて運び込まれたという。二人一組になって箱の組み立て、書架からの運搬、年代・種類別の確認、箱詰め、梱包、ラベル貼りを行う。太政類典や勅語などは赤ラベル、叙位、叙勲など人事関係は緑色ラベル、官報や法令全書などは黄色ラベルといった色別に区分し、第一陣だけでも二四五八個にのぼる段ボールをまず二日間かけて、マイクロバスを一回平均一〇〇箱、計二〇回近く往復させて移管したという。

内閣・総理府所管の公文書は約四〇日間、のべ一二〇人の職員が作業に参加して、太政類典三八冊、公文録九〇冊、公文類集一四〇冊、公文雑纂一二〇冊、総括索引一二冊の計四〇〇冊に分類・保管されたと、記録にある。終戦詔書関係文書もこの中に含まれていたのだろう。作業にあたった職員らは当然、それを目にしていたと思われるが、茶園が一九八〇年に探し出すまで、その存在が外部に知られることはなかった。

館長の加藤さんに頼んで現物を見せてもらうことにした。総括公文書専門官の大賀妙子さんと水野京子さんが、ずしりと重そうな文書をテーブルに置いた。厚さにして一〇センチもあろうか。こげ茶色の表紙には「公文類集第六十九編　巻一・昭和二十年」と毛筆で書いた白紙が貼られ、その下に四七ページにおよぶ文書が和とじで綴じ込まれている。

欄外に朱色の「内閣」の文字が印刷された薄い用紙に、エンピツで手書きされた、「第一案」と書き込みのある文書から始まって、カーボン紙を使って作成されたと思われる手書き文書やタイプ印刷の文書など、終戦詔書の草稿と見られる何種類もの文書が重ねて綴じられている。

コピー機などない時代だ。文案の作成は、手書き文書の場合はカーボン紙を入れて、またガリ版刷りのものは謄写版で、それぞれ複数枚を作成し、何人かの関係者に意見を求めて手直ししたうえで、閣議に諮ったのだろう。綴じ込みの中には、青いペン書きで文言の修正を求める外務省関係者の意見書もはさまれている。あわただしい中での刪修（さんしゅう）（加除訂正）の作業が手にとるようにうかがえる。

草稿は一体何通り作られたのだろうか。茶園の著書『密室の終戦詔勅』では「八種二十二枚」とあるが、もっとありそうに見える。水野さんに、表紙をめくって一ページずつ、すべてコピーに取ってもらい、点検してみた。現在、国立公文書館ではインターネット・サイトで閲覧できるよう準備を進めているが、念のためここで原本の綴じ込みをきちんと整理しておこう。その結果は以下の通りだ。

A、カーボン紙を使って内閣用箋にエンピツで手書きされた三ページの文書。冒頭部分に括弧つきで「後日添附」の毛筆の文字と、その下にまた括弧つきでエンピツの「第一案」の書き込みがある。文章の書き出しは「朕茲ニ忠良ナル爾臣民ニ告ク」。

B、形式も手書きも右記Aと同じだが、字体の異なる四ページの文書。書き出しは「朕ハ戦局益〻不利ニシテ……」。

C、エンピツ、手書きは同じだが、冒頭に「詔書案」と書かれ、朱色の「極秘」印が押された六ページ。書き出しは「朕深ク世界ノ大勢ト帝国ノ現状トニ鑑ミ……」。

D、同じくエンピツ、手書きの六ページだが、冒頭の「詔書案」という文字の下に括弧つきで毛筆の「第三案」の文字があり、朱色の「極秘」印が押されている。しかもその左隣の欄外にバツ印が書かれている。書き出しはCと同じ。

E、形式、書き出しの文言ともDと同じだが五ページ。「詔書案」の下に括弧つきでこれもDと同じく毛筆の「第三案」とあり、「極秘」の印が押されているが、その右隣の欄外には「正」の文字がある。

F、わら半紙にペン字の二ページ。「詔書案（第三案）修正意見」とあり、末尾に「外務省　曽禰政一課長」と記された、当時の外務省政務局第一課長・曽禰益（そねえき）の署名がある文書。

G、ガリ版刷りでわら半紙一枚を半分に切ったと思われる二ページ。「詔書案」の上に「極秘」の印。書き出しはC、D、Eと同じ。

H、ガリ版刷りでわら半紙はGと同じだが、二枚分四ページ。「〇詔書案」、極秘印、書き出しはGと同じ。

I、タイプ印刷、三ページ。「詔書案」、極秘印、書き出しはHと同じ。

J、タイプ印刷、三ページ。「詔書案」、極秘印、書き出しともIと同じ。

K、内閣用箋一ページ。毛筆で数字を書き入れた「閣甲第三三八号　起案・昭和二十年八月　裁可・昭和二十年八月十四日」の閣議用文書と思われる書面。「内閣総理大臣」以下、各閣僚の花押があり、別行に毛筆で「別紙　詔書案」、欄外上部に朱色の「一九」の数字。

L、内閣用箋一ページ。毛筆で一行目に「右 閣議ニ供ス」とだけある。

M、内閣用箋に、手書きで六ページ。極秘印はない。Jまでと同じ書き出しの六ページにわたる文面の末尾に、毛筆で「御名御璽　昭和二十年八月十四日　内閣総理大臣　各国務大臣」とある。

N、内閣用箋一ページ。一行目に毛筆で「閣甲第三六〇号　起案・昭和二十年八月二十三日　閣議決定・昭和二十年八月二十三日　裁可・昭和二十年八月二十三日　施行・昭和二十年八月二十四日公布（号外）」の書き込みがあり、「内閣総理大臣」以下、各閣僚の花押。末尾に毛筆で「第八十八回帝国議会（臨時）召集」とある。欄外上部に朱色の「二〇」の数字。

綴じられていた文書は、以上の通り合計四七ページ。このうちAとBは、字体が少し異なるようで別々の文書とも見えるが、内容を読むとひと続きの文面、すなわちAとBを併せたものが「第一案」だったと考えられる。また、Fは曽禰の修正意見であって、詔書そのものの文案ではない。Nは別の閣議案件である臨時国会の召集に関するものなので、詔書の原案とは切り離すべきだろう。したがって、詔書に関連した文書としては、曽禰意見書を含め四六ページとなる。K、L、Mは一体のもの。KとLは一枚の紙を真ん中から折って表と裏になっているだけと考えられる。

となると、詔書の文案としてはA＋B、C、D、E、G、H、I、J、K＋L＋Mの九通りとなる。つまり終戦詔書は、最後のご署名原本に至るまでに九回、書き直しや修正が行われ、合計九通りの案文が作成されていたことになる。

茶園によると、このほか、これらに先立つものとして、漢学者の川田瑞穂による起草文がある。茶園や木下が、これこそが本当の原案だとしているものだ。内容的にもA＋Bの「第一案」に近いから、この川田案が第一案の前に存在した可能性は高いと見てよかろう。だとすれば原案は一〇通りとなるが、だとすれば川田は、何をもとにしてこの文案を書いたのだろうか。

詔書は二回にわたる御前会議の天皇発言をもとに書かれたものである。これらの会議に出席していない川田が、何の情報もなしにいきなり最初から詔書案を起草したと考えるのは無理があろう。迫水久常、または誰か別の会議参加者の、下書きあるいはメモのようなものが川田案の前に存在したと考える方が自然と思われる。そうなると、下書きを含めた草稿は一一通り、またはそれ以上ということになるが、ここでは「公文類集」に綴じ込まれていた公的な九文書を対象に、内容の変遷を見ることにしたい。

先に整理したAからMまでの草稿類は、時間的にもほぼ作成順と思われるが、同じ文書を使って删修が行われたものもあるようなので、本書では、第一案、第二案という呼び方ではなく、A＋Bの「第一案」は第一文書、Cを第二文書、Dを第三文書、Eを第四文書、Gを第五文書、Hを第六文書、Iを第七文書、Jを第八文書、K＋L＋Mを第九文書という表現に統一したい。たまたまDの第三文書は原本でも「第三案」とされているので、混乱はないと思う。

以下、原案の修正過程を検証していこう。

第一文書（第一案）には書き込みなどの形跡は見られない。

第二文書は、「第一案」の書き出しである「朕茲ニ忠良ナル爾臣民ニ告ク」の前に「朕深ク世界ノ大勢ト帝国ノ現状トニ鑑ミ非常ノ措置ヲ以テ時局ヲ収拾セムト欲シ」の言葉が加えられている。また末尾の、国民や軍部に対して「軽挙妄動」を戒める言葉のあとに、毛筆で「益〻国体ヲ明カニシ弥名分ヲ正シ」の挿入がある。

第三文書（第三案）。これがすさまじい。一ページ目は第二文書と同じだが、二ページ以降は元の文章がわからないくらいに、エンピツで無数の削除や書き込みが行われている。

主なところを拾うと、「未タ戦争ノ局ヲ結フニ至ラス」は「戦局次第ニ不利ニ陥リ」に改め、また「敵ハ更ニ人道ヲ無視新ニ惨虐ナル兵器ヲ使用シ」を挿入、原爆投下という現実を受けて、このまま戦争を継続したら「日本民族ノ滅亡ヲ将来スル」だけでなく「人類ノ文明ヲ滅却ス……何ヲ以テカ皇祖皇宗ノ神霊ニ謝セムヤ」と、戦争終結が不可避であるとなったことを強調する表現に修正されている。

また、第一、第二文書にあった「東亜ノ諸盟邦」に対する「謝セサルヘカラス」という天皇の意思表示の表現が、「実ニ感愧ニ堪ヘズ」に手直しされた。さらに、戦争終結に伴う苦難に言及した部分で、第一案からあった「実ニ堪ヘ難キヲ堪ヘ忍ヒ難キヲ忍ヒ」という文章を「義命ノ存スル所堪ヘ難キヲ堪ヘ忍ヒ難キヲ忍ヒ」に、またこれに続く「以テ社稷ヲ保衛セムト欲ス」の部分を「万世ノ為ニ太平ヲ開カムト欲ス」に、それぞれ書き改めるよう手直しが行われている。第二文書にあった「国体ヲ明カニシ……」は削除、代わりに「国体ヲ護持シ」、「官民一致、任重クシテ道遠キヲ念ヒ弘毅ノ志ヲ失ハズ」などが挿入されている。

第四文書（第三案、正）は、第三文書で「戦局次第ニ不利ニ陥リ」と修正した部分が今度は「戦局日ニ非ニシテ世界ノ大勢ハ悉ク我ニ利アラサルニ至レリ」と変わった。原爆投下を意味する「惨虐ナル兵器」は赤ペンで「残虐ナル兵器」に修正され、「目的ノ為ニ手段ヲ択ハス」の文言が加わった。また、「堪ヘ難キヲ堪ヘ」の上に置かれた「義命ノ存スル所」が、赤ペンで「時運ノ命スル所」に変えられた。「国体」に関する部分は「国体ヲ護持シ得タルヲ欣ヒ」となり、「国体ヲ明徴ニシ」が書き加えられている。

第五文書はガリ版刷りで修正はほとんどない。おそらく第四文書の修正点を織り込んで、手書きからガリ版刷りに清書したものと思われる。

第六文書もガリ版刷りでエンピツの書き込みなどは少ないが、ポツダム宣言受諾を通告する相手国として、第一文書以来表記していた「米英二国並ニ重慶政権ソヴィエート聯邦」に変えて「米英支蘇四国」と改めている。外務省の曽禰課長が第三案に対する意見書で「重慶政権トハ今更言フヘキニ非ス」と申し入れたのを受けたものと見られる。また、原爆投下に関して「新ニ残虐ナル兵器ヲ」のあとに「禍害ノ及フ所真ニ測ルヘカラス」の言葉が加わっている。

日本がこれから直面するであろう苦難や国民の衷情に言及した部分には、新たに「殊ニ戦陣ニ死シ職域ニ殉シ非命ニ斃レタル将兵赤子及其ノ遺族ニ想ヲ致セハ寝食安カラス」と、夜も眠れない天皇の苦しい胸中を吐露する言葉が述べられている。

そのうえで、将来の国家建設に向けて「誓テ国体ノ精華ヲ発揚シ世界ノ進運ニ後レサラムコトヲ期スヘシ」が書き加えられている。

第七文書はタイプ印刷で、第六文書のガリ版刷りをタイプに打ち直したものと見られるが、ここで「戦局日ニ非ニシテ」を「戦局必スシモ好転セス」に修正する書き込みが行われ、第六文書の「新ニ残虐ナル兵器」の部分は爆弾に変え、さらに「頻ニ無辜ヲ殺傷シ」が挿入された。「禍害……」の箇所は「惨害……」に変わっている。

さらに、第六文書に登場した「寝食安カラス」という天皇の心情は「五内為ニ裂ク」に変わる一方、「堪へ難キヲ堪へ……」の前に置かれた「時運ノ命スル所」は「時運ノ趨ク所」に、再び修正の書き込みが行われた。

第一文書から第六文書まで手付かずだった、最後の段落の「神器ヲ奉シテ」という文言が、この第七文書では消えている。また、「東亜ノ解放ニ協力セル諸盟邦」に向けた言葉は、「遺憾ノ意ヲ表セサルヲ得ス」として、遺憾の意を強調する表現に変更されている。第四文書から第六文書までの「国体ヲ護持シ得ルヲ欣ヒ」は、「国体ヲ護持シ得テ」に変わった。

意外なのは、第六文書と第七文書を比較するとこれほど変更点があるのに、第七文書自体にそれほど多くの書き直しや挿入の跡が見られないことだ。第六文書と第七文書の間に、第六文書を手直しする作業が行われて、それをタイプで打ち直したうえで、改めて数箇所の書き込みが行われたのではなかろうか。

ということは、閣議にはまずガリ版刷りの第六文書が提出され、さまざまな意見が出たのを受けて修正が行われ、それを整理してタイプ印刷されたものが第七文書として、再び閣議にかけられたという推定が成り立つ。ただ、この段階での修正箇所の一部は、あとで述べるように、閣議に参加していない人物の意見も取り入れられているため、閣議が何度か中断されている間に、閣僚以外の人たちも修正作業に加わって、第七文書となったと考えられる。

第八文書もタイプ印刷で、内容、修正点とも第七文書と同じだ。数箇所の書き込みや手直しも第七文書と同じだから、第七文書が二通重なって綴じ込まれたようにも見える。終戦詔書の原案類を国立公文書館で発見した茶園が、綴じ込みを「八種」と述べたのも、第七文書と第八文書を同一のものと考えたからかもしれない。しかし、手書きで修正した文字や挿入のエンピツ線などをよく見ると、ごくわずかな相違点がある。内容的には同じでも、第七文書と第八文書は別々のものと考えるべきだろう。

第九文書は手書きだが、文面はタイプ印刷の第七文書、第八文書とまったく同じだ。第八文書に続いてKの「内閣総理大臣」と各閣僚が花押した「別紙　詔書案」のページ、次に「右　閣議に供す」のページが続き、手書き本文の最終ページには「御名御璽」と「昭和二十年八月十四日」の墨書があることから見て、これが最終の閣議決定文書であって、これをもとに高級和紙（鳥の子紙）に毛筆で清書したものが「ご署名原本」となったと見て、間違いなかろう。

6

ここまで終戦詔書の原資料に沿って文案の主要部分の変遷ぶりをたどってきたが、修辞上の手直しや構文の変更、語句の言い換えなどの細部まで含めれば、修正点はおびただしい数になる。国立公文書館の石渡隆之主任専門官（元内閣文庫長）が一九九六年三月に発表した調査によると、第一から第九までの文書（石渡は「資料」と表記している）を丹念に比較検証した結果、修正点は延べ一六一箇所にのぼっている。国立公文書館の了解を得て巻末にその九ページにわたる「終戦の詔書成立過程表」を転載させてもらったので、詳細について関心のある読者にはぜひ一読されることを勧めたい。

ここでは、玉音放送として昭和天皇が読み上げた終戦詔書の、キーワードにもなったいくつかの重要な文言ごとに、その変遷の経過をもう一度整理しておこう。

・「未タ戦争ノ局ヲ結フニ至ラス」（第一、第二文書）は「戦局次第ニ不利ニ陥リ」（第三文書）、「戦局日ニ非ニシテ」（第四文書）、「戦局必スシモ好転セス」（第七文書）と、三回の変更が行われた。

・「国体ヲ明ラカニシ」（第二文書）は「国体ヲ護持シ」（第三文書）、「国体ヲ護持シ得タルヲ欣ヒ」（第四文書）、「国体ヲ護持シ得テ」（第七文書）と、これも三回変わった。

・東南アジア各国へのメッセージは、「謝セサルヘカラス」（第一、第二文書）が「実ニ感愧ニ堪ヘズ」（第三文書）、「遺憾ノ意ヲ表セサルヲ得ス」（第七文書）に二回の修正。

・最も有名な「堪ヘ難キヲ堪ヘ忍ヒ難キヲ忍ヒ」という言葉の前に置かれた「実ニ」（第一、第二文書）は「義命ノ存スル所」（第三文書）、「時運ノ命スル所」（第四文書）、「時運ノ趨ク所」（第七文書）と、やはり三回の書き換えが行われた。

・これに続く「忍ヒ難キヲ忍ヒ」のあとの文章は、第一文書の「以テ社稷ヲ保衛セムト欲ス」が、第二文書では「永ク社稷ヲ」に、さらに第三文書で「万世ノ為ニ太平ヲ開カムト欲ス」となり、第六文書では「万世ノ」の前に「以テ」の二字が追加され、「以テ万世ノ為ニ太平ヲ……」となって最終文書まで通されている。

・天皇の心境を述べた「寝食安カラス」（第六文書）は「五内為ニ裂ク」（第七文書）と変わり、これも最終文書に残った。

・「国体護持」をめぐる再三の修正の一方で、国民とともに戦後の国家建設に総力を傾けるという天皇の決意を述べた部分の「神器ヲ奉シテ」は、第一文書から第六文書まで手が加えられていなかったのが、第七文書では突然、そっくり削除された。

四四行、八〇二字にわたる終戦詔書のご署名原本は、こうしてようやく完成した。行きつ戻りつの議論、二転三転の書き直し。作成にあたった当事者たちの苦闘ぶりが、目に浮かぶようだ。そして同時に、完成に至るまでのこれらのプロセスをたどっているうちに、いくつかの問題が新たに浮上してくることに気づかされる。誰が、なぜ、どの部分に、どのようなこだわりと意図を持って、こうした修正を行ったのか、また、これらの修正は政治的にどのような意味を含んでいたのか、などの点だ。本書の目的もそれらを考究することにあった。そこで、以下、重点をそこに置いて検証を進めてゆくこととするが、これまで見てきた原資料には、関係者の名前も証言も記されていない。詔書を審議した八月一四日の閣議の、議事録もない。

一般に閣議は、現行憲法のもとでも議事録は作成しない慣例になっている。内閣は合議体であって、閣議の議決は多数決ではなく全員一致が原則とされ、議事は非公開、そこでの発言は記録を残さない、ということになっている。そのかわり、閣議後の官房長官の記者会見や各閣僚の会見などで概要が示されるので、これまでは大きな不都合が生じることはあまりなかった。ところが、二〇一一年三月一一日の東日本大震災と福島第一原発の事故に際して、民主党政権下の菅直人首相はじめ内閣の対応が混乱を極め、情報がどのように伝達され、誰がどのような指示を出したのかがまったくわからず、各種の事故調査委員会の調査でも実態の解明が不徹底に終わってしまった。

この反省から、改めて閣議の議事録作成の必要性についての議論が高まり、第二次安倍内閣になってから閣議の議事の「要旨」だけは公表されるようになった。ただ、要旨といっても内容に触れるものは少なく、議事の項目程度にとどまっているのが現状だ。廃棄、あるいは焼却されたとばかり信じられていた終戦詔書の原案類が、終戦から三十数年をへて発見されたことによってその作成プロセスがようやく明らかになったことをみれば、どの時点で公表するのがよいかは別として、国事の重要事項に関して作成過程を記録に残すことが、いかに重要であるかは明らかだろう。

前述したように、終戦詔書の原資料だけでは数多くの刪修の目的や意味合いはわからず、終戦前後の関係者の証言によるしか解明の方法はないのが実情だ。とはいえ、ここまで各文書の変遷をたどってきただけでも、当時の議論のポイントが明確になると同時に、原文を点検することで関係者たちの証言の誤りや記憶違いと思われるいくつかの点も、明らかになってきた。

たとえば「戦局必スシモ好転セス」の部分だ。迫水久常は回想録『機関銃下の首相官邸』や各種インタビューなどの中で、「原案は『戦勢日ニ非ナリ』だった」と述べている。この迫水説をもとに、その後の昭和史関連文献の中には、原文が「戦勢」だったと記述するものが少なくない。しかし、本書がこれまで点検してきたように、第一文書から最終の第九文書まで、「戦争ノ局」「戦局次第ニ」「戦局日ニ非ニシテ」「戦局必スシモ」とめまぐるしく書き換えられたものの、「戦勢」という文言は一つも見当たらない。原資料の発見がなければ、「戦勢」という誤りはそのまま歴史的事実となってしまったかもしれない。

迫水はまた、読売新聞の『昭和史の天皇』のインタビューの中で、天皇の苦衷を表現した「五内為ニ裂ク」について、原案は「断腸の思い」だったとしているが、これも原資料では第六文書に「寝食安カラス」とあるだけで、「断腸」はない。この点も迫水の誤りだったといわざるを得ない。

このように、詔書作成の当事者でさえ、ドタバタの作業に追われて記憶違いや誤りが生じるのだから、複数の関係者の間で証言の食い違いが出るのも、むしろ当然といえるかもしれない。そもそも、終戦詔書の原案の起草者が誰だったのかさえ、前述のようにいまだ確定していない。

迫水によると、起草者は迫水である。

「私は、十日未明、御前会議（第一回）が終って終戦の方向がきまったので、当然の職責と考えその夜から詔書の原案の起草にかかった。当時の詔勅の形式は漢文体であったから、通常の場合なら、要旨をきめてそのほうの専門家に起草を頼むのが慣例であったが、ことは極秘を要することであり、なんぴとにも相談ができないことなので、私は再度の御前会議における天皇陛下のお言葉をそのまま漢文体の文章に綴ることとして自分で原案を起草する決心をしたのであった」

「十日、十一日、十二日の三晩ほとんど徹夜して、何枚も原稿用紙を破りすてながら、ときには、涙で原稿用紙を濡らしながら、どうやら形を作り上げた」

「手伝ってくれたのは、一高以来の親友小川一平君と内閣嘱託の木原通雄君、実弟の迫水久良および大東亜次官田尻愛義君であった」

迫水は当時内閣書記官長で、いまでいう内閣官房長官の職にあった。小川は内閣行政委員でのち衆議院議員、木原は元報知新聞記者、田尻は外交官出身、久良は内閣嘱託。関係者たちの回想録や証言などでも、彼らが終戦詔書の草案に何らかの形でかかわったことが確認されている。

「しかし、私は不安でたまらない。聞くところによると、宣戦の詔勅には漢文の文法上重大な誤りがあったという。私は遂に決心して、十三日深夜その方面の内閣嘱託川田瑞穂先生と私が師事している安岡正篤先生を、首相官邸においでを願い、極秘とすることを誓っていただいてから、私の原案を見ていただいた」

川田は漢学者、早稲田大学教授、内閣嘱託。安岡は陽明学者、大東亜省顧問（迫水は安岡が当時無冠だったとしているが、これは間違い）。

この証言を読む限り、迫水が詔書原案を起草したのは間違いないように思えるが、下村海南（宏）の著書『終戦秘史』ではこうなっている。

「詔勅案はいつ生まれたのか。詔勅案は十日初めての聖断下るや、その旨を体して迫水翰長の下で木原通雄が筆を執つた。十二日に安岡正篤、川田瑞穂の眼を通した」

下村によると、実際に執筆したのは木原で、安岡、川田に原案を見せたのも一三日ではなく一二日と、食い違いがある。

田尻がのちに読売新聞の『昭和史の天皇』のインタビューで語ったところでは、日にちはさらに違ってくる。

「迫水さんは十三日の午後だったといっているが、ぼくが官邸に行ったのは、十一日だったと記憶しています。……たしか午後二時ごろでした。書記官長室にはいったら、迫水さんと木原通雄君がいて、二人で何か話をしていたが、気のおけない仲だからぼくもそこへすわり込んで話を聞いたのです」

そこへ事務官が文書を持って入ってきた。迫水が「いいんだよ。この人は大東亜省の次官だからいいんだよ」といって読み上げさせた。

「これがなんと終戦の詔書案だったんです。『どうだい』と迫水さんが聞くので、『あまり感心しないね』とぼくは率直に感想を述べました」。「感心しなかったところは、いろいろありましたが、まず『国体の護持』という文字にひっかかったのです。もう新しい時代になるというのに、どことなく古めかしいにおいのする国体というのはおかしい」。「国体護持をいう時期はとっくに過ぎ去っているのではないか」。「わが国はある意味では、国体のために敗戦を迎えるようなしくじりをやったのではないか」

小川一平が『昭和史の天皇』で語ったところでは、「十二日ごろ、木原さんといっしょに迫水君のところで、彼の草稿を見せられたのが最初だったと思う……ザラ紙にタイプしてあったと思う」という。

このように、迫水が草案を起草したのか、筆をとったのは木原なのか、また田尻や小川らに草案を見せたのは一三日なのか一二日なのか、それとも一一日なのか、いずれも話が食い違う。木原は一九五五年に早世し、証言をほとんど残していないので、確認するすべがない。

田尻の話は具体的な内容であるが、「国体の護持」という文言が登場するのは第三文書の段階からなので、一一日説にはやや疑問が残る。小川が見た文書が「ザラ紙にタイプ印刷」だったという発言は注目される。『昭和史の天皇』は、当時首相官邸のタイピストだった山本喜代子（旧姓田畑）にも取材して、迫水からエンピツ書きの草案を「これをタイプしてくれ」と渡されたのは「十一日だった」という証言を記録しているので、小川が「十二日ごろ」にザラ紙にタイプ印刷した草案を見たとしても矛盾はない。

ただ、国立公文書館で発見された九通りの文書類のうち、タイプ印刷は第七、第八文書であり、そこでは手直しの跡は比較的少ない。山本は、「（迫水の指示で）何回も何回もタイプしました。全部で何回打ち直したか、回数は覚えていません」と述べている。とすれば、現存する第七、第八文書は、何度も修正や打ち直しされたあとの最後のタイプ印刷文書で、それ以前に何種類かのタイプ印刷文書が存在していたことになりそうだ。

のちに詳しく述べるように、安岡らの修正は、エンピツで手書きされた第三文書（第三案）に対して行われている。安岡が草案に目を通したのが一三日夜だとすると、手書き草稿をもとに安岡らの修正作業が行われる一方で、それより早く始められた山本のタイプ打ちが、同時並行的に進んでいたということとなのだろうか。

一方、茶園と木下は前述したように、最初の起草者は川田だとして、迫水起草説を全面的に否定している。たしかに、川田の遺族が保管していた草案は、赤ペンの手直しの内容などを合わせて読むと第一文書とほぼ重なるため、第一文書より以前に川田案が作成された可能性が高いことはまず間違いないだろう。しかし、さきに述べたように、御前会議に出席していない川田が何の情報もなしに終戦詔書の第一起草者になることは考えにくい。川田案の前に、迫水ら御前会議出席者が作成した、天皇発言のメモなり下書きのようなものが存在し、それを下敷きにして川田が草案の筆をとったと見る方が自然と思われる。

木下自身、実は川田から早い段階で、終戦詔書の顛末について、じかに話を聞いていたという。一九八四年に雑誌に連載した「終戦詔勅（ママ）の起草者と関与者」という回想記（『動向』所収）の中で、木下は、「玉音放送の翌日（一九四五年八月一六日）」、かねて懇意にしていた川田の自宅を訪ね、「詔書成立の経過と二、三の疑問について質した」と述べて、川田から聞いた以下のような話を記している。

「終戦の数日前、内閣（首相官邸）に呼出され、内閣書記官長（迫水）から御前会議に於ける陛下の御言葉を覚書（メモ）したものを示され、急ぎ詔書の草案を作ること、陛下は特に『間違ひないやうに書けよ』と念をお押しになつたといふことを聞き、覚書を熟読して、優渥なる御思召の全幅を伺ひ知り、これをこのまゝ文章に更めれば好い訳であるが、今や祖国はどうなることかと戦々兢々たる国民に対しては、朕は必ず国体を護持し、常に爾臣民と共にある。堪へ難きを堪へ忍び難きを忍び、再建に努力しやうといふ御趣旨が全体の眼目とならねばならぬと考へ、忽卒に筆を起したところ、思つたよりすらすらと一応の案が出来上つた。書記官長は早速これを複写し、タイプに付して内閣当事者の間に周旋した」

終戦詔書の作成過程について川田自身が語った記録としては、現存する刊行物ではこの木下の証言しかないが、これに従えば、八月一〇日未明の御前会議における天皇の発言をもとに迫水が「覚書」を作成し、それを川田が「熟読」したうえで、詔書の原案を作成した、ということになる。

川田案の前に迫水の下書きがあったことは、これでほぼ間違いないと思われるが、それならどうして木下や茶園は、迫水起草説を強硬に全面否定するのだろうか。木下が雑誌論文で、川田が言及した迫水の「覚書」という言葉に「メモ」というルビを振っていることに、そのヒントがあるようだ。木下からみれば迫水の覚書はあくまで天皇発言のポイントをメモしたものにすぎず、とても「起草」などと呼べるような文章ではなかった、ということではないか。逆に迫水の方は、天皇の聖断の文言を自分なりに文章化し、川田に修正してもらったという意識から、起草者はあくまで自分であるという立場に疑いを持たず、そうした発言を繰り返したと考えられる。

木下が迫水起草説に猛烈な非難を浴びせるようになったきっかけは、一九八三年末、安岡正篤の死去を報じる新聞記事だったという。当時木下は、岡山大学教授の職を定年で退いたあと台湾の大学に招かれて現地に滞在中で、新聞の記事中に安岡が「終戦詔書の起草者」と紹介されているのを見て驚いた。終戦直後に川田から聞いていた詔書作成のいきさつとはまるで違っていたからだ。そこで夏休みに帰国した際、川田の未亡人（川田は一九五一年に死去）に会って当時の話を確認したところ、未亡人から「詔勅其他草案」と川田が自書した大きな封筒ごと、川田案などの草稿類を借り受けることができたという。

これによって終戦詔書の川田の草案を検証することができ、また読売新聞の『昭和史の天皇』のインタビューで迫水が、川田の役割にはあまり言及せずに、自分が「詔書の起草者」としてあれこれ語っていることを知って、憤慨したということのようだ。

木下は雑誌論文の中でこう述べている。

「川田の『詔書案』草稿が、若し川田の手を離れて内閣に残り、内閣に於いて之が川田嘱託に命じて起草せしめた詔書案第一稿であると確認してあつたなら、問題は無かつた訳である。然るに之が川田の手に残つたことを知らないのか、内閣書記官長はおぞましくも之を無視し抹殺したのである」

木下は、一九七〇年か七一年ころに安岡に会い、川田から聞いた話を伝えて安岡の見解を尋ねたところ、安岡も「詔書起草者に就いては初め書記官長とばかり思ひ、改めて問ひ質したところ、『川田嘱託にお願ひしてゐます』と、はつきり言ひました」とのことだったと述べ、安岡も川田起草説を確認したとしている。

結局、詔書原案の最初の起草者をめぐる混乱は、「起草」という言葉の意味を、下書きを含めて考えるか、それとも公式の詔書案という厳密な意味で考えるかの解釈の相違ということになりそうだが、下書きの部分についても、迫水本人が書いたものか、あるいは木原を含めた迫水周辺のスタッフが迫水の口述をもとに筆を起こしたか、なお不明の点も残る。また迫水によれば、何度も下書きを書いては破り捨てたとあるので、下書き類も一種類ではなく複数通あっただろうが、これら下書きの文書が現存している可能性は低いから確認はできない。

最初に草案を見た日にちについて木原、田尻、小川らの証言がさまざまに食い違うのも、こうした下書きが何回も行われ、これに伴って関係者が関与する機会も複数回あったことを示唆しているのではないか。

安岡に詔書案を見せたいきさつについても、証言が分かれる。迫水は、『機関銃下の首相官邸』では詔書の原案を川田、安岡に見せたのは「十三日深夜、首相官邸で」としているが、外務省編纂『終戦史録』下巻が引用した迫水の「降伏時の真相」という手記の中では、次のように語っている。

「詔書の草案の起草を政府に御下命あるべきを察して、去る九日の御前会議のお言葉をそのまま基礎として一案を草していたのである。それを更に本日（一四日）の御前会議のお言葉をもつて修訂増補し、安岡正篤、竹田（川田の誤り？）瑞穂の諸先生、田尻大東亜次官、木原通雄君等の助力を得て用語、表現、体裁を整えて起草を了し、閣議の承認を経て御前に提出した、時に午後九時頃である」

九日の御前会議を受けて草案作りに着手し、一四日の再度の御前会議を踏まえて草案を加筆修正した上で閣議に諮ったという経過はその通りだろうが、安岡や川田、田尻、木原に見せたのが一四日の御前会議後だというのは、自身の著書の内容とも矛盾している。

また、迫水の著書が、安岡らに「十三日夜」に草案を見せた場所が「首相官邸」だったとしているのに対して、安岡の私塾「金雞学院」の書生だった畑中治の日記「金雞園日誌」によると、「八月十三日夜十時すぎ、迫水内閣書記官長の秘書官来館、応接室にて瓠堂先生とお会いになった」とあり、安岡が草案を目にしたのは安岡の自宅だったとなっている。

「その夜、私たちは床に就いて、うとうとまどろんで居ると、門の外に自動車の止まる音がし、警笛が二三度鳴つた。……内閣書記官長の秘書官であることが判り、急いで、お休み中の先生に取り次いだ。先生は『よろしいお目にかかる、お通しして』と申された。先生は紺色の着物に角帯を締められた和服姿でお会いになつた。……瓠堂先生は、赤の色鉛筆で何枚かの紙に眼を通されながら、さらさらと朱を入れられていた」

「この時であろう、終戦の詔勅全文を象徴するあの名句（万世の為に太平を開かむ）というお言葉が挿入されたのは。まさに歴史的瞬間であつた」

安岡の和服の色まで克明に記録した証言で、信頼度は高いように思えるが、安岡が詔書の草案を彼の自宅で目を通したという話は、畑中以外に他の関係者からはまったくなく、真偽の判断に迷わざるを得ない。

当の安岡は、自分が終戦詔書に関与したことについては、長い間、一切口を閉ざしていた。「いったんご詔勅が出た以上は、誰があしたこうしたというようなことは、まして関与した者が言うべきではない」という理由からで、『昭和史の天皇』のインタビューでも、「それについて公に語ったことは一度もない。ただ、多少の誤伝があるので、ごく親しい内輪のものには説明したことはある。……いきさつを知りたいというなら、わたしの口からではなくわたしの親しい人から聞いてほしい」と、直接の証言を拒んでいる。

その安岡が初めて自ら重い口を開いたのは、終戦詔書の発表から一七年もたった一九六二年のことである。安岡正篤記念館が刊行した年譜によると、安岡は同年一月一七日、郵政大臣に就任した迫水の依頼で、郵政省会議室に出向いて講演した。その際、迫水が安岡の紹介に当たって、終戦詔書の作成過程で安岡が重要な役割を果たしたことを出席者たちに明らかにしてしまった。

これを受けて安岡は、「詔勅の話は原則としてせぬことにしているが、思いがけなく大臣が触れたので誤解のないよう註釈を致します」と述べて、自分が修正した箇所とその真意を説明し、そのうちの最も重要な部分がその後、安岡の意に反して再び変更されてしまったことを「終生の恨事」だと語ったと、年譜は記録している。しかしこれ以後も安岡は、公開の場でこの件について話すことは少なく、刊行された出版物としてはわずかに、安岡に師事している会員たち向けの講話集（『運命を創る』プレジデント社所収）、および晩年の茶園とのインタビューでの発言記録（『密室の終戦詔勅』所収）があるだけだ。

茶園とのインタビューは一九八一年に行われた。他界する二年前、最晩年のためか安岡の記憶は多少乱れがあって、詔書案に手を入れた日付については「（詔書渙発の）二日か三日前」と曖昧だが、「総理の鈴木さんがみてやってくれと、それで総理の部屋から（書記官長室へ）回ったら、迫水さんが机に突っ伏して、まあ率直に言って、泣いておった、いわゆる慟哭ですネー」と、その時の情景を語っている。

「そんなことじゃいかんじゃないかと云うので、私が原稿をひったくって、詔勅を読んだら、いかにもどうも、四分五裂、支離滅裂と云いますかネ、どうにもならんので、貸せッと云って……荒削りをやったんで……」

「（迫水）先生書けないんですネ。そりゃ、まあ当り前のことで、終戦降伏の詔勅なんておそらく歴史あって以来考えたことのない、従って先例と云うものがないわけ。それで迫水君も百計つきると云いますかナ、机に突っ伏して慟哭しておった、それでも大分書いとったんですけれど、一刻を争うときですからネ、何とかして下さいと彼も云うから、わたしが何とか読めるまでに直して……」
安岡によれば、首相官邸に彼を呼んだのは迫水ではなく鈴木貫太郎首相だったといい、この点はこれまでの迫水証言と異なる。また、詔書の草案を迫水の部屋で初めて見たとすれば、さきに紹介した安岡の書生・畑中の証言とも食い違うことになる。

このように、関係者の記憶が人によって、日時も場所も、ことごとく食い違い、事実関係を確定するのは困難だが、それも裏返せば、事態がそれほど混乱を極めていたことを物語っているといえよう。迫水が詔書の草案を前にして、机に突っ伏して慟哭していたという安岡の証言は、当時の首相官邸の情景を浮き彫りにしているようだ。

そうした混乱ぶりを今に残る形で象徴しているのが、ご署名原本である。さまざまな曲折をへてようやく決着した終戦詔書の案文を、鳥の子和紙に毛筆で浄書し、昭和天皇が御名御璽をした正式な詔書。最終の、確定した正文であるにもかかわらず、途中経過の草案と同じように、括弧つきであわてて挿入したような語句があるほか、書き損じを剃刀で紙を削って書き直したと思われる修正箇所がある。一体、どうしたことだろう。

関係者たちの証言の、細部の食い違いを別にすれば、

（1）八月九日深夜から一〇日未明にかけて開かれた御前会議でポツダム宣言の受諾・戦争終結の聖断がくだり、これを受けて迫水を中心に終戦詔書の草案作りが開始された。
（2）一四日午前、再び御前会議が開かれ、天皇は一〇日の聖断を改めて確認するとともに終戦詔書の作成を指示した。

（3）このため迫水らは、それまでに準備してきた草案をさらに練り直し、それを閣議に諮った。

（4）閣議では詔書案の文言をめぐってさまざまな意見が噴出、何度か中断した挙げ句、一四日深夜、やっとのことで最終文書を鳥の子和紙に浄書して、御名御璽を得た。

（5）この間、安岡、川田らが草案作成段階で刪修のため関与した。

——という大筋はほぼ間違いないだろう。

その最終文書、完成品であるはずのご署名原本を見ると、①一五行目の「戦局」のあとの「必スシモ好転セス」の八文字が他の文字に比べて小さく、またその部分が墨の跡のように黒ずんでいて、前に書かれていた文字を剃刀で削ってその上に八文字を書いた形跡がある、②一六行目の「残虐ナル爆弾ヲ使用シ」のあとに、「テ頻ニ無辜ヲ殺傷シ」の小さな九文字が括弧で挿入され、最初書き漏らした語句をあとから追加したように見える、③一七行目の、惨害のひどさについて述べた「測ルヘカラサルニ至ル」の「ニ至ル」の部分が、やはり①と同様、紙が黒ずんでいて、削った上に書き直したと思われる、④三二行目の「時運ノ趨ク所」の「趨ク」の部分が、①、③と同じように黒ずんで、元の文字を削った上の修正と見られる——など不自然な箇所が残っている。

ご署名原本の書き直しなどという事態は前代未聞のことで、誰のミスなのかがあとで問題となったのは当然だろう。その被害を受けたのは、浄書に当たった内閣理事官の佐野小門太だった。あわただしい作業の中で佐野が書き落とし、あわてて書き加えたのだという説だ。しかもミスを発見したのは天皇だった、という突飛な証言さえあったことは先述したが、前後の状況から見て、現実にはありえない。佐野自身も後年、そうした説を伝える小説や回想録について、「小生が誤って書き落としたと解せられるような表現をしていることには私は断然釈然としません」と、関係者への書簡で述べている。

国立公文書館に保存されている佐野の書簡は、「小生の死後のことを考えて貴兄にだけには一言して置きたいと思い、この一文をしたためました」と述べ、次のように当時の状況を説明している。

（1）詔書を筆書したのは重大かつあわただしい閣議の最中、急を要することとまことに異常だったため、閣議の終わらない中で渡された原稿をもとに、首相官邸の総務課長室の隣にある次官会議室で小生ただ一人で書いた。

（2）上奏の予定時刻が定まっていたらしく、小生の筆書中も数か所訂正が行われ、それらは上奏前の読み合わせ前に間に合って訂正（削って直す）したが、この数か所は一度に訂正されたもので

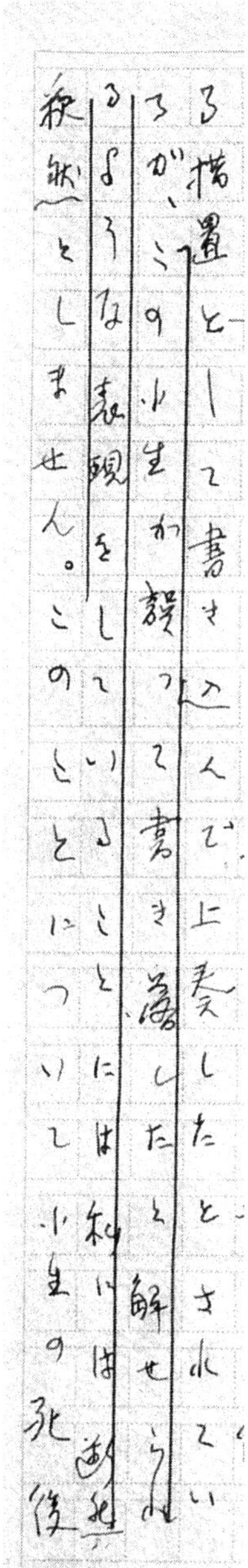
る措置として書き込んで上奏したとされてい
るが、この小生が誤って書き落したと解せられ
るような表現をしていることには私は断然
釈然としません。このことについて小生の死後

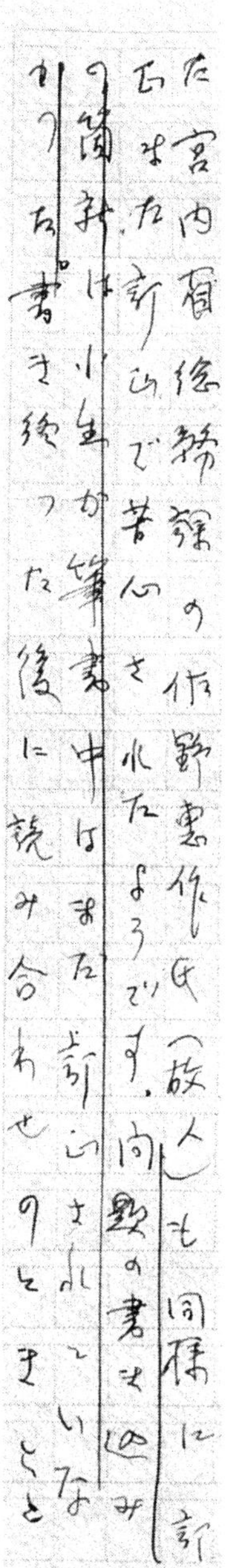
た宮内省総務課の佐野恵作氏（故人）も同様に訂
正された所で苦心されたようです。問題の書き込み
の箇所は小生が筆書中はまだ訂正されていな
かった。書き終った後に読み合わせのときと

はなく、何回も訂正を要するような始末だった。

（3）問題の書き込みの箇所は小生が筆書中はまだ訂正されていなかった。書き終わったあとの読み合わせの時以降訂正されたことがわかった。

（4）しかし、上奏時刻の関係でこれを全部書き直す時間は到底なかった。そこでやむをえずわきに書き込んだ。

佐野は終戦詔書訂正問題が映画などで佐野の書き損じとして描かれていることは「面白くなかった」が、「反論するだけの証拠を持たないので残念に思われ心外であったが、敢えてそのままにしました」と、当時の心境を説明している。

濡れ衣を着せられた佐野の口惜しさが伝わってくるようだ。佐野証言がまず間違いないと思われるのは、ご署名原本のこれらの加筆や修正語句が、閣議にかけられたエンピツ手書きの第九文書の、毛筆による修正部分とほとんど同じであることからも明らかだろう。そのうち一部は、第七、第八のタイプ印刷文書とも重なっている。ここから推定できることは、①タイプ印刷文書を一部未修正のまま手書きで清書して第九文書を作成し、②これをもとに、本来ならば閣議決定後に行うべき浄書を、閣議の議論と同時並行で佐野に進めさせ、③佐野の浄書が終わったあとに、閣議での議論をへた修正が加わり、書き直す時間がないため異様な書き直しが生じた——ということだと思われる。それだけ詔書の文言をめぐるせめぎあいが激烈だったことを、このご署名原本の痕跡が証言しているといってもよかろう。

7

荘重な漢文体、難解な表現、濁点も半濁点もない文章のため、一般の人にはなかなか読みづらい終戦詔書だが、大づかみにいえば次の四つの項目から構成されている。

(1)ポツダム宣言を受諾して戦争を終結させた旨の公布。

(2)国家の自存とアジアの安定を目的とした戦争だったが、戦局の推移に伴って、原爆被害を招くなどの困難に陥り戦争継続が不可能になった、とする事情の説明。

(3)アジア諸国への遺憾の意の表明と、戦争犠牲者や国民の窮状に対する天皇の痛切な思い。

(4)国体護持の期待と国民への信頼をうたい、暴発の抑止と「挙国一家」の結束を呼びかけるメッセージ。

これらを骨子とする案文の内容は、八月一四日午後の閣議に諮るまでにほぼ固まってはいたが、同日午前、二回目の御前会議における天皇の再度の聖断を踏まえて正式に文章化する段になると、文言の一つひとつに意見や注文がついて、取りまとめが何度か暗礁に乗り上げる事態となった。

鈴木首相や閣僚たちが宮中から首相官邸に戻って、閣議が始まったのは一四日午後一時。天皇の声涙くだる言葉を粛然と聞いたばかりの閣僚たちは、ポツダム宣言を受諾して戦争を終結することについてはもはや言い争う余地はなく、全員異議なく一致して閣議決定の運びとなった。ところが、ここで迫水が内々準備してきた詔書の草案を配布すると、たちまち議論が噴き出し、二時間あまりで中断となった。それからは休憩と再開を深夜まで繰り返す展開となる。

国立国会図書館の山田敏之総務部副部長が二〇一〇年に発表した研究によると、閣議の休憩・再開の時刻は新聞などによって多少ずれがあり、午後一時から始まった第一回の閣議は午後三時半前後にいったん休憩、午後七時すぎ再開、午後八時半に再び休憩、午後九時（軍事史学会編『機密戦争日誌』および読売新聞）、または午後一〇時一五分（朝日新聞）に、三回目の閣議が開かれて、午後一一時半に終了したとなっている。

迫水の著書によると、「中途で首相、外相が参内したり、陸相、海相が部内訓示のため本省に帰ったり」したことが中断の理由という。さきに見てきたように、ポツダム宣言受諾・戦争終結という方針に軍部の一部が激しく抵抗し、クーデターの動きが同時進行するという緊迫した状況を、そのまま反映した閣議のやりとりだった。

「国体護持」は、七月二七日（日本時間）にポツダム宣言が発せられて以来、政府内で最も問題となっていた点で、宣言を受諾する前に国体すなわち天皇制が維持できるのかどうかを、連合国側に照会すべきだというのが陸軍を中心とする受諾反対論だった。これを抑えて受諾を決めたのが天皇の聖断だったが、本当に国体を維持できるかどうかの確信は誰にもない。これまで検証してきたように、詔書の文案が何度も書き換えられたのもこのためだ。迫水によると、閣議では阿南陸相が、「先方の確認がとりえないとすれば、せめてわが方で一方的に宣言でもしたい」と、詔書とは別に国体護持の宣言を発表することを訴えたが、結局、その趣旨を詔書の中でにじませることで譲歩し、「国体ヲ護持シ得テ」という表現になったという。

これに関連して問題となったのが「神器ヲ奉シテ」の一句だった。三種の神器は、昭和天皇がのちに

『昭和天皇独白録』で述べたように、これ以上戦争を継続して敵の本土上陸を招いたら、神器もろともその制圧下に入って国体護持が難しくなるとして、ポツダム宣言受諾を決断した理由に挙げたほど、天皇制護持のキーワードであった。しかし、だからといってそのことにこだわると、考えようによっては逆に危険を呼びこむことにもなりかねない。

『昭和史の天皇』によると、閣議では石黒忠篤農相が、「米国の一般大衆のなかには、わが天皇に何か神秘力があるんじゃないか、と考えているものもいるそうだから、ここにこのようなことを書いておくと、天皇の神秘力の源泉が神器にあると考え、日本に上陸してから、神器について無用なせんさくをすることになるかもしれぬ」と指摘した。「神器」に注目を集めると、かえって神器の存在が危うくなるというわけで、他の閣僚も賛成して削除が決まった。第七文書でこの言葉が突然消えたのは、このためだろう。

この閣議には、鈴木首相の長男で秘書官の鈴木一が出席していた。高齢で耳の遠い首相の「補聴器」として、首相の背後で閣僚たちの発言を耳打ちする役目だった。『昭和史の天皇』のインタビューで、鈴木一はこの時の閣議の模様をこう語っている。

「陸軍大臣の阿南さんと、海軍大臣の米内さんが、何度も中座して出て行かれたのが印象に残っています。特に阿南さんは、終戦を肯(がえ)んじない陸軍の強硬派との板ばさみになって、たいへんな苦労をしておられたので、しょっちゅう席をたたれるのは、そういう陸軍内部の刻々の動きに対処するためだった、と想像して同情もし、われわれも、そのつど緊張感を新たにしていたものです」

「だから、詔書案に一番最初に文句をつけたのも阿南さんで、『戦勢（戦局の誤り）日ニ非ニシテ』というところでした。陸軍は決して負けてはいない、この文句は困る、という意味のことを主張し、かなりがんばられました」

「阿南さんのこの主張に応じたのは米内さんですが、……米内さんという方は、もともと寡黙な人、あまり発言されないのですが、このときばかりはピシャッと一言、『実際は、負けているじゃないか』という意味のことをおっしゃったのが、強く印象に残っています。それでもまだだいぶごたごたし、……結局、米内さんが折れて『戦局必スシモ好転セス』に改められたんですが、この部分に一番長く時間がかかったように覚えています」

この点についての迫水の回想。

「『戦局必スシモ好転セス』は、阿南さんの考えた文句なんです。これは一時間ぐらいかかったろうか」

迫水はまた、著書の中では、こう述べている。

「陸相は、『日ニ非ナリ』の原案では従来の大本営発表が、虚構であったということになる、戦争は敗けてしまったのではなくて、現在好転しないだけであるから、訂正すべきだと主張した。閣僚の意見では、原案でよいというものが多かったが、陸相は、下部から突きあげられているのか、非常にしつこくこれを主張された」

「めづらしく米内海相が強硬に反対発言をして、戦争は負けているではないかといわれ、阿南陸相は個々の会戦には敗けたけれども、戦争の勝負はついていない、陸軍と海軍とでは、その辺の感覚がちがうと互いにはげしいやりとりがあった。米内海相は中途で海軍省に行かれるため中座されたときも、わざわざ私の席のところまでこられて、この点は絶対に訂正するなといわれたほどであった」

「海相がやがて閣議の席に戻られてから、隣席の陸相となにやら小声で話をしておられたが、私の方を向かれて、この点は修正することにしようといわれ、私はちょっとあっけにとられた心持がしたが、総理もとりなされるし、各閣僚も根負けの形で修正ときまった。随分長い時間がかかった」

負けてはいない、まだ本土決戦があると、陸軍の若手将校らがいきり立っている。ここで負けを認めてしまったら、軍の組織がもたなくなる。戦局が悪化の一途をたどり、広島、長崎の原爆投下で国土は壊滅寸前まで立ち至ってしまったのが真実であるにしても、それを正直に認めたら、これまで退却を転戦と偽って戦果をアピールし続けてきた「大本営発表」がウソだったことを国民の前にさらけ出すことになって、軍のメンツは丸つぶれだ。組織防衛と体面の保持——。

「戦局日ニ非ニシテ」の「戦局好転セス」への書き換えは、こうした内輪の論理の産物として登場したのだった。そこには、国民生活の窮境をどうやって救うかという政治の判断はない。政治指導者という立場から何をなすべきかという「理」ではなく、敗戦の口惜しさやメンツへのこだわりという「情」に押し切られたことを物語るのが、「戦局」のくだりのせめぎあいであった。

マックス・ヴェーバーは『職業としての政治』の中で、政治家に求められる資質として「情熱、責任感、判断力」の三つを挙げ、「情熱は、それが『仕事』への奉仕として、責任性と結びつき、この仕事に対する責任性が行為の決定的な規準となった時に、はじめて政治家をつくり出す」と述べている。彼のいう情熱とは、もちろん、政治課題を成し遂げようという情熱であって、これまで見てきたような「戦局」の言い回しをめぐる未練がましい「私情」ではない。その意味で、情熱も責任感も判断力もない、つまり、まるで政治の体をなしていない政府の実態が、この閣議におけるやりとりから浮き彫りになってくる。

同じようなことは、もうひとつの論争点となった「堪へ難キヲ堪へ」の文言（ご署名原本三二、三三行目）の前後をめぐる修正作業にも表れている。第三文書で、「堪へ難キヲ」の前に「義命ノ存スル所」、また「忍ヒ難キヲ忍ヒ」のあとに「万世ノ為ニ太平ヲ開カムト欲ス」という言葉を、それぞれ書き入れたのは陽明学者の安岡正篤だった。安岡は、前述したように終戦詔書の删修については長く沈黙を守り、一九六二年に迫水が詔書への安岡の関与を明らかにしたのを受けて初めて口を開いたのだったが、この問題について公開の席で語った数少ない講話（『運命を創る』一九七一年所収）の中で、修正の意味を次のように説明している。

「日本の開闢以来初めての、思いもかけぬ、あるいはとんでもない悲運に遭遇されて、陛下がこのご詔勅を渙発なさいますについて、私は沈思熟考いたしまして、欠く可からざる二点、……絶対に必要なる二点に気がつきました」

「その一つは、いかなる国の敗戦、降伏の場合にも未だかつてない、西洋流に言えば黄金の文字、日本の天皇なればこそという権威のある言葉をどうしても選びたいということ。他の一つは、これは力尽きて仕方なく降伏するというのでなく、道義の命ずるところ、良心の至上命令に従ってする、損得利害の問題でないということ、それが日本の皇道であり日本精神の眼目であるということ。この二点だけはどうしても逸してはならぬと考えまして、まず最初の問題のために千思万考いたしまして、これ以上の言葉はないと思ったのが『万世ノ為ニ太平ヲ開ク』であります」

これは朱子学の先駆者の一人とされる北宋の張横渠の言葉、「天地ノ為ニ心ヲ立テ、生民ノ為ニ命ヲ立テ、往聖ノ為ニ絶学ヲ継ギ、万世ノ為ニ太平ヲ開ク」が出典とされる。天地のために、人類のために、学問の継承のために、また万世のために、という積極果敢な気迫と、凜とした決意をもって、戦争を終結するのだという意味であろう。

「もう一つが『義命ノ存スル所』ですが、これが道義の至上命令、良心の最も厳粛な要請という意味であることは申すまでもありません。戦に負けたからこうするというのではない。これ以上に戦を続ければ屍山血河の果てに屈するからやめるというのでもない。場合によっては、堂々と勝ち戦をしておってもやめる。戦えば戦えるという場合でも、道義、良心の命令とあれば敢然としてそれを捨てる。これが義命であります」

この出典は、中国の古典である春秋左氏伝の、成公八年の条にある「信ハ以テ義ヲ行イ、義ハ以テ命ヲ成ス」といわれる。魯の李文子が晋の景公の不信行為をたしなめ、「信があってこそ義が守られるものであり、義に合してこそ命令が定められる」と語った言葉とされる。

「私はこのように考えまして、この二つの言葉だけは絶対に失ってはならぬと時の内閣に厳談、厳請いたしました。閣僚たちがこれを審議しましたところ、『万世ノ為ニ太平ヲ開ク』については、戦に負けてこのように言うのはいかにもどうも大法螺めくではないかという意見、また、いや、これは愉快だと賛成するのもあったそうです」

「次の『義命』になりますと、こんな言葉は聞いたこともないという人が多く、我々の分からんような難しい言葉が国民に分かろうはずもないから、これはやはり『時運ノ赴ク所』がよいではないかということになったと聞いております」

この点は迫水の著書の証言とほぼ一致する。

「閣僚中にこんな言葉は聞いたことがない、判らないから修正せよというものがあった。私は、安岡先生に教えられたとおり説明して、原案の維持につとめたが、辞書を持ってきて調べたらという話も出て、ありあわせの辞書を持ち出して調べると、あいにくにもその辞書にはこの熟語が出ていない。辞書に出ていないのでは一般国民はわからないではないかということになって、とうとう成文のように訂正されてしまった」

「義命ノ存スル所」は、いきなり「時運ノ趨ク所」に修正されたのではなく、最初は「時運ノ命スル所」

（第四文書）に赤ペンで修正され、第七文書で「時運ノ趨ク所」に再修正されるという過程をたどったが、いずれにしても安岡の渾身の刪修は「わかりにくい」という理由で退けられてしまった。

「『時運云々』は、いわば風の吹き回しで、ということです。風の吹き回しで降伏するというようなことは、日本の天皇にあるべき言葉ではありません。……これは非常に残念なことでありまして、仮に後世の学者がこのご詔勅を学問的に取り扱うことになった場合、これは当時の起草者、起草に携わった学者に識見がなかったことを証明するものだと言うでしょう。……実に永遠に拭うことのできない恨事であります。……このことは私の触れたくないことであり、語るを欲しないことであります」

終戦詔書の刪修について安岡が長く沈黙を守っていた理由の一つは、ここにあったようだ。安岡はのちに何度もこの一件について、非公式な内輪の席で、当時の閣僚たちの判断を批判している。迫水は著書の中で、「あとで安岡先生は、これでこの詔書は重大な欠点を持つことになってしまって千載の恨事だ。学問のない人たちにはかないませんと嘆息されたのであった」と述べて、安岡が次のように不満の理由を説明したことを明らかにしている。

「近ごろの政治には、理想がなく、筋道がなく、まったく行き当りばったりのようだが、それはあなたが終戦の詔書の中の『義命の存する所』という点を『時運のおもむく所』と訂正したからですよ。時運のおもむく所というのは、時の運びでそうなってしまったから仕方なくということで、理想も筋道もなく行き当りばったりということです。目前の損得ということです。私は終戦の詔書は、新日本建設の基礎となるべきものと考えていたのに、あれでは、終戦そのものが意義を失ってしまった。その以後の政治が行き当たりばったりなのは、そのせいで、あなたは責任を感じなくてはいけません」

難解といえば、ご署名原本二七行目の「五内為ニ裂ク」も難しい言葉だ。これも、第六文書で「寝食安カラス」とあるのを安岡が直したものだ。

迫水によると、前述したように天皇の心境に関する原案の表現は「断腸の思い」で、安岡が「断腸の思いというのは私情の思いである。たとえば男女の別離、妻と別れて戦場におもむく、そのときの胸の痛むような思いがそれであって、公的な場合には使ってはいけない」として、「五内為ニ裂ク」に変えたとしている。発見された終戦詔書の九通りの原資料のどこにも「断腸の思い」はなく、迫水の思い違いか、あるいは何度か書いては破った下書きの一部にあったものなのかは不明だが、「断腸」にせよ「寝食安からず」にせよ、安岡が、詔書で私情を吐露するような表現を使うことを戒めたことは間違いなさそうだ。

安岡自身はこの「五内為ニ裂ク」の言葉の出典については何も述べていない。中国の古典を見ても、直接この言葉を使った文献は見当たらない。さきに紹介した木下彪の「終戦詔勅の起草者と関与者」は、この点について、吉川幸次郎が終戦直後の『文藝春秋』に寄せた論文で、中国古典では父母の死などに「五内分崩」という言葉を用いた例を挙げ、玉音放送の「五内為ニ裂ク」が国民の犠牲に対して天皇がそれほど深い悲しみを示したもの、と見る解釈を紹介している。木下によると、日本国内でも大正時代の文献に亡父を偲ぶ言葉として「五内為裂」という言葉が使われた例があるとしている。

いずれにしても珍しい言葉であることに違いはない。大東亜次官の田尻愛義(あきよし)は、玉音放送を聞きながら、迫水から事前に見せられた詔書の原案になかった「五内為ニ裂ク」という言葉に気づき、その意味を二、三日してから迫水に尋ねたところ、迫水は「五内とは五つの内臓のことで、為ニ裂ク、というのは胸がはりさけるばかりの思いである、ということだ」と説明したと述べている。安岡が迫水にそう説明したものと思われる。

安岡の書き入れた言葉は難解ではあるが、まるでわからないしろものというわけではなかったことは、終戦詔書の草稿をタイプで清書する作業にあたった山本喜代子の述懐に明らかだ。

「みなさんが苦心されたところは、よくわからないが感じとして、直感として、ぐっと胸に来たものです。わたくしなりに、いくつも忘れられないことばがあります。『五内為ニ裂ク』陛下のお悲しみが深く胸にしみとおる思いでしたし、『万世ノ為ニ太平ヲ開カムト欲ス』では、ああ戦いに負けたんだ、という暗い気持ちよりも、明るいあすがくるという感じがしました」（『昭和史の天皇』のインタビュー）。

言葉はわかりやすく、というのは大事なことだ。しかし、難解な言葉で意味がよくわからなくても、その響き、言葉に込められた思いの強さが、聞く人、読む人の耳と目を震わせ、胸を高鳴らせることもあるのだ。

それにしても、よりによって「義命」から「時運」への書き換えとは。詔書の審議にあたった政治指導者たちの心底のありようを、はからずも自らさらけ出してしまった形である。ここで戦争をやめることが国家と国民、そして世界のためになるのだという大義の認識と、ここから国家の再建に立ち上がるのだという決然とした意志の発現、というのとはまったく正反対の、成り行きで仕方なく、ずるずるべったりの流れに従って、やむをえずこうするという無気力な心的構造。これこそが、二・二六事件以来の軍の暴走、勝算のない日米戦争への突入、そして三〇〇万人を超す日本国民、アジア諸国を加えれば数百万人もの犠牲者を出す大失策を招いた、日本政治の病理を示すものではなかったか。

二・二六事件の際、岡田首相を救出した憲兵曹長・小坂慶助が事件の遠因として、「表ざたになると軍の威信を失墜するという名目で、うやむやに葬り去る。この悪弊が積もり積もって今次の大事件を引き起こしたのではないか」と述べていたことが、改めて思い出される。事実を直視したくない、失敗を認めてメンツを失うのは避けたい、成り行き上やむをえない、という「時運路線」は、ついに国家を滅亡の淵にまで立たせ、しかもなお天皇の聖断という形でしか事態を収拾できないところまで立ち至ってしまった。そうでありながらしかもなお、その終戦詔書の文言に「時運の赴く所」を登場させるとは。意図してそうしたのではないだろうから、よけいに悲しい皮肉と思えてくる。

思えば、「義命」を書き入れようとした安岡の意図は、あまりに現実との乖離が大きすぎたともいえる。彼の修正の試みが、逆に、閣僚たちの再修正を通じて、機能麻痺状態にある政治の実態をはからずも炙り出す結果になったと見ることもできる。それだけではない。安岡が嘆いたように、政治の「行き当たりばったり」ぶりは、戦後の政治にそのまま持ち越されていく。「義命の存する所」から「時運の赴く所」への書き換えは、その意味で、日本政治の病理を凝縮した形で象徴する出来事だったといわなければならない。

第三章

失敗の系譜とその形態

1

ここまで私はあえて終戦、あるいは戦争終結という言葉を使ってきた。あえて、というのはかねてから、「敗戦」といわずに「終戦」という言葉を使うのは、敗北を認めず戦争の責任をうやむやにしようとする無責任な態度の現れであり、それこそが今日にまでつながる日本政治の無責任体質を象徴するものだ、という言説が繰り返し語られ、現在でもそれが政治批判のキーワードのようになっていることを、私も承知しているからである。

たしかに、敗戦を認めたがらない心理が当時の指導者たちの間に根強かったことは、事実である。終戦詔書の作成過程で、「戦局日ニ非ニシテ」を「戦局必スシモ好転セス」に書き換えたように、敗北どころか戦局が悪化していた事実すら公に認めることに抵抗した陸軍などの言動が、その典型といってよい。

ただ、「敗戦」を認めたがらないことが日本政治の無責任体質の根源であるという見解を強調するあまり、「終戦」ではなく「敗戦」と呼びさえすれば政治が正常な軌道に戻るとでもいうかのような主張には、首をかしげざるをえない。

「敗戦」はふつう、戦争の勝ち負けの観点から議論する場合の言葉であって、なぜ負けたのか、負けないようにするには何が欠けていたのかといった、作戦や用兵の巧拙などについて論ずる際ならぴったり当てはまるだろう。また、初めから敗北必至の戦争になぜ無謀にも突入したのか、という政治判断の是非や、その責任の所在を追及する場合でも、「敗戦」を議論の出発点にするのは当然といえる。実際、敗戦はまぎれもない事実であったのだから、二度と再びあのような悲劇を繰り返さないためにも、「敗戦」を多面的に検証することは大事なことである。

ところが、終戦ではなく敗戦と呼ぶべきだ、日本は戦争責任と直接向き合っていない、それを放置しているのは無責任だ、といった主張をする論者が多いわりには、当時の指導者たちの戦争責任を正面からテーマに取り上げて具体的に検証した研究や著作物は、なぜか少ない。本格的な取り組みとしては、読売新聞が戦後六〇年の節目にあたる二〇〇五年八月から二〇〇六年三月にかけて、シリーズで紙面に掲載した「検証　戦争責任」くらいではないか。

このシリーズはのちに中央公論新社から二分冊の本として出版され、中国では新華出版社から中国語に翻訳されて出版されている。

「まったく勝ち味のない戦争に、なぜ突入し、何百万人という犠牲者を出しながら継戦し、かつ降伏をためらって、原爆投下やソ連参戦で悲惨な被害を一層、広げたのか。その戦争責任は、戦勝国のみによる『東京裁判』（極東国際軍事裁判）で裁かれたまま今日に至っている。その内容を再検証してみると、量刑の過重な被告がいる一方で、日本国民や関係国民に苛酷な犠牲を強いた罪のある、政府、軍首脳や幕僚たちのうちで、被告にすらならなかった人物も少なくない」（読売新聞グループ本社会長・主筆・渡邉恒雄）

こうした問題意識から「検証　戦争責任」は、昭和天皇、重臣、政治家、陸海軍の指導者たちについて、日中戦争から太平洋戦争に至る昭和の戦争の、開戦だけでなく、止めるべき戦争を継続した継戦の判断を含め、それぞれの責任とその重さを検証したもので、戦争責任究明の本格的取り組みとしては、たぶん唯一の試みといえる。

同書では、昭和天皇が連合国最高司令官のマッカーサーに「私は全責任をとる」と、自己の責任を認める発言をしたとされることなどを指摘する一方、「実質的な責任は、首相や大臣、参謀総長、軍令部長らにあった」として、「東条英機元首相に最大の責任」があったと結論づけている。近衛文麿元首相については「軍部の独走を許した」、広田弘毅（首相）、杉山元（陸相）、永野修身（軍令部総長）、小磯国昭（首相）ら指導層はそれぞれ重要な節目に「判断を誤った」ことなど、その責任を指摘したほか、東京裁判では訴追を免れた石原莞爾（関東軍参謀）ら軍官僚にも、暴走して政治に介入した「重い責任がある」と述べ、東京裁判とは一線を画す立場から独自の見解を表明している。

この検証は、「戦争犯罪を裁く」という東京裁判と違って、法的責任だけでなく政治的な側面も含めて多角的見地から、当時の指導者やその周辺人物たちがどのように行動し、なぜ判断を誤ったのかを実証的に洗い直したもので、「日本国民が、自らの手で、昭和戦争の責任をどう認識するかの材料を提供する」ことに目的があった。

それからほぼ一〇年たって、私たちは戦後七〇年の節目を迎えた。この間、二〇一一年三月一一日の東日本大震災と福島原発の未曾有の惨害は、「第二の敗戦」という言葉を生むほどまでに政治の対応のまずさを国民に印象づけたが、「敗戦」や「無責任」という言葉ばかりが先行して、具体的な検証に乏しいことは残念というほかない。

何よりも驚くのは、震災当時の指導者たちの混乱した行動が被害を拡大させた一因だったことが明らかであるにもかかわらず、彼らからは真剣な反省が聞かれるどころか、むしろ「役人が情報を上げてこなかった」などと、責任転嫁としかいいようのない見苦しい言動がまかり通っていることだ。こうした無責任な政治行動は、もとより厳しく追及されなければならないが、しかもそれは、単に「無責任」の一語で非難してすむ話ではない。まして、無責任は昔からの日本の政治体質だといった、わけ知り顔の解説で片付けられる問題でもなかろう。

私も、終戦詔書の作成過程に現れた政治の機能麻痺ぶりに、現代の政治にまでつながる病理の根源を見る一人ではあるが、ひと口に無責任といっても、責任の取り方の適否という問題もあれば、責任の自覚すらない無責任さ、あるいは自覚はあっても保身のための責任逃れなど、さまざまなケースがあり、それらを個別、具体的に、また実証的に考察しなければ政治の改革にはつながらないと考えている。終戦詔書をめぐるドラマを丹念にたどってきたのもそのためである。

ポツダム宣言を受諾して戦争を終結するにあたって、それを「敗戦」ではなく「終戦」という表現することにしたのは、安藤義良（当時の外務省政務局長）の発案だった。『昭和史の天皇』第3巻のインタビューで安藤は、連合国が一九四五年七月二六日付けで発出したポツダム宣言を読んでいるうち、冒頭部分のある言葉に着目したと、そのいきさつを語っている。

We - the President of the United States, the President of the National Government of the Republic of China, and the Prime Minister of Great Britain, representing the hundreds of millions of our countrymen, have conferred and agreed that Japan shall be given an opportunity to end this war.（吾等合衆国大統領、中華民国政府主席及「グレート・ブリテン」国総理大臣は吾等の数億の国民を代表し協議の上日本国に対し今次の戦争を終結するの機会を与ふることに意見一致せり）

ひとついいと思ったのは、〝サレンダー（降伏）〟という言葉でなく〝エンド・ジス・ウォー（この戦争を終わる）〟とあった点だ。降伏といえば軍が承知しないが、終戦というならいけそうな気がした。あとで敗戦ではなく、終戦と呼んだのは、このとき心に決めたことだった。いまにして思えば少し面はゆい。

ポツダム宣言は後段で「無条件降伏」など八項目の具体的な条件を列挙しているが、冒頭の日本に対する呼びかけが「降伏」ではなく「戦争の終結」、つまり「終戦」であったことに安藤は目をつけたのだ。あからさまに「降伏要求」を突きつけられたとあっては、軍部はいきり立って逆に本土決戦へと暴走しかねないが、「終戦の呼びかけ」であれば何とか説得の余地があるのではないか。安藤が関係者たちとどのような相談をしたのか明らかではないが、これ以後、政府はすべて「終戦」という言葉で表記している。

これをごまかしと評する見方もある。吉見直人の『終戦史』は、安藤の証言を紹介したうえで、「敗戦ではなく終戦。これは軍を納得させるためのレトリックだったことを率直に語っている。しかし、果たして本当にそうだったのだろうか。『終戦』という、どこか他人事の響きを求めていたのは、無責任で他力本願だった当時の彼ら全体であって、なおかつ、その曖昧な言葉によって、この国がかつて犯した決定的な失敗、その過程と末路に直面することを避けてきた、我々自身だったのではあるまいか」。

そうした見方が必ずしも間違っているとはいえまい。敗戦と呼ぶ方が正確である時でも終戦という抵抗感の少ない表現ですませてしまうケースだって、少なくなかったろう。しかし、ポツダム宣言を受諾するかどうかの瀬戸際にあって、あくまで受諾反対、戦争終結反対で暴走しようと血気にはやる軍部を押さえて、一刻も早く終戦に持ち込むために、彼らが受け入れやすそうなレトリックを使ったことが、それほど「無責任で他力本願」な行為だったとは、私には思えない。

クーデター計画は現実に進んでいたのであって、失敗に終わったとはいえ八月一五日未明には陸軍の一部が宮中や首相官邸に乱入し、軍幹部や要人を殺害する事件を起こしている。それまでにも戦争終結の決断が何度も先送りされ、「あと一回、一撃を加えてから」などと、ずるずる時間を空費したため広島と長崎の原爆被害まで招いていたのに、このうえさらに終戦の決断に手間取っていたら、その先どれほど多く、国民の犠牲が拡大していたことか。

終戦詔書の文案をめぐる閣議で、「戦局日ニ非ニシテ」の部分を、執拗に粘って「戦局必スシモ好転セス」に書き換えさせた阿南陸相の言動についても、同じようなことがいえよう。戦争に負けたとはまだいえない、いやすでに負けているではないか、という阿南と米内海相の押し問答は、明らかに阿南の主張に無理がある。戦局が「日ニ非ニシテ」、すなわち悪化の一途だったことを認めたら、大本営発表のそれまでのウソがわかってしまうという阿南の言い分は、無責任極まりない印象を与える。

しかしこれも、その時の模様をもう少し仔細に検証すると、まったく違う光景が浮かんでくる。たとえば迫水は『機関銃下の首相官邸』の中で、閣議の場での阿南の奇妙な行動についてこう記している。

「閣議がはじまると間もなく、阿南陸相は私を促して、閣議室の隣室に出ていって、電話で陸軍省軍務局長室を呼びだして、次のようなことをいわれた。『閣議では、閣僚が逐次、君たちの意見を了解する方向に向いつつあるから、君たちはわたしが帰るまで動かずにじっとしていてほしい。ここに書記官長がいるから、要すれば、閣議の模様を直接話してもらってもよい』

「私は、びっくりした。閣議の状況は、陸軍大臣の意向が了解されつつあるどころか、陸軍大臣は、まさに孤軍奮闘の形であるのに、陸軍大臣はどうしてこんなことをいわれるのだろうと、思わず大臣の顔を見ると、阿南陸相は私に目くばせをされた。私は大臣が腹芸をしておられるのだと考え、もし電話に出ることになれば、しかるべく口裏を合わせようと決心していると、先方がそれにはおよばぬといったとみえて、陸相は電話を切られて閣議室に戻られた」

迫水はまた、こうも述べている。

「阿南大将は、果して心の底から抗戦継続を考えておられたのであろうか。もししかりとすれば、手段は極めて簡単であって、一片の辞表を提出することによって、鈴木内閣を倒し、あとに軍部内閣を作れば、この目的は達成せられるのである。しかも、その機会は、自分自身の意思によっていつもこれを作りえた。現に、終戦のことが議に上った閣議において、陸軍大臣が胸のポケットに手を入れられると辞表を提出するのではないかと心配したと左近司国務相は語っておられる」

当時は軍部大臣現役武官制といって、陸海軍大臣は現役の軍人でなければならないという制度を採っていた。本来は、現役を離れた軍長老たちが軍政に介入するのを防ぐのが目的だったが、いつの間にか、軍の気に入らない内閣には軍から大臣を出さない、あるいは辞表を出して内閣を倒すという方法で、軍が政治に影響力を行使する手段に使われるようになってしまっていた。だから阿南の場合も、本気で抗戦を貫くつもりであれば、辞表を出して鈴木内閣を総辞職に追い込むこともできたのだった。

「のちに聞くところによると、終戦の際、陸軍はクーデターの準備をして、阿南陸相は、これを承諾し、みずからその指揮をとるから、自分にまかせよといわれたという。……阿南大将は、戦争を終結し、一身を無にして、国民のみならず世界の人々を救おうとせられる天皇陛下のみ心を体し、終戦を実現せんと心に誓っておられたに相違ない。かかるが故に軍の暴発を最も恐れ、これを抑止するのに心肝をくだかれて、苦肉の策として、クーデターの指揮をみずから引受け、一面、大詔の公布まで内閣の閣僚たる地位を保持するため中途で殺されるが如きことなきよう苦心されたものと私は考える」

米内海相が閣議の場で「戦局」の文言について阿南に反論し、迫水にも「絶対に訂正に応ずるな」といっておきながら、中断後、再開した閣議では一転してあっさりと阿南の主張を受け入れて修正に応じたのも、陸軍側の暴発の危険を察したこと、また、原案の文言にこだわって論争を続けていると終戦詔書の作成が遅れ、終戦の決定自体が破綻しかねないことを恐れたためとも考えられる。

閣議は一四日午後一一時すぎに終わった。迫水が鈴木首相の執務室に行くと、扉をノックする音が聞こえ、振り向くと阿南が帯剣して帽子を脇に抱えて入ってきた。

「陸相はまっすぐに総理の机の前にこられて、丁重に礼をされたのち、『終戦の議がおこりまして以来、私はいろいろと申しあげましたが、総理にはたいへんご迷惑をおかけしたと思います。ここにつつしんでお詫び申しあげます。私の真意は、ただ一つ国体を護持せんとするにあったのでありまして、敢えて他意あるものではございません。この点どうぞご了解くださいますように』といわれた」

鈴木首相が「阿南さん、皇室は必ずご安泰ですよ」と言うと、阿南は「私もそう信じます」といい、ていねいに一礼して静かに退出した。阿南を見送った鈴木は、なにかを察したように迫水に「阿南君は暇乞いにきたのだね」と、ぽつりと語ったという。阿南はこのあと帰宅して、夜明け前に「一死大罪を謝す」という言葉を残して自決した。

阿南が死をもって謝罪したのは、何に対してだったのだろう。天皇に対してか、敗北の責任感からか、戦地で散った将兵に対してか。「一死大罪を謝す」という短い言葉からその胸中をうかがい知るすべはないが、少なくとも彼が何かに対して責任を取ろうとしたことだけは間違いあるまい。

中国古典の為政三部書に「慷慨身を殺すは易く、従容義に就くは難し」という言葉がある。激情に駆られて発作的に自殺するのはまだやさしい、考え抜いて、そうすることが自分のとるべき道だと思い定めて死を遂げるというのは、容易なことではない、という意味である。阿南がそうであったかどうか、解釈は人によって異なるだろうが、少なくとも彼を、現代の我々が最近目撃したような、自分の責任を棚に上げて官僚や部下のせいにして恥じない政治家と同列に、「無責任」のひとことで断罪するのは適切とは思えない。

とはいえ、阿南が立派に責任を果たしたといえないことも、また事実である。ことがここに至る前に、つまり敗北が明白になった段階で、もっと早く戦争終結を決断し、陸軍をその方向にまとめるべきだったのに、その決断や努力をしなかった。また、戦局が悪化していることを誰よりもよく知りながら、それを公表せず、国民に誤った情報を与え続けて犠牲者をふやす結果を招いた。彼一人の責任ではないにしても、軍部の指導者として重大な責任を免れないことは明白である。

そうしなかった、あるいはできなかったのには、もちろん、さまざまな理由があったろう。まだ戦える、もう一回戦果を挙げてから、と頑張っている軍将兵に戦争終結を命じたら、組織が持たない、軍のメンツが立たない、いまさらあとには引けない、といった意地や組織への忠誠が、国家や国民全体のためには一刻も早く戦争を終結させるべきだ、という大局的な判断を妨げたことは想像に難くない。終戦詔書の案文をめぐる「腹芸」は、軍の暴発を防いで何とか無事に終戦に持ち込もうという目的からすれば合理的な行動であったのだが、その合理性は大局観の欠如がもたらした裏返しの結果でもあったのだ。

義はあっても大義ではなく小義。小さな合理性と大局判断の欠如。ここに、終戦詔書のドラマが語る日本政治の「無責任の構造」を見ることができる。問題は、なぜそのような「義の矮小化」が生じるのかにある。日本の政治に特有の、不変の体質なのか、それとも時代や状況の変化に伴うものなのか。原因は制度や仕組みにあるのか、あるいは指導者の資質によるのか。「無責任」の究明は、敗戦か終戦かといった呼称を糾弾するだけで終わる問題ではなく、具体的な事例をもとにした政治過程の内実を検証する作業をへてこそ、初めて可能になると思われる。

2

戦前日本の政治の考察から「無責任の体系」を析出したのは、丸山眞男だった。東京裁判（極東国際軍事裁判）における日本人戦犯たちの証言や、連合国側の検察官、弁護人たちの発言記録を通じて、丸山は、「戦争を欲したかといえば然りであり、戦争を避けようとしたかといえばこれまた然り」という、日本側指導者たちの言動の不可解さを鋭く描きながら、そこに一つの共通した特質があることに着目した。合理的、組織的であるように見えて非計画的、非組織的で、それでいて全体として戦争へと方向づけられた「非計画的な『共同謀議』」という逆説的展開にこそ「日本の体制の最も深い病理」がある。しかもそれは「きわめて平凡であり、われわれにとってむしろ日常的な見聞に属する」現象であるといい、それを彼は「無責任の体系」と名づけた。

　どのように無責任なのか。だれが、なぜ、あの無謀な戦争を決断したのか、だれが責任を負うべきなのか、その責任の所在が、聞けば聞くほど曖昧で不明確になってしまうことである。「軍国支配者の精神形態」（『現代政治の思想と行動』未来社所収）の中で丸山は、被告の戦犯たちの「うなぎのようにぬらくらし、霞のように曖昧」な答弁を聞いたキーナン検察官の、最終論告における次のような言葉を紹介している。

「元首相、閣僚、高位の外交官、宣伝家、陸軍の将軍、元帥、海軍の提督及内大臣等より成る現存の二十五名の被告の全ての者から我々は一つの共通した答弁を聴きました。それは即ち彼等の中の唯一人としてこの戦争を惹起することを欲しなかったというのであります。……彼等は他に択ぶべき途は開かれていなかつたと、平然と主張致します」

彼等は口裏を合わせてウソをついていたのだろうか。そうではない。そうではないからこそ連合国の検察側にとっては、日本人戦犯たちの供述が理解に苦しむものとなる。たとえば木戸幸一（内大臣）はこう述べる。

「私個人としては、この（日独伊三国の）同盟には反対でありました。しかしながら五相会議で非常に問題の研究が続けられまして、私がこの問題を総理から聴いたのは三月ごろでありました。そこで現実の問題としてはこれを絶対に拒否することは困難だと思います」

東郷茂徳（外相）もこう語る。

「私の個人的意見は反対でありましたが、すべて物事にはなり行きがあります。……すなわち前にきまった政策が一旦既成事実になった以上は、これを変えることは甚だ簡単ではありません」

小磯国昭（元首相）も同様だ。

「われわれ日本人の行き方として、自分の意見は意見、議論は議論といたしまして、国策がいやしくも決定せられました以上、われわれはその国策に従って努力するというのがわれわれに課せられた従来の慣習であり、また尊重せらるる行き方であります」

自分は反対だったが、すでに物事が現実にその方向で進行している以上、いまさら反対するわけにはいかない、やむをえなかったのだ、というのだ。まさに「きわめて平凡で、日常的に見聞する」言動だが、そこに丸山は、「日本ファシズムの矮小性」を構成する二つの要因を見出す。一つは「既成事実への屈服」であり、もう一つは「権限への逃避」である。

ルカーチ・ジェルジが『歴史と階級意識』の中で述べているように、現実とは「ある」ものではなく「作り出す」ものなのだが、前述の日本人被告らにとってはまったく逆に、現実とは自分の意思とは無関係にあらかじめ存在するもの、すなわち、内心では反対であっても従うしかない与件、あたかも自然現象のようなものとして意識されている。そこから、だから責任の取りようがないという「無責任」の論拠が生まれることになる。そうした状況追随的な態度こそが、実は「現実」を形成していく動因になっているにもかかわらずだ。

この「主体性を喪失して盲目的な外力に引き回される日本軍国主義の『精神』」が、ナチズムの「目的と手段のバランスを不断に考慮するプラグマチックな精神」といかに対照的であるかを示すため、丸山はポーランド問題に関するヒトラーの発言を取り上げる。

「本問題の解決は勇気を必要とする。既成の情勢に自己を適応せしめることによって問題の解決を避けようとする如き原則は許されない。寧ろ情勢をして自己に適応せしむべきである。この事は外国に侵入するか又は外国の領地を攻撃する以外には可能でない」

ここでは外国への侵略が、目的として明確に意識されている。意識的にだろうが情勢に流されてずるずるとだろうが、侵略が許されない行為であることに変わりはないが、少なくとも責任の所在に限っていえば、ヒトラーの場合と比べて日本に関しては全く対照的だ。

さらに責任の追及を困難にしているのが、自分は訴追されている行為の当事者ではなく、その問題を扱う権限もなかったという言い分だ。幹部官僚は「単に一行政官にすぎなかった」、外交官は「単に外交事務機構を通じて伝達及び暗号翻訳の任に当たったのみ」、軍幹部も「当時は単なる一少尉にすぎなかった」「師団長ではなかったから」「陸軍大臣の一下僚にすぎず、命令を発する権能はなかった」といったぐあいだ。

それでは、決定を下し、命令を発する立場にあった大臣クラスの責任はどうなのかというと、今度は

「それでは部内がおさまらないから」という理屈で、なすべき決定を避けたり先送りする責任回避が生じている。大臣は「軍務局長がおさまらないから」、軍務局長は「軍務課員がおさまらないから」、軍務課員は「出先軍部がおさまらないから」と、次々に責任がヒエラルキーの下部に転嫁され、最後は「国民がおさまらないから」となる。それも、丸山によれば当時は、「国民というのは、軍務課あたりに出入りする右翼の連中、在郷軍人、地方的指導者」たちなのだが、それもさらに「英霊がおさまらないから」というぐあいに、責任はいつしか摑みどころのない霧の中に解消されてしまう。

戦犯たちのうち、ある部分に限定してにせよはっきりと「自分に責任がある」という言葉を使ったのは、東条英機（開戦時の首相）くらいかもしれない。米陸軍軍人でのち軍事関係雑誌の編集長を務めたジョン・ルースの『スガモ尋問調書』（読売新聞社）は、一九四一年一二月八日の日米開戦・真珠湾攻撃に関するフィーリー検察官と東条との、次のような問答を記録している。

問　一九四一年十二月の真珠湾と米国領土に対する攻撃との関連で、天皇を裁判にかけるべきではない、というのがあなたの意見ですか。
答　私は日本国民の一人として、天皇陛下が裁判にかけられるのを見たいとは思いません。
問　その点に関して言えば、あなたこそ、罪を問われ、裁かれるべき責任者ではありませんか。
答　その通りです。それは極めて適切なことだと思う。だが、私は天皇陛下が裁かれることなど考えたくない。……国務大臣という点からすれば、私は特に責任がある。

ただし、東条が認めたのはあくまで開戦時の首相という立場からくる形式上の責任であって、日本を無謀な戦争に突入させたことの実質的な責任を認めたわけでなさそうなことは、このあとの発言から明らかだ。「統帥権の観点からは、陸軍参謀総長と海軍軍令部総長が責任者だ。他の閣僚にも責任はあるが、私ほどではありません」

真珠湾攻撃については別の日の尋問でもこう述べている。

問　真珠湾や、同時に進められたマレー、香港、フィリピンなどへの攻撃作戦について、あなたはいつごろから知っていたのですか。

答　真珠湾攻撃については、十二月一日の御前会議の直前に開かれた大本営政府連絡会議の時から知っていた。他の作戦については、その連絡会議の五、六日前に知りました。

問　真珠湾のような攻撃作戦をきちんと実施するためには、数か月（の準備期間）が必要だったのではありませんか。

答　海軍の作戦だから私には分かりませんよ。

問　それをきちんと実行するのに、どれだけの期間がかかったか、知らないとでもいうのですか。

答　常識として意見を言うことはできる。しかし、法廷で海軍の問題について、そんな答えをしたくはないのですよ。首相として、陸相として責任は負っている。だが、そうした通常の常識的な答えをすることなどできませんよ。

問　では、首相兼陸相として何に責任があると言っているのですか。

答　この裁判で、事実に関して責任を負っている。しかし、海軍のことで常識的な答えをすることを、要求されてはいないはずですよ。

東条は、自分が責任逃れをしているとは、多分考えてはいなかっただろう。実際、大本営政府連絡会議や最高戦争指導会議といった国策決定のための会議は、あらかじめ書記や幹事といった課長クラスの実務家たちが用意した資料をもとに進められていたのが実態であり、そうやって下僚たちが作成した案が既成事実となって事態が進行していたのだろうから。

こうした「無責任の体系」の担い手として丸山は、「神輿」「役人」「無法者（浪人）」という三つの基本類型を描き出す。「神輿」は最上位にいるのだが、行動の端緒は最下位の右翼的な浪人たちであり、彼等が中位の、実際に権力を持っている役人に働きかけ、そこから最上位に漸次上昇していく。上から下へ、ではなく下から上へ。現代風にいえばトップダウンではなくボトムアップということになろうか。「神輿は単なるロボット」にすぎないというのが、丸山のいう「無責任の体系」の構造である。

下からの圧力を押さえ込もうとすれば、体系の上位にいる組織幹部がどれほどのエネルギーを必要としたかは、最終的に死をもってしか終戦の決断を陸軍内に受け入れさせることができなかった阿南陸相の、終戦詔書決定閣議における言動が悲劇的な形で物語っている。丸山がもし、終戦直後の時点で終戦詔書の原案類を目にすることができていたら、自説の正しさを裏付けるまたとない素材として、これらの史料を小躍りして活用していたに違いなかろう。

丸山はさらに、こうした下剋上のような無責任体制を生む背景として、古事記や日本書紀などの歴史的文献に表れた「政事（まつりごと）」という言葉を手がかりに、次のように「政治意識の執拗低音」を読み解いていく（「政事の構造」、『丸山眞男集』第12巻、岩波書店所収）。

政治はよく「まつりごと」と呼ばれる。そこで一般的には、政治の起源は「祭り」にあり、政治は祭事とイコールで、祭祀を司るものが神的権威のもとに支配するのが政治だ、と解されることが多い。ところが丸山は、江戸期の国学者・本居宣長に立脚して、これを否定する。まつりごととは「祭り」ではなく「奉仕事（まつりごと）」なのであって、「君」ではなく「臣」が君に奉仕することが「政事」なのだという。

ここからどんな結論が出てくるかというと、「正統性」と「決定」の分離であり、これこそが日本政治の特色だという見解だ。政治の舞台の最上位にいる「君」は正統の支配者だが実権はなく、下位にいる「臣」が「君」への奉仕として実務的な決定を行う。たとえば天皇制についていえば、天皇は西欧や中国などに見られた絶対君主と違って、下位の臣や卿が決定した献上事を受動的に「きこしめし」、それを正統性をもった決定として「しろしめす」存在だということになる。

「政事が『下から』定義されていることと、決定が臣下へ、またその臣下へと下降してゆく傾向とは無関係とは思われないのです。これは病理現象としては決定の無責任体制となり、よくいえば典型的な『独裁』体制の成立を困難にする要因でもあります」

丸山はまた、日本人の「歴史像の原型」として「なりゆき」と「いきほひ」という言葉に注目する（「日本政治思想史」、『丸山眞男講義録』第七冊、東京大学出版会所収）。宇宙万物の誕生神話などから読み取れる「なる」「うむ」という自然的時間観念は、永遠不変の「ある（有）」世界、あるいは滅びを運命とする「虚無（無）」の世界ではなく、「成り行く」世界であって、それをもたらすのが「いきほひ（勢）」である。「勢」は内から外への発露として主体的にとらえられる面と、時勢、情勢、世界の大勢というように、世の中の成り行きへの追随としても現れるが、どちらも多元的なものの中からの選択ではなく、自然的な傾斜という側面が強い。

上にも下にも責任の持って行き場がなく、物事は大勢の赴くまま、成り行きに従って流れてゆくという、日本政治の歴史的変遷の中に「執拗低音」のように繰り返し登場してくる一つのパターンが、「無責任の体系」というわけだ。

戦局が悪化の一途をたどる一方だったことを認める「日ニ非ニシテ」の原案を、自分たちの努力や意思とは無関係の、自然の推移であるかのような「必スシモ好転セス」という表現に改めてしまう。戦争終結の決断は、それが大義であるからという「義命ノ存スル所」に基づくのではなく、「時運ノ赴ク所」すなわち、やむをえずそうするにすぎないという文言に書き換えてしまう。私たちがこれまで見てきた終戦詔書の修正プロセスは、まるでそっくりそのまま、丸山の「なりゆき」と「いきほひ」の「無責任体制」を、パターン通りに実行したものだったかのように見えてくる。

それどころか、日米戦争にやがてつながっていく引き金となった二・二六事件を含めた昭和前期の日本政治の機能不全ぶりを見れば、それがまず民間の右翼思想家や少数の陸海軍若手将校たちの過激運動に始まり、政治家や軍幹部たちを巻き込んで次第に手に負えない事態に発展していったというプロセスも、下からの勢いに成り行きをまかせる無責任体制をなぞっていたといえそうだ。

丸山の分析の、胸のすくような切れ味のよさは、読む人を魅了してやまない。「無責任の体系」という彼の分析枠組みを使えば、現在にまで至る日本政治のさまざまな、だらしない現象がほとんどすべて、すっきりと説明をつけられるように見える。実際、今日でも丸山に依拠して、現代日本の政治の欠陥を、戦後日本の一貫した「無責任」「対米従属」体質の現れとして批判する著作物が少なくない。

しかし、あまりに切れ味が鮮やかで輝いて見えるために、その理論の当否の検証や、ほかに問うべき問題点の探求が、ともすれば忘れられがちにもなりかねない。

たとえば「政事」の語源とされる「まつりごと」の解釈だ。丸山は本居宣長説をもとに「まつりごと」

は「奉仕事」だとして、これが正統性と決定の分離を意味し、無責任体制の思想的基盤をなしていると主張するのだが、成沢光の『政治のことば』（講談社学術文庫）によると、「政」は古代の戸籍などの表記に「政戸」という言葉が使われていることなどから見て、「支配者が人民に課す何か、祖税や賦役など」を指し、それ自体では「奉仕事」とは読めないという。記紀でも君主を「政」の主体としている例が多く、政事はむしろ「君臣に通用するマツリゴト」だったと述べている。

成沢はさらに、この「治者と被治者との独特な相互依存関係」に着目して、「人が神に対してなす行為と、それに対応して、神が人に対してなす行為とが、同様に互酬関係として考えられていたこと」に日本の特色を見出している。祭と政は別々の事柄なのだが、それを訓読みでは「まつりごと」という同じ言葉で表現して連関関係に置くところに、「神人関係の特質が支配関係の特質を強く規定し続けた日本政治の歴史的構造の一側面が表われている」というのが成沢の見解である。

私には言語学的な判断を下すだけの知識はないが、少なくとも「まつりごと」を「奉仕事」であると決め付けて、「政事」の構造を「下が決定し、それを上が聞こし召す」という一本線で描き切るのはあくまで丸山の仮説でしかなく、実証的とはいえないように思える。ということはまた、日本政治の「無責任体制」と呼ばれる実態があるにしても、それは必ずしも「神輿は下僚のロボット」というような単線的で宿命的なものではなく、もう少し事実関係に踏み込んで分析する必要があるのではないか。

同じようなことは「いきほひ」についてもいえる。成沢は、「いきほひ」という言葉は「自然・人間・神々に内在する霊的・呪術的な事象としての特徴を多分に持っている。人は、力や徳あるいは法によるよりは、外なるイキホヒをシリ、身に帯びることによって、あるいはそれをハカリコト（権）やウツクシビと連携させることによって、より有効な支配を実現し得たのである」と述べる。丸山が指摘するような

「成り行き」まかせというイメージはここには見当たらない。となるとこれも、日本政治の「成り行き」や「時運」まかせの体質があるにしても、それを、「いきほひ」という言葉から説明することには無理があるということになる。

丸山が析出した日本政治の機能不全ぶり、つまり下剋上的な下僚たちの暴走や、それを傍観するだけの指導層の大勢順応主義といった実態は、それ自体としてはまことに的確な指摘である。しかし問題は、なぜそうした「無責任」の現象が起きるのかという点にある。丸山はそれを、日本政治の「歴史的古層」をなす「まつりごと」「いきほひ」という観念から導きだすのだが、そうではなくて時間的な経過の中での「政治の劣化」という変化の観点からとらえる必要があるように、私には思える。

丸山は、もとより歴史や時代の変化を鋭く意識しているのだが、主たる関心はそうした変化にではなく、むしろ逆に、「日本の思想の歴史的変遷のなかで繰り返し登場してくるパターン、政治意識の執拗低音」を見出すことに研究の重点を置いたのであって、それが「奉仕事」としての「まつりごと（政事）」であり、「なりゆく」ままの無責任政治ということであった。

日本政治の歴史の底流に、そうした無責任体質が流れていることは否定できないだろう。しかし、歴史のさまざまな局面において、それとはまったく違ったエネルギーに満ちた政治現象も少なからず起きている。丸山が「古層」と呼ぶ「繰り返し登場してくる」無責任のパターンは、登場しっぱなしなのではなく、登場しない局面があるからこそ「繰り返し」表面に現れる。となると、なぜそれは、政治の表舞台に登場したりしなかったりするのかが問われなければなるまい。その意味で私はむしろ、もう一つ別のパターン、「興隆―発展―成熟―劣化―崩壊」という、一種のサイクルめいた日本政治の変動プロセスについて考えてみたい。

安定期から変動期へ

20世紀後半30年間の首相官邸の主役たち

撮影：久保田富弘

国連25周年記念行事出席のため訪れたニューヨーク市のホテルで記者会見する佐藤栄作首相。右端は当時の読売新聞ワシントン支局長だった渡邉恒雄記者（現・読売新聞グループ本社会長・主筆）。1970年10月

日中国交正常化を成し遂げた田中角栄首相は衆院解散・総選挙に打って出た。人気は高かったが、結果はふるわなかった。1972年11月

フランスのランブイエ城で開かれた第1回先進国首脳会議（サミット）。日本からは三木武夫首相が出席した。1975年11月

福田赳夫首相は茶目っ気が多い人で、国民栄誉賞受賞のお礼に来た王貞治選手夫妻を前に一本足打法を披露。東京・野沢の私邸で。1977年12月

講演会場の控え室で内密に談笑する大平正芳首相。左は竹入義勝公明党委員長、右は佐々木良作民社党委員長。1979年秋

中国訪問中、北京市民と一緒に太極拳を楽しむ鈴木善幸首相。この時すでに再選出馬断念を決意していたのだろうか。1982年9月

後継候補とされる竹下登、安倍晋太郎、宮沢喜一の3人のニューリーダーを別荘（日の出山荘）に招いた中曽根康弘首相。1987年1月

宇野宗佑首相が日本文化に造詣が深いことをアピールしようと、海外向け広報用に茶の湯の場面を撮影したが、短命政権に終わってしまった。旧首相公邸の日本間で。1989年6月

訪米してブッシュ米大統領（父）の別荘（ケネバンクポート）近くの海でボートを楽しむ海部俊樹首相。1991年7月

宮沢喜一内閣の不信任案が自民党内の造反により反対少数で可決された衆院本会議。解散の結果、38年間の自民党単独政権が崩壊した。1993年6月

自民党に代わって政権の座についた細川護熙首相は清新なイメージで高支持率を記録した。訪米からの帰途、政府専用機内で。右は羽田孜外相、中央は鳩山由紀夫官房副長官。いずれものち首相になった。1994年2月

首相に就任した村山富市社会党委員長は「自衛隊合憲」に大きく政策転換し、相模湾上で海上自衛隊の観艦式に臨んだ。1994年10月

ロシア・東シベリアのクラスノヤルスクでエリツィン大統領と、釣った魚を焼きながら談笑する橋本龍太郎首相。この時は北方領土問題でかなり歩み寄りが見られたといわれる。1997 年 11 月

夏の高校野球全国大会で優勝した地元群馬、桐生第一高校の選手たちと官邸中庭（旧）で歓談する小渕恵三首相。1999 年 9 月

3

日本の政治がしばしば「無責任」としかいいようのない、だらしない姿を見せるのは紛れもない事実であるが、さりとてそれは、いつでも必ず、というものでもない。人物を見ても、歴史上、決断と実行力に富んだ偉人はいくらでもいる。幕末から近代にかけても、西郷隆盛や勝海舟はいうにおよばず、彼等から見れば「第二級」とされた伊藤博文や山県有朋ら明治の元勲たちも、いまの政治指導者たちに比べれば傑出した大人物たちだった。

戦後の首相に限ってみても、吉田茂、鳩山一郎、岸信介などは、当時さまざまな批判を浴びて評価もまちまちだったにせよ、人物の大きさは抜きん出ていた。戦後第二世代の池田勇人、佐藤栄作も、前者たちほどではないにしてもひとかどの人物だったし、その後の三角大福中と呼ばれた田中角栄、三木武夫、福田赳夫、大平正芳、中曽根康弘の世代も、先人たちに比べてひと回り小さく、また金権や怨念の権力闘争で国民をあきれさせたとはいえ、事に臨んで決断がつかずに右往左往したり、時勢にまかせるだけで自らの責任から逃げ回るような者はいなかった。

吉田は独立の回復と対米協調、軽武装・経済優先路線で日本の再建と繁栄に道を開き、鳩山は日ソ国交回復、岸は日米安保条約改定で、それぞれ戦後日本の対外関係を整備した。池田は所得倍増計画に象徴される経済の成長と生活水準の向上で実績を挙げ、佐藤は沖縄返還を実現した。田中は日中正常化を成し遂げたし、三木は「金権政治の打破」を掲げて自民党の体質改善に取り組んだ。福田は「内閣ソージ（掃除）大臣」を自称して、成田国際空港の開港など歴代政権がてこずっていた宿題に解決の道筋をつけた。

大平は消費税導入に果敢に取り組んで失敗、党内抗争の挙げ句に命を落としたが、田園都市構想など新しいビジョンに基づく政治手法を試みた。

中曽根は、レーガン米大統領との「ロン・ヤス関係」を構築して米ソ冷戦下の国際問題で日本の発言権を強化し、内政面では国鉄民営化を実現して行政改革に大きな成果を挙げた。竹下登あたりから政治が党内根回しや野党工作など内向きの、また技術的側面に傾斜しがちになり、加えてリクルート事件で政治の混乱を招いたが、それでも彼は大平と中曽根が取り組んで失敗した消費税導入にあえてチャレンジし、ついに実現にこぎつけた。「消費税反対」の大合唱の中、「辻立ちしてでも」と、自ら先頭に立って「言語明瞭、意味不明」を自称する巧みな説得工作を展開した結果だった。

彼らの業績は、あとで振り返ればどれも、なるべくしてなったかのように見えようが、どのケースを見ても、成り行きまかせで順調に進展したものなど一つもない。みな、厳しい環境の中で、あえて困難な課題に取り組むことを決断し、粘り強い努力によって目標にぶつかっていった。たとえば鳩山の日ソは、アメリカの強い反対を押し切って、また病身を押しての行動だった。岸は国内の空前の「アンポ反対」運動の中で、文字通り命がけで目的を達成した。騒乱状態のうちに退陣した岸のあとを引き継いだ池田は、本来は喧嘩早い性格なのだがそれを抑え、一転して「低姿勢」「寛容と忍耐」をスローガンに、世の中の空気を政治から経済重視へと切り替えることに成功した。経済成長は、努力と決意なしにひとりでに生まれたわけではなかったのである。

吉田は占領軍、それも実質的にはアメリカの権威と力に頼って政権の維持に成功したかのように思われがちだが、事実はまるで違う。

戦後間もないころから長く米政界の中枢で活躍し、第三七代大統領を務めたリチャード・ニクソンは、再選を果たしながらウォーターゲート事件で失脚するという起伏に富んだ政治経歴の持ち主だが、著書『指導者とは』（文春学藝ライブラリー）の中で、ウィンストン・チャーチル、シャルル・ドゴール、コンラート・アデナウアー、ニキタ・フルシチョフ、周恩来ら、第二次世界大戦後の世界の運命を担った偉大な指導者たちと並んで「マッカーサーと吉田茂」を取り上げ、「日本の復興は両人の協力の賜物であること、立法家としてのマッカーサーと執行者としての吉田のみごとなパートナーシップを通じて成就されたものであることを、断言し得る」と、吉田を第一級の人物として称賛している。

立法者と執行者という表現は、吉田がマッカーサーの命令の忠実な執行者だったかのように聞こえるが、ニクソンが強調したのはそういう意味ではなく、二人の役割の違いを述べたものだ。

「マッカーサーの高遠なビジョンがなければ、戦後日本の大改革はあり得なかった。だが、吉田が、慎重に細部にまで目を配らなければ、そうした改革はいたずらに日本を混乱させ、混沌に陥れていたに違いない」

実際、ニクソンによると吉田は、マッカーサーの命令を時にはたしなめ、時にはあからさまに楯突いて、占領軍の性急な改革を日本の現実に合うように調整しながら、自分の描く新しい日本の建設を進めていった。

たとえばこんなエピソードがある。一九四六年、吉田が第一次政権の組閣にあたろうとしていた当時、東京は米よこせデモが荒れ狂っていた。アメリカ本国では、「昨日の敵」だった日本に対して米陸軍の備蓄を放出することに反発する空気が強かったが、吉田は、マッカーサーが大量の食糧援助をしてくれない限り組閣を引き延ばすと伝え、マッカーサーが「自分が日本にいる限り一人の餓死者も出さない」と約束すると即日、組閣を完了した。マッカーサーはただちにワシントンに「パンを送るか、さもなければ（食糧デモ鎮圧のための）弾薬を送れ」と電報を打ち、米本国から食糧支援を取り付けて吉田との約束を守った。

連合国による日本占領で危うかったのは、ソ連による分割統治の構想だった。スターリンの指令を受けたソ連代表は、対日理事会の一員としてソ連軍の北海道への進駐を主張したが、マッカーサーは「ソ連がたとえ一兵たりとも日本の土を踏めば、お前を投獄するぞ」と脅して、彼の提案を拒否した。ソ連は一九四九年には日本共産党の平和革命方式を批判して、非合法・暴力路線を押し付けたが、マッカーサーと吉田は共産党幹部を追放してこれを防いだ。

その反共主義者の吉田に、一九五三年、ニクソンが訪日して日本共産党の非合法化を主張したところ、意外にも吉田は「共産党を非合法化すべきでない」と、拒否したという。

「一九四五年、あなたがたが進駐してきたとき、共産党はみな監獄にいました。それを出させたのは、あなたがたです。ところが、また放り込めと言う。命令されるほうがどんなに大変か、考えて下さい」

吉田は、幹部追放以上には共産党を深追いしたくなかったのだろう。そのころの日本はすでに戦後復興がフルスピードで進行中で、工業部門だけでなく農地改革によって農村の生産活動も活発化していた。選挙での共産党の得票も激減していた。必要以上に共産党を追い込めば、かえって混乱を広げかねない。反共の闘志ではあっても、同時に、戦後復興を順調に進めるには何が必要で何が無用なことかを、大局に立って冷静に判断する現実主義者でもあったと、ニクソンは吉田の判断に感嘆している。

「改革案の多くは戦後の日本の現実を無視していた。だれも占領軍への抵抗を敢てしなかったときに、吉田は日本の国益のため、過激すぎる改革案に対しては頑固に抵抗した。実は、これこそが、マッカーサーの占領を成功させた鍵であった」

一九五〇年に朝鮮戦争が勃発し、マッカーサーは日本占領軍の大半を戦場に送る一方、吉田に対して七万五〇〇〇〇人の警察予備隊の創設を指令した。吉田も自衛のための組織は当然としてただちにこれに応じたが、本格的な再軍備には強く抵抗した。トルーマン大統領はジョン・フォスター・ダレスを日本に派遣して再軍備を迫ったが、ニクソンによると吉田は「そんなこと、話になりません」と一蹴したという。

問題はアイゼンハワー政権に引き継がれ、ダレスが国務長官に就任してからも交渉は進まない。ニクソンが副大統領として一九五三年に訪日することになると、ダレスはニクソンに「日米双方の反応をためすため、東京でひとつアドバルーンを上げてくれないか」と、内々の依頼をしたという。そこでニクソンは東京で開かれた日米協会主催の昼食会で、次のような演説をした。

「(戦力の放棄を定めた憲法の)第九条は、われわれの善意の過誤でした。ソ連指導者の意図を読み違えたための過ちです。……われわれは、現下の情勢では、自由諸国による軍備放棄は必然的に戦争につながると考え、平和を欲し平和を信じるがゆえに、一九四六年以降も軍備に力を入れてきました。日本はじめ自由諸国も、防衛責任を分担すべきだと信じます」

アメリカの過ちを率直に認めて日本に再軍備を促したわけだが、吉田は「丁重な態度で応じたが、何の約束も与えず、その態度は一九五四年の彼の引退まで一貫して変わらなかった」と、ニクソンは回想している。

「私は、日本がもっと積極的に防衛力を分担すべきだと思う。しかし、だからといって、それを拒否した吉田を責める者ではない。外交政策の衝にある者の評価さるべき基準の一つは、可能なかぎり少ないコストで最大の国益を確保することにあると私は考える。この尺度をもってすれば、吉田の行動はみごとと言うほかない」

ニクソンは、吉田はこの点で「政治的に危険な橋を渡った」と見る。大規模な再軍備に反対しながら自衛隊を創設したことで、平和主義政策をとれば稼げたであろうポイントを失い、同時に、日本の防衛をアメリカに委任したことで、再軍備を唱える右翼からも批判され、「右翼と反米左翼の双方から挟撃」される形になったからだが、その吉田の決断をニクソンはこう称える。

「吉田は、日本が外敵に備えなければならないのを知っていた点で、現実的だった。また、日本独力では防衛コストを負担しきれないと読んでいた点で、現実的だった。しかも、アメリカがそのコストを負担してくれると読みきった点でまことに賢明だった」

吉田自身は、この政策選択について、著書『回想十年』（新潮社、一九五七年、中公文庫、二〇一五年）の中でこう説明している。

「日米安全保障条約は、わが国が膝を屈してアメリカに求めたものでもなければ、アメリカより無理押しに押しつけたものでもない。自然の順序として両国利害の一致点に生まれたもので、自由陣営の世界的安全保障の一環として、対共防衛組織のなかに日本が加入したものである」

日米安保体制を対米従属と非難する人々に対して吉田は、「現今の国際情勢を知らず、国防の近代的意義を解せぬもの、いわゆる『井底の蛙、天下の大なるを知らぬ輩』と評するほかはない。今日いずれの国に独力をもって国防を支え得る国ありや」と反論し、「国防を米軍に託することは、……両国それぞれのためであり、世界平和のためでもある」と、その意義を強調している。

とくに注目されるのは、「世間では通常、国際共産主義の脅威に対して備えるのが日米共同防衛体制の目的であると考えられている」ことについて、日米安保体制の意義はそれだけではないとして、「日本を外部から窺う武力の脅威は、必ずしも共産侵略ばかりではない。……一衣帯水の地にある韓国が、その武力を背景に、わが離島や出漁船舶に対して非行をあえてしている」事実に言及し、次のように述べていることだ。

「韓国は早くからわが対馬に対する領土権を主張している。すでに島根県の竹島を占領している韓国が、対馬にその手を伸ばさぬ保証はない。もし保証ありとすれば、日米共同防衛体制の発揮する無言の威力のみであろう」

「さらに南西諸島、とくに琉球に対する宗主権を主張する台北政府の意思もまた、早くから明らかにされている。……米軍駐留の事実を別にしては、敗戦国日本に対して、とくに的確に（日本領土の安全が）保証されていることではない」

「極言することが許されるならば、日本は北から南西にかけて、いわば武力の脅威によって取り囲まれている。俗な言葉でいえば、日本は狙われているのである。……自ら戦力をもたずして、その国土の安全を図る途は、理解あり好意ある大国の直接の保護を受ける現在の行き方のほかには、到底考えられない。私は今日でもかく確信するものである」

吉田がこう書いたのは一九五七年のことである。冷戦下、日本に対するソ連の脅威が現実感をもって語られていた時点にあって、半世紀以上も遠い未来、冷戦崩壊後の時代の、韓国による竹島実効支配の強化、そして中国による尖閣諸島奪取をめざした軍事的圧力の拡大という、現代日本が直面しているかつてない危機的状態を見通していたかのように、鋭い警告を発していたのだった。その戦略的思考の射程の長さと国際感覚の鋭さに驚かされるとともに、改めて、昨今の政治指導者たちのお粗末さとの落差の大きさに、暗然たる思いを禁じえなくなる。

外交面での近年の大失敗を象徴する事例の一つが、尖閣諸島を含む東シナ海の問題である。二〇〇九年の衆院選で大勝し、政権交代を実現した民主党の鳩山由紀夫首相が最初に打ち出したのが、「東シナ海を友好と連帯の海に」という呼びかけと、「東アジア共同体構想」の提唱だった。尖閣の領有権や海洋資源をめぐる対立を乗り越え、日中両国はヨーロッパの欧州共同体のような東アジア共同体作りに協力し合うべきだ、という主張だ。

就任後初の臨時国会における所信表明演説で、鳩山は「国政の転換」と「戦後行政の大掃除」を宣言し、自民党長期政権が展開してきた政策を全面的に見直す方針を明らかにしたうえ、アジア・太平洋地域に関する外交政策について、次のように述べた。

「日本はアジア太平洋地域に位置する海洋国家です。……二度と再び日本を取り巻く海を『争いの海』にしてはいけません。友好と連帯の『実りの海』であり続けるための努力を続けることが大切です。……その基盤となるのは、緊密かつ対等な日米同盟であります」

さらに、東アジア地域が歴史的、文化的な交流を通じて多くの共通点を持っていることを強調し、イデオロギーや政治体制の相違はあっても「いのちと文化の領域での協力を充実させ、他の地域に開かれた、透明性の高い協力体としての東アジア共同体構想を推進してまいりたい」と語った。

東シナ海を「友好と連帯の海」にして、「緊密で対等な日米同盟」を基盤とする「東アジア共同体」を築こうという提唱は、願望としてはまことに結構なように聞こえる。実際、鳩山政権誕生を機に、一部の評論家やジャーナリスト、外交当局者たちが一斉に、この「東アジア共同体構想」を称賛し、「日米中正三角形論」を唱え始めた。日本はいまこそ、戦後六〇年以上におよぶ「対米追従外交」を改め、日米中の三国がそれぞれ等距離の関係に立つ、新しい友好の時代を構築しようという考えだ。鳩山が日米関係について、あえて「緊密」だけでなく「対等な」という形容詞を使ったのも、現在の日米が対等ではなく「対米従属」の関係にあるという、戦後の体制批判イデオロギーに基づいてのことだろう。

友好も連帯も、相手あっての話だ。鳩山のアピールがどれほど国際情勢に無知な空論だったかは、一年もたたないうちに中国側の暴力的な行動によって証明されることになる。

二〇一〇年九月七日午前、尖閣諸島沖の日本領海内で、中国のトロール漁船が違法操業していたのを日本の海上保安庁の巡視船が発見し、退去命令を出した。ところが漁船は逆に、これを無視して巡視船二隻に体当たりしてきた。このため巡視船は漁船に強制接舷して停船させ、公務執行妨害で漁船の船長と乗組員の身柄を拘束、石垣島に回航して取調べを始めた。

それまでにも中国漁船の日本の領海侵犯は何度もあり、二〇〇四年の小泉政権時代には中国人活動家七人が魚釣島に上陸する事件があった。この時は、沖縄県警が出入国管理の観点から逮捕したうえ、送検はせずに強制送還で決着させたが、今回は巡視船に体当たりというかつてないケースであることから、日本政府は事件発生翌日の八日未明に船長を公務執行妨害容疑で逮捕、ほかの乗組員は釈放して中国のチャーター機で帰国させる措置をとった。

逮捕を強く主張したのは海上保安庁を所管する国土交通相・前原誠司で、事件の悪質性から見て船長らの逮捕が当然と判断したという。外国訪問中の外相・岡田克也も「逮捕しないという選択肢はない」という意見を示したことから、首相官邸で仙石由人官房長官を中心に関係閣僚が協議した結果、逮捕に踏み切った。菅直人首相もこれを当然のこととして了承した。

ここまではよかった。海上保安庁が前年二月、自民党の麻生政権当時に作成したマニュアルでは、外国船舶が領海内で違法操業などをした場合、漁業法に基づいて停船を命じて立ち入り検査を行い、拒否して逃走した場合は船長らを逮捕することになっていた。状況によっては逮捕せずに領海外への退去命令で処理することも認められていたが、この巡視船への体当たり事件は漁業法の操業違反ではなく公務執行妨害事件であり、その悪質性から見て逮捕は当然だったといえよう。

ところが政府は、中国側から抗議を受けると、日に日に動揺を深めていく。中国人船長が罪状を認めれば略式起訴による早期釈放という処理もありえたが、船長は中国大使館員との接見後、供述調書などへの署名を拒んだため、まず一〇日間の拘留のあと、一九日にはさらに一〇日間の拘置延長を決めざるをえなくなった。これに対して中国の対抗措置もエスカレートする。日中間の閣僚級の往来や文化交流の中止に加え、二三日には中国・河北省石家荘で、旧日本軍が遺棄した化学兵器の処理に従事していた日本の従業員四人を、「立ち入り禁止の軍事管理地域を撮影した」という容疑で拘束した。

加えて中国は、日本向けレアアース（希土類）の輸出を停止するという行動に出た。このこと自体、世界貿易機関（WTO）の協定に違反する行為だが、中国は、この時の日本政府の反応からレアアース輸出規制の威嚇効果の大きさに自信を深め、のちに規制対象を欧米にも広げることになる。これに対抗して日米欧は、結束してWTOに紛争処理を提訴、二〇一四年三月にはWTOが日米欧の主張を認めて中国に是正を求める決定を下す事態となった。

レアアース問題はこのように、かえって国際秩序を無視する中国の姿を浮き彫りにする結果をもたらしたわけだが、二〇一〇年当時の日本政府は、予想を超えた中国政府の強硬姿勢に腰砕けとなり、翌二四日には一転して船長を釈放する決定を下した。しかも、決定は那覇地方検察庁の「日本国民への影響や今後の日中関係を考慮して」という判断に基づいて、処分保留のままの釈放という前代未聞のやり方によって、であった。

司法当局が捜査にあたって外交的、政治的判断を優先するなどということは、本来あってはならない異常事態である。官房長官の仙石由人は「あくまで司法当局の判断だ」と強調したが、那覇地検は事前に外務省から意見を聞き、また最高検察庁、福岡高等検察庁とも協議して決定したという経過から見ても、那覇地検の一検事の判断でないことは明らかである。政府が政治判断で容疑者を釈放させたとなると、「指揮権発動」という批判を浴びると心配したためと見られるが、中国の威嚇に驚いて捜査を中断させ、そのうえ「検察の政治判断」に責任を押し付けるなど、責任転嫁ここに極まれりという無責任ぶりをさらけだしてしまった。

それだけではない。政府は、中国漁船の巡視船への体当たりの模様を撮影した海保のビデオテープを公開しないよう、海保に命じた。表向きは「重要な証拠資料であり、捜査途中で公開するのは不適当」という理屈だったが、中国側を刺激したくないという政治判断が働いたことは想像に難くない。

ちょうどこの頃、私はこの問題を取り仕切っている政府高官と懇談する機会があった。ビデオを公開するかどうかで政府の対応が揺れていた時期だったので、私は「ビデオは公開した方がいいのではないか」と言った。日本は中国側の圧力に対して力ずくで対抗するわけにいかないが、そうかといって、ことは領土・領海という国家主権に関わる重大事件である。脅されて泣き寝入りするなどという事態はあってはならない。とすれば、国際常識に反する中国側の行動の実態を世界に公開し、国際世論に訴えて中国の方針転換を迫るしかない。それには中国漁船の無法ぶりを一目瞭然で物語るビデオを公開するのが一番効果的ではないか、というのが私の意見だった。

高官も「私もそう思います」と、その時大きくうなずいた。ところがその二日後、政府は、この高官を含めた協議の結果、「ビデオは公開禁止」と決めてしまった。一体、何があったのか。

『民主党政権　失敗の検証』（日本再建イニシアティブ、中公新書）は、仙石の依頼で密使として訪中した細野豪志に対して中国の戴秉国（たいへいこく）・国務委員が、漁船衝突の際のビデオを公開しないことを要求したとされる当時の報道などを紹介し、「日中関係をどのように打開するか、その際にいかなる合意によって互いの妥協を図るかは、この時点ではきわめてインフォーマルな交渉ラインに頼らざるをえなかった」と述べて、中国側との間で不透明なやりとりがあったことを示唆している。

問題のビデオはしかし、こうした政府の方針に反発した海保の職員が、ネットカフェから動画サイトに投稿するという内部告発的な行動によって、あっさりと公開されてしまった。巡視船が体当たりの現場を撮影したビデオは、政府が公開を禁止するより前に早くから、海保内の情報システムを通じて各管区に参考情報として流され、庁内では当然のこととして公開資料扱いになっていたのだった。

隠す必要がなく、また隠すべきでもないビデオを非公開にしたり、外国の圧力で司法の判断を歪め、そのうえそれを「司法当局の判断だ」と責任を司法当局に転嫁する日本政府の見当はずれの行動が、中国側に対して、「日本側がどの程度の圧力で屈するかを測る指標となったことは想像に難くない。これは中国側には、恫喝によって日本側の妥協を生み出した外交的勝利として記憶されることになる」と、『民主党政権　失敗の検証』は総括している。

事実、この事件を境に尖閣をめぐる中国側の行動は横暴の度合いを強めていく。漁船の違法操業どころか中国公船の日本領海内および接続水域でのひんぱんな航行、潜水艦の活発な活動、さらに二〇一三年になると中国艦が東シナ海で自衛艦に火器管制レーダーを照射する事件、尖閣を含む海域まで拡大した中国の「防空識別圏」の設定など、公然たる軍事圧力を次々とエスカレートさせている。この間、民主党政権時代には、石原慎太郎・東京都知事（当時）の「都有化」工作と、これを防ごうとする野田佳彦政権による「国有化」の閣議決定、また自民党政権になってからの安部晋三首相の靖国神社参拝があり、一方、中国側では胡錦濤政権から習近平政権への政権交代といった新たな動きがあって、これらが相互に絡まりあって緊張を一段と激化させる展開となった。

尖閣の都有化も国有化も、もともと日本の領土である尖閣の土地を地権者である民間人から都あるいは国が買い上げるというもので、国内における所有権の移転にすぎない。何ら中国から文句をつけられる筋合いではないのだが、漁船体当たり事件の処理をめぐる日本政府の失態が、かねて尖閣の領有を狙っていた中国側に、公然と領土権を主張する口火を切らせてしまったともいえる。

事件をこのように深刻化させてしまった民主党政権の失態は明らかだが、責任という点では民主党だけの問題ではないと、私は思う。

尖閣諸島をめぐっては、一九七二年の日中国交正常化交渉の過程で当時の田中角栄首相が周恩来首相と会談した際、田中が周に尖閣についての見解を質し、周が「その問題には触れたくない」と答えるエピソードがあり、かねて両国間で微妙な案件となっていた。田中・周のやりとりの背景には、尖閣を含む周辺海域に石油など海洋資源が豊富にあるという一九六九年の国連の調査報告以後、それまで日本の領有に異論を唱えていなかった中国が、台湾に続いて関心を示し始めたという事情があった。福田赳夫首相による七八年の日中平和友好条約締結の直前には、中国漁船が大挙して尖閣諸島の領海に侵入する事態ともなった。

この時は、来日した鄧小平副首相（当時）が「次の世代の知恵に委ねたい」と述べて、問題の棚上げを示唆したため、その後は表立った混乱は長い間見られなかった。ところが一九九二年になると、中国は尖閣を「中国の領土」と明記する領海法を制定し、一方的に領土権を主張し始めた。日本側は、尖閣はもともと日本の領土で他国と領有権を争う余地のない問題だという理由から「領土問題は存在しない」という立場を取り、この問題での論争を回避する姿勢をとり続けていたが、そうしているうちに一九九六年には、中国側が日中の中間線付近の海域でガス田の開発に着手したことが明らかになった。

中国が海洋権益を狙って攻勢をかけてくる恐れが強いことは、これ以前からも国会の質疑で取り上げられていたが、『検証　国家戦略なき日本』（読売新聞政治部、新潮社）によると、当時の村山富市首相の自民・社会・さきがけ連立政権は「日中関係の重要性にかんがみれば、両国は静かに理性的な話し合いを行う必要があると思う」（河野洋平外相、当時）と繰り返すだけで、ことさら問題視しない姿勢を取っていた。九八年には中国が本格的な原油・天然ガス田の操業を始めたが、それでも当時の小渕恵三内閣は「外交ルートを通じて、中国側からは近く撤退すると聞いている」（池田行彦外相、当時）と、事態を楽観していた。

こんなありさまだから、二〇〇四年に北京で開かれた日中外交当局の局長級会談で、中国側が「係争水域」の一方的な解釈を主張するのに対して日本側が激しく反論を繰り返しても、中国側から「これまで言ってこなかったじゃないか」と、冷ややかに突き放されるだけに終わってしまったという。

その後、自民党内や一部閣僚の間からは、中国側の強硬姿勢に対抗して日本側でもガス田の開発に乗り出すべきだという意見が出たものの、「あそこでガス田を開発しても、コストばかりかかって利益が出ない」というコスト論などもあってか、独自開発構想は見送りになってしまった。二〇〇八年には福田康夫内閣のもとでガス田の「共同開発」に合意し、ひとまず収拾した格好にはなったが、合意内容を具体化する条約交渉は進展せず、以後、中国によるガス田開発は既成事実化の一途をたどっているのが現状だ。

いたずらにことを荒立てるのではなく、友好関係を損ねないよう慎重に配慮することが必要だ、というのは一般論として間違ってはいない。しかし、国家の主権に関わる侵害行為に対しては、その時その場でそのつど、きちんと反撃をしなければ、相手国に既成事実化の口実や「押せば引っ込む」という誤解を与え、取り返しのつかないことになる。尖閣を含む東シナ海問題はその悪しき典型例である。

幕末の文久年間の頃（一八六〇年代）、対馬にロシアの軍艦がやってきて、「修繕」と称して乗組員が上陸し、兵舎を建てたり島の測量を始めた。対馬藩の役人が抗議に出向くとポンプで海水を浴びせて妨害し、何度掛け合ってもいうことをきかない。ようやく引き揚げたと思うと、また別の軍艦が乗り込んできて、道を開いたり畑を作ったりと、次々に「実効支配」の既成事実化の動きを強める。そんなことを繰り返しているうち、ロシア側は「いずれフランスが島を占領にくるだろうから、我々が大砲五十丁を据え付けてあげよう」と言い出す。

この事態を聞いて、幕府の勝海舟が乗り出す。かねて親交があった長崎駐在の英国公使に内密に事情を話し、彼を通じて北京駐在英国公使にロシア側との談判を依頼する。これを受けて北京では、英国公使がロシア側の不条理を厳しく追及し、ついにロシア側を対馬から撤退させることに成功した。

「外交家の秘訣（ひけつ）は、彼をもって彼を制するということがある」「もしも当時の勢いで、日本が正面から単独でロシアへ談判したものなら、ロシアはなかなか〝うん〟とは承知しなかったであろうよ。仮りにそのとき談判が調わずに、対馬が今日ロシアの占領地になっていると思ってごらん。極東の海上権は、とても今のように日本の手で握ることはできないであろう」

「つまり外交上のことは、公法学も何もいったものではない。ただただ一片の至誠と、断乎（だんこ）たる決心とをもって、上ご一人を奉戴（ほうたい）して、四千余万の同胞が一致協力してやれば、なあに国際問題などは<ruby>へ</ruby>でもないのさ」（『氷川清話』角川文庫）

断固たる決意といっても、一本調子の軍事対決とは限らない。知恵と工夫で、戦わずして問題を解決するのが外交である。しかし、知恵も工夫も、国家を背負っての「断固たる決意」があってこそ湧いてくる。友好の名のもとになすべき決断をなさず、既成事実の進行を「時運の赴く」まま傍観する現代政治の無責任な対応の裏には、その、国家を背負って立つという指導者としての自覚や責任感の希薄さを感じざるをえない。少なくとも指導者は、直面している問題が日本という国にとってどのような意味を持ち、どのような影響を与えるのか、自分のなす行動や、あるいは行動しない不作為が、国家にとってどのような結果をもたらすのかを、大局に立って判断しなければならない。

時代が新しくなれば政治も進化するだろうなどという考えは、何の根拠もない。むしろ、ここまで私たちが見てきたのは、政治の運営も政治家自身も、過去の時代よりも劣化しているとしか思えない現実である。もちろん今も、立派な人物や個性豊かな政治家は少なくないけれども、近年の大きな政治的出来事を全体として眺めた場合、政治の担い手たちの力量の低下は、否定しがたい。歴史には、進歩もあるが退歩もある。上昇も衰退もあるのだ。とすれば一体、何が劣化や衰退をもたらすのだろうか。

4

終戦詔書案の「義命ノ存スル所」が閣議の場で「時運ノ赴ク所」に修正されたことについて、安岡正篤が迫水久常に対し、「近ごろの政治には、理想がなく、筋道がなく、まったく行き当りばったりのようだが、それはあなたが（問題の部分を）訂正したからですよ」と苦情を述べたのは、一九六〇年代初めのことだった。

安岡は、終戦詔書は「新日本建設の基礎」となるべきものと考えて、一九四五年八月一五日の終戦の決断が「万世ノ為ニ太平ヲ開ク」という「大義」に根ざしたものであることを強調するため、詔書草案に「義命」の一語を書き入れたのだった。ところが閣僚たちから「義命などという言葉は聞いたことがない」と軽くあしらわれ、こともあろうに大義とは正反対の、時の運びで仕方なくそうなってしまった、という意味合いの「時運」に書き換えられてしまったのだった。

「これでこの詔書は重大な欠陥を持つことになってしまって千載の恨事だ。学問のない人たちにはかないません」「あれでは終戦そのものが意義を失ってしまった。その以後の政治が行き当たりばったりなのは、そのせいで、あなたは責任を感じなくてはいけません」

そう嘆いた安岡の目には、戦後十数年をへた時点での日本の政治のありようが、「理想も筋道もない、行き当たりばったり」と映っていたのだろう。しかし、今日の私たちから見れば、当時の政治指導者たちはそれでもまだ、今に比べればよほどしっかりしていたと思える。安岡の嘆きからさらに半世紀をへた現代の政治状況こそ、彼が警告した通りの行き当たりばったり、理想も筋道もない、「時運」まかせの政治に見える。

人によっては、「いつの時代でも、先人たちは『昔はよかったのに』と言いたがるものだ」と達観したようなコメントをすることがあるが、現実に近年の政治の機能不全ぶりが往時とは比較にならないほど深刻な状態にあることは、前述した東シナ海の問題への対応を見ても明らかだろう。それだけではない。二〇一一年三月一一日の東日本大震災に伴う福島第一原発事故は、劣化した政治が日本社会全体を危機に陥れた最悪のケースとして、反省をもって長く記憶されるべき重大事件であった。

死者・行方不明者合わせて一万八五〇〇人にのぼった東日本大震災。発生から三年をへた二〇一四年三月一一日の時点でなお、二七万人が避難生活を強いられ、うち一〇万人は依然としてプレハブの仮設住宅で暮らす毎日だ。震災関連死もふえ続けている。

巨大地震と空前の大津波。「想定外の自然災害」だったには違いないが、私には、少なくとも福島第一原発に関する限り、天災というより人災ではなかったかという思いをぬぐえない。

直接被害に巻き込まれた人やその関係者だけでなく、友人、知人、仕事の関係先の災難、あるいはまた停電や交通・通信の途絶などで難儀を味わった人を含めれば、「震災の体験者」は国民の相当部分に上るのではないか。その意味では、新聞報道という立場から事態の推移に携わった私も、その間接的体験者の一人かもしれない。

三月一一日午後二時四六分。私は社外の有識者らを招いての会議に出席していた。それまで経験したことのないような激震が突然襲ってきた。幸い社内は壁にヒビが入る程度で重大な被害は生じなかったが、震源地の東北を中心にかなりの大きな被害が出ていることは容易に推定できた。すぐに会議を中断して社外の来客たちを無事に送り出してから、ただちに編集局のフロアに駆けつけた。東京本社社長・編集主幹という職にあった私のやるべきことは、まず、新聞を間違いなく発行し、読者に届けることであり、そのためには取材・報道の態勢だけでなく、各地に分散配置している印刷拠点の機能や輸送の状況などを確認することが急務だった。

新聞社には、取材・報道の編集局、印刷・輸送関係の製作局、配達など読者対応の販売局というようにいくつもの局があり、ふだんは各局ごとに仕事をしているが、大事件、大事故となると各局横断的な調整が必要となる。その場合、事件・事故の現場状況はもちろん、社内各局の課題を含めて情報が一番集まりやすいのが編集局だ。そこで編集局に対策本部を置いて状況の把握に努めたわけで、同時に緊急の役員会を開き、全社的な協力体制を固めた。

印刷工場の損傷など、次々と被害情報が入ってくる。一刻の猶予もできない緊迫した状況だったが、その時私はこう言った。

「臨機応変、必要な措置をとってほしいが、面倒でもそのつど、それを必ず記録に残してもらいたい。忙しい時にそんな暇はないと思うかもしれないが、あとできっと貴重な参考資料になり、将来の役に立つ」

一九九五年一月の阪神大震災の際、読売新聞大阪本社では、発生時から一定期間までの社内各局の行動記録を、のちに一冊の資料集にまとめていた。二〇〇一年に大阪本社に赴任した私はそれを読んで、大混乱の中で各部門がどんな難題に直面し、どうやってそれを乗り越えたかを知ることができた。

事件や事故の発生直後は、だれでも自分がどう行動したかは当然ながら鮮明に覚えている。ところが数年も立てば記憶は薄れるし、また人事異動などで担当部署が変わると、前任者がどうやったのか、後任者にはわからなくなる。まったく同じ事件や事故が起きるわけではないにしても、何年かのちに似たような事態があった場合、あの時はどうしたのだろうか、何をヒントにあの工夫をしたのか、といった「あの時の知恵」が手元にあれば、それを参考にして新しい状況にマッチした新しい対策も生まれやすい。

現実に私は阪神大震災の記録をその後の災害や事件の取材・報道に役立てる経験をしたことがあったので、とっさにそのことを思い出したのだった。さぞみんな嫌がるだろうと思いながらの指示だったが、各局各部署のスタッフはあの大混乱の中でしっかりと、それぞれの体験を記録に残し、それから一年以上たったあと、東日本大震災・福島原発の社内記録集は完成した。

自分の社内のこんな内輪話をここで紹介したのは、あの大災害に際して、全責任を背負って取り組むべき菅直人内閣が、なんと一片の記録も作成せず、だれが、いつ、どのように行動したのかがまったくわからない状態にあったことが、事態の推移とともに明らかになって、あぜんとさせられたからである。地震、津波、そしてなかんずく原発の未曾有の被害を増幅させた原因はどこにあり、だれが責任を負うべきなのかが社会的にも大問題となり、のちに民間団体、内閣、国会がそれぞれ調査委員会を設置して究明に乗り出したが、たしかな記録がほとんど存在しない。検証は、菅をはじめ当時の政府関係者、東京電力の関係者らの、いずれも聞き取り調査によるほかなく、しかも互いに証言が食い違って、確実なことが今もってわからないありさまなのだ。

これほど無責任な内閣だったとは、しかし、地震発生直後には想像もしていなかった。役員会を終えて編集局に戻ると、テレビの画面が太平洋三陸沿岸の大津波襲来を映し始めていた。車も家も人も、次々に押し流されていく。目を覆いたくなるような惨状である。やがて大火災の発生、停電や建物被害に伴う工場の停止、物流の中断、金融機関の混乱など経済活動の麻痺、交通の途絶と、首都圏も巻き込んで混乱が広がっていく。

原発はどうなっているのか。電力関係者がかねて「飛行機が落ちたとしても衝撃に耐えられる」と胸を張っていた原発は、この巨大地震でどんな状態にあるのだろうか。

地震発生直後の情報では、建物の外観に目立った異常は見られず、原子炉は自動停止となったが非常用電源で対応できるという話だった。それがやがて、津波の影響で地下の設備が動かなくなり、「全電源喪失」という非常事態に陥ったという情報に変わる。さあ大変だ。八時間以内に電源を回復して冷却装置を稼動し、核燃料棒を冷却しないと炉心の溶融、メルトダウンというとんでもない事態になるという。

取材に対して東京電力側は、「非常用電源車が数台、現地に向かいつつあるから間に合うはずです」という回答だったが、深夜になっても電源車は一台も到着しない。どうしたのだろう。再度の取材に、今度は「東北自動車道が不通。一般道路も大渋滞で、まったく動きが取れない状態」だという。そこで私は驚いた。ふつうであればこんな緊急事態の時は、各省庁の担当者が集まってただちに対応策を協議する。交通渋滞でも緊急車両は優先させ、何がなんでも電源回復に全力をあげるだろう。政府は一体、何をしているのだ。

いろいろ現場に取材させても、政府が何をしているのか、さっぱり要領を得ない。全電源喪失に関しても、あとで聞けば現地では、地震発生約一時間後の午後三時四二分に、原子力災害対策特別措置法第一〇条に基づいて「緊急事態に発展する可能性がある」ことを国に通報し、その一〇分後には同法第一五条に基づく「緊急事態」を通報していた。それなのに、菅首相が「原子力緊急事態宣言」を発令したのは午後七時〇三分、福島第一原発から「半径三キロ圏内」に対して避難指示が出たのは午後九時二三分と、信じられないような大幅な遅れだ。全電源喪失が津波襲来直後に始まっていたとすれば、日付が変わる前に、もうすでに炉心の溶融が始まっているかもしれない。

私が政府の対応の異常さに気づいたのは、これがきっかけだった。のちに民間、内閣、国会の三つの調査委員会が作られ、当時の状況の検証が行われたが、三委員会ともまず、事故発生当時の現地工場の実情とともに、この初期段階の政府の動きを問題として取り上げ、検証している。

原子力災害が発生した場合の政府のマニュアルによれば、まず緊急事態に対処する対策本部を官邸に設置し、情報の集約、首相への報告、政府全体の総合調整などを集中的に行う「官邸対策室」を官邸地下にある危機管理センターに置く。対策室には各省庁の局長級幹部が参集することになっていて、このメンバーを「緊急参集チーム」と呼び、迅速・的確に意思決定ができるよう、機動的な意見調整を行うことになっている。

実際はどうだったのか。たしかに官邸対策室は作られ、緊急参集チームも集まっていた。午後三時ごろ、官邸にいた福山哲郎官房副長官と、国会に出席していた枝野幸男官房長官が、その五分後には菅首相と松本龍防災担当相が、それぞれ地下の危機管理センターに到着し、災害対策基本法に基づく緊急対策本部が午後三時一四分に設置された。

センターには一〇面ほどのモニターがあり、震災の模様を伝えるテレビ画像が映し出されている。国土交通省、気象庁、警察、防衛省など関係機関からは次々に情報が入る。緊急参集チームは二〇人ほどだったが、役所との連絡要員などの部下たちが各ブースに分かれて後ろに控えている。体制は一応、マニュアル通りに整っていた。

しかし、センター内は一〇〇人を超す人間がひしめき合う状態。だれが何をしているのか、だれが取りまとめ役なのかも判然としない。民間の「福島原発事故独立検証委員会」の報告書は、「かつての証券取引所の場立ちを思わせる大変な喧騒状態であった」と、その光景を描写している。

この状態では打ち合わせもできないと、菅らは考えたのだろう。菅、枝野、海江田万里（経済産業相）ら政治家六人は、寺坂信昭原子力安全・保安院長、班目春樹原子力安全委員長とともに中二階の別室、さらに官邸五階の首相執務室の隣部屋に移り、東京電力の武黒一郎フェローが加わって、以後、ここに閉じこもって協議が続けられることになった。ここでは菅が班目や寺坂、武黒に細かい質問を繰り返す。

国会が設置した「国会事故調」の報告書によると菅はここで、「なぜこんなことになったのか」「予備のバッテリーがあるはずだ」「本当に全ての可能性がないのか」「これは大変なことだよ」などとたたみかけ、海江田や保安院幹部が「まず法律に基づいて緊急事態宣言を出してください」と訴えても納得しない。午後六時一二分には菅が与野党党首会談に出席するため席をはずし、戻ってくるまで手続きは中断となってしまった。緊急事態宣言が午後七時〇三分まで遅れたのはこのためだった。

それにしてもなぜもっと、官僚や東電の幹部たちを組織的に動かす工夫をしなかったのか。一一日夜、中二階に移った時に最初にやろうとしたのは電源車の手配だったが、「電源車につなぐコードがなくて役に立たない」などの報告が入ってきて、「東京電力に対する不信がそのころから始まった」と、枝野は民間事故調の調査に答えている。政府に負けず劣らず東電の対応も、のちに述べるようにお粗末の極みだったのだ。

菅に危機意識がなかったわけではない。それどころか、危機感は十分すぎるほどあったようだ。だからなのだろうが、一二日未明、菅は突然、「現地に行く」と言い出した。大混乱の真っ只中だ。みんな死にもの狂いで応急措置に駆け回っている時に、総理大臣が乗り込んでいったら、現場の混乱にさらに輪をかけることになる。さすがに枝野は「絶対にあとから政治的な批判をされる」と反対したが、菅は「政治的にあとから非難されるかどうかと、この局面でちゃんと原発を何とかコントロールできるのとどっちが大事なんだ」と言い返し、枝野も結局、「わかっているならどうぞ」と、突き放したように答えるしかなかったという。

三月一二日午前六時一四分、菅はヘリコプターで官邸屋上から飛び立った。機内で班目は菅に対していろいろ懸念を伝えようとしたが、菅は「俺の質問にだけ答えろ」と意見を封じてしまう。午前七時一一分に現地に到着すると、菅は出迎えた武藤栄東電副社長を「なぜベントをやらないのか」と叱りつけ、武藤がベントが困難な事情を説明しようとすると「そんな言い訳を聞くために来たんじゃない」と怒鳴ったと、民間事故調の報告書にある。

危機意識が旺盛なのはいいが、それを解決策につなげてこそ指導者である。菅にはそれがわからない。わめくだけで、解決どころか事態をこじらせる一方である。

菅が官邸に戻って野党との党首会談を行っているさなかの一二日午後三時三六分、一号機で爆発が起きた。炉心に水を入れることが先決だ。海江田は午後五時五五分に海水注入の措置命令を出し、菅にその旨を報告すると、菅は「わかっているのか、塩が入っているんだぞ、その影響を考えたのか」と逆襲し、班目に再臨界の可能性をただす。そんなことはないのを知りながら班目は、菅の剣幕に押されて「可能性はゼロではないと思う」と答え、菅は「じゃ、大変じゃないか」といって、海水注入案は再検討となった。

それでもほかに手はない。経産省、原子力安全委、東電の幹部らが集まって対応を協議すると、班目は「（菅から）ああいわれたんで、そう言うしかなかった」と言い訳し、改めて海水注入が必要なことをみんなで菅に再説明することになった。どうやって菅を納得させるか。顔を寄せ合って発言内容を確認し合ったり、そのためのリハーサルまで行ったと、民間事故調は報告している。この間、東電本社は菅の顔色を窺って、いったん現地工場に海水注入の中断を指示する。現地では吉田昌郎所長が、表向きこれに従ったように装いながら実際には注入を続けるという苦肉の策をとっていた。菅の言動がどれほど現場の作業を混乱させたかを物語るエピソードである。

原発事故が、直接原因は大地震に伴う空前の大津波にあったにしても、これほどまでに事態を混乱させ、災害の規模を拡大させてしまった要因として、菅の常軌を逸したような言動があったことは、三つの委員会報告書のごく一部、事故発生から一昼夜の動きを紹介しただけでも、明らかであろう。

ただ、そのことで東京電力の責任が軽くなるわけではない。さきの「電源車につなぐコードがなかった」という枝野の証言に見られるように、東電はじめ関係機関の責任はこれまた重大である。

国会事故調の報告書は、調査の「結論」の冒頭で、「事故の根源的原因は三・一一以前に求められる」として、東電、規制当局（原子力安全委員会、保安院）、行政当局（経産省）が「それまでに当然備えておくべきこと、実施すべきことをしていなかった」ことを指摘している。とくに東電の場合、原子力委、保安院が二〇〇六年の段階で、「福島第一原発の敷地の高さを越える津波が来た場合には全電源喪失に至る危険がある」として、耐震安全評価を見直すよう指示し、東電も「二〇〇九年六月までに最終報告を出す」と届けていたにもかかわらず、社内では勝手に「二〇一六年までに」と先送りしていた。

保安院も、東電が先延ばししていることを知りながら、明確な指示は行わなかった。それ以外にも何回か、対策を講ずる機会はあったのに、「意図的な先送り、不作為、あるいは自己の組織につごうのよい判断を行うことによって、安全対策が取られないまま三・一一を迎えた」というのが実態だった。

東電側には、「新たな知見に基づく規制が導入されると、既設の原子炉の稼働率に深刻な影響が生ずるほか、安全性に関する過去の主張を維持できず、訴訟などで不利になるといった恐れを抱いており、それを回避したいという動機」があった。これに加えて、規制当局も行政機関もこれを黙認していたことが、対策の実施をずるずる遅らせ、漫然と事故発生を迎える結果になってしまった理由である。

当事者の企業も規制当局も監督官庁も、責任回避や保身の思惑が先に立って、取るべき対策を取らない。挙げ句に事故が発生すると、政治指導者が結果も考えずに興奮して現場を引っ掻き回す。この「無責任の合成」が、今日まで続く、いや今後何十年にもわたって続くであろう未曾有の原発災害を生んだ背景といえる。

「何度も事前に対策を立てるチャンスがあったことに鑑みれば、今回の事故は『自然災害』ではなくあきらかに『人災』である」

国会事故調の結論である。では何がこのような空前の人災を招いたのか。同事故調の報告書はその冒頭で、「政府、規制当局、そして事業者である東京電力による、人々の命と社会を守るという責任感の欠如があった」と、はっきり言い切っている。

5

原発事故の大混乱を増幅させる一因となった菅の行動は、民主党の仲間たちからかねて「イラ菅」とあだ名されていたような、激しやすい彼の性格によることは否定できないだろうし、また、問題の解決よりも問題提起や批判に行動の重点を置く、市民運動家としての行動パターンが影響した面もあったろう。ただ、それと同時に、官僚への不信感に根ざした「政治主導」へのこだわりが、彼の行動や判断の異常さを一段と増幅させていたこともまた、事実と思える。

官僚不信は、このあと述べるように、菅に限らず鳩山内閣をはじめとする民主党政権全体に共通する基本的性向であり、それが民主党の政権運営を自から苦しめる結果に追い込んでいった大きな要因なのだが、菅の場合とくに、その傾向が個人的行動の場でも顕著に現れるのが特徴だったように思える。

鳩山が首相の座を一年も持ちきれずに退陣し、二〇一〇年六月、菅が後継首相に就任して間もなく、私はある旧知の官僚OBから話を聞いてびっくりしたことがある。菅が、首相専用車に役所出身の秘書官が同乗するのを禁じているというのだった。総理大臣には通常、財務、経産、外務、警察などの省庁から幹部クラスの官僚が秘書官として出向し、交代で首相と行動をともにする。首相が外出する時には車に同乗し、車中で用件を打ち合わせたり、これから出席する行事などについて予備知識や情報を耳打ちする。それが菅の場合はできない状態だというのだ。

「執務室にいる時は来客が続いて時間がとれず、車中での説明の機会もなく、首相に報告を入れる時間がなくて困っていると、役所の後輩たちがぼやいているんだ」

「秘書官といえば各役所との連絡役で、大事な情報源でしょう。それが首相と連絡できないなんて、どういうことなのか。なぜ同乗させないのだろうね」

「官僚にだまされないように、という理由らしいんだが、そんなことで菅さん、だいじょうぶかねえ」

まさかと思いながら、彼の話が本当かどうか、現場の取材陣に確かめたところ、その通りだった。役所の秘書官は同乗できず、代わりに民主党の職員など、官僚でない人物が乗っているということだった。官僚を使いこなしてこその「政治主導」である。官僚の説明や情報を聞いたら彼等の手のひらに乗せられてしまうと恐れて接触を断つようでは、そもそも政治にならない。のちに原発事故への対応のまずさを追及された菅は、「役所が情報をあげてこなかった」と弁明したが、自分で官僚組織との情報ルートを遮断しておいて、ことが起きると責任を官僚に転嫁するのでは、官僚たちも浮かばれまい。

本人なりには努力しているのだろうが、使うべき組織や人を使わず、思いだけが空回りして逆に事態を混乱させてしまうという不幸な事例は、原発対策に取り組むにあたっての、政府の組織・人事体制にも現れている。

日ごとに危機的状況を深めていく原発事故をめぐって、菅がしばしば側近の細野豪志・首相補佐官らに「おれはきちんと指示しているのに、なぜ進まないんだ」と不満をぶつけていたことを、『亡国の宰相　官邸機能停止の180日』（読売新聞政治部、新潮社刊）は伝えている。たとえば、核燃料と原子炉を冷却するための放水作業だ。現場では、自衛隊、消防、警察による必死の活動が行われていたが、どこが統一的な指揮を執るのかが判然とせず、ばらばらに行動しているため、一向にはかどらない。それも当然だろう。「指示」といっても、菅が思いついたことをそのつど担当閣僚に個別に検討を命ずるだけで、閣僚間の連絡や意見調整もない。どんな指示があったのかを記録した資料や文書もない。これでは官僚組織は動かない。周辺が「文書で指示しなければ」と菅を説得して、指揮系統を自衛隊に一元化するよう、文書に基づく指示が出たのは、事故発生から一〇日近くたった三月二〇日のことだった。

この一件だけでも「民主党は官僚という『ボタンの押し方』がわかっていない」という関係者たちの嘆きがわかるが、混乱はこれにとどまらない。前述したように、大規模災害などが発生した場合は官邸地下の危機管理センターに対策本部を設置し、そこが情報の集約や各省庁との連絡調整を行うことになっているにもかかわらず、そして実際に連日、一〇〇人もの各省庁スタッフが詰め掛けているのに、中心となる司令塔がないため、ただ右往左往するだけ。その一方で菅は、外部有識者たちを集めた一〇を超えるさまざまな会議や推進本部などを創設し、さらに知り合いの学者や文化人らを次々に内閣官房参与に任命した。

菅によれば「セカンドオピニオンを聞く」のが目的というが、役所からの最初の報告、ファーストオピニオンを聞かずにセカンドオピニオンを聞いても、オピニオンの適否を検証することにはなりえない。「参与」は、「首相の諮問に答え、意見を述べる」非常勤の国家公務員とされているが、彼等も自分の意見がどのように具体化されるのか、どんな役割を求められているのかわからない状態だったという。嫌気がさして辞任する参与もあった。これら参与たちがどんな意見を述べ、それがどう処理されたのかを示す公式の記録や資料も存在しない。震災の発生以前から菅内閣で内閣官房参与を務めていた評論家・松本健一による『官邸危機――内閣官房参与として見た民主党政権』（ちくま新書）など、個人の著作でわずかに内情が語られているだけだ。

首相官邸が混乱を極める中で、福島第一原発の現場は時間を追って危機的状況に陥っていった。電力の供給にも不安が高まる。事故発生二日後の三月一三日、東京電力は、管内の一都八県を五グループに分け、一四日朝以降、地域ごとに電力供給を停止する「計画停電」に踏み切ることを決めた。

さあ大変だ。自分の家や会社、事業所がどの時間帯に停電となるかは死活の問題だ。冷蔵庫はどうなる。水洗トイレもガスの点火も電気がなければ機能しなくなる。店舗などの自動ドアも動かない。病院では手術中に停電となったら患者の命が危ない。自宅療養している人も多い。信号機がつかなければ交通麻痺だ。

新聞社にとっても一大事である。印刷工場が停電になったら印刷ができず、新聞を発行できなくなってしまう。印刷工場は東京電力管内の各地に分散配置してある。どの地域が何時から何時間、停電の対象になるのか。一刻も早く具体的な実施計画を知りたい。私も急いで取材現場を通じて東京電力に問い合わせたが、さっぱり要領をえない。刻々と時間がすぎていく。そのうち、東京電力が一三日午後二時前、計画内容の発表を同日夕に行う予定であることを首相官邸に伝えたところ、ストップがかかってしまったという話が伝わってきた。なぜなのだ。不審に思って現場の記者に取材させると、「まず首相が国民に直接呼びかけるから、東電の発表はそのあとで」というのが理由だという。なんたることか。

菅の会見は午後七時五〇分になってやっと行われたが、「苦渋の決断」を強調するだけで具体的な内容には触れずじまい。菅に続いて枝野、海江田がそれぞれ会見するが、これも国民に節電を訴えるだけ。さらに、菅が新たに「節電啓発担当相」に任命した蓮舫・行政刷新担当相が登場したが、やはり節電の呼びかけに終始した。

みんなが聞きたいのは、どの地域が何時から、という具体的な計画内容だ。しびれをきらした記者団から矢のような質問が飛ぶが、一連の会見自体がパフォーマンス目的なのだから蓮舫に情報があるわけではなく、陪席している東電に「答えられますか」と、答弁役を振ってしまうありさまだった。

その東電も、どの地域から順番に停電を実施するかの「計画」はあったものの、停電によって生ずる社会的混乱をどう防ぐかという「計画」はまったくない。いわば「計画なき計画停電」である。政府内や与党からも異論や批判が噴出し、結局、一四日朝の停電は実施が見送りになった。しかし、見送りとはいえ首都圏のJRや私鉄各線は前夜から、信号機の停電などによる不測の事故を警戒して通勤電車の運休や運転本数の削減に入っていたため、企業や学校の休業、休校などが相次いで、社会的な大混乱を引き起こしてしまった。

組織運営よりパフォーマンス、国民生活への影響より政治主導の演出、という思惑ばかりが先行して、「国民生活への配慮」が口で言うのとは反対にいかに希薄であるかを示す一件だったが、それをさらに如実に示したのが、菅による「蓮舫節電啓発担当相」の任命であった。蓮舫といえば、〇九年の民主党発足直後から展開された「事業仕分け」の政治家側仕分け人として、スーパー堤防やスーパーコンピューター予算の廃止・凍結などで一躍人気者になった女性参議院議員である。菅としては、蓮舫が女性であり知名度も抜群ということで、国民向けの節電アピールに適任と考えたのかもしれないが、この事業仕分け自体が、「政治主導」をアピールするためのパフォーマンスであり、民主党政権の、高揚と失敗の軌跡を象徴するプロジェクトであった。

二〇〇九年九月一六日に鳩山由紀夫を首相とする民主党政権が発足し、真っ先に閣議決定したのが「行政刷新会議」の設置だった。自民党政権時代の官僚主導による予算編成を全て洗い直し、無駄を削って捻出した財源を、政治主導で福祉や教育に優先的に予算を振り向けるというのがマニフェストの構想だ。この課題に集中的に取り組むための組織がこの刷新会議であり、その具体的方法として採用したのが「事業仕分け」の試みだった。

民主党は〇九年八月の衆院選で、子ども手当てや最低保障年金、農家の戸別所得補償、高速道路の無料化といった新規政策を公約に掲げ、どこにそんな財源があるのかという自民党などの批判には、「無駄な予算を削減すれば八兆円くらいの財源確保は可能だ」と主張してきた。政権の座について、いよいよその予算の洗い直しに着手するということで、各省庁だけでなく、官僚の天下り先といわれる独立行政法人も対象とし、当局側の担当者を相手に仕分け人たちが公開討論を挑むというイベントとなった。

もともとは、政策調査研究機関「構想日本」代表の加藤秀樹が、地方自治体などを対象に、自治体の予算編成が本当に住民のニーズに合っているかどうかを検証する企画として始めたのが事業仕分けだった。これに着目した民主党が、マニフェスト実現のための財源確保と、政権交代の成果を鮮やかに国民に示す政治効果、という一石二鳥を狙って、国政レベルの大プロジェクトとして展開することにしたわけだ。

東京・市谷の国立印刷局体育館を会場に、各十数人ずつ、三チームに分かれた仕分け人たちが、〇九年一一月一一日から九日間、第一弾の仕分け作業を開始した。仕分け人には、三チームの統括役として枝野幸男、補佐役には蓮舫が就き、民主党国会議員はほかに衆参の六議員が参加、学者や公認会計士、地方の首長経験者、証券マンなど民間から選ばれた仕分け人とともに、三〇〇〇件にのぼる国の事業のうち四四九件を取り出して、効率性、政策効果などの観点から無駄の摘出に取り掛かった。

三チームの各区画には、それぞれ約一〇〇人、計三〇〇人分の傍聴席が設けられ、テレビだけでなくインターネット中継も行われた。初日は雨模様だったが、報道陣や見学者たち数百人が詰め掛け、用意したレシーバーが足りなくなって「聞こえないぞ」と不満の声があがるなどの騒ぎとなった。

最初に各省庁の担当局長らが事業の意義を説明し、財務省の主計官が意見を述べたあと、取りまとめ役の仕分け人が論点を示して議論に入る。この議論を踏まえて仕分け人が評価シートに判定を書き込み、チームとしての判断を下すという段取りで、一件あたり一時間のペースで次々に「廃止」「見直し」などが決まっていった。

この第一弾で約七〇〇〇億円の歳出削減が決まり、国庫返納分を含めれば全体で一・六兆円の圧縮という結果を出した。当初は世論調査の支持率も高く、民主党政権はこれを画期的な成功体験として、翌一〇年四、五月には独立行政法人や公益法人などへの官僚の天下りをテーマとする第二弾、また同一〇、一一月には特別会計予算などを対象とする第三弾、といった具合に切り込んでいった。

しかし、一・六兆円といっても、「無駄の削減で八兆円は捻出できる」という公約には遠く及ばない。第二弾での削減額は数百億円にとどまった。英国の経済誌「エコノミスト」から「巨大な歳入不足という穴を埋めるのに、爪楊枝を使うようなもの」と酷評される結果となったが、それも当然だったと私は思う。

仕分け作業が不徹底だから予定通りの削減ができなった、ということではない。そうではなくて、自民党政権時代の予算編成は無駄な出費ばかりだ、という発想を前提にしたこと自体に第一の間違いがあったのだと、私には思える。自民党長期政権下で、政官業の癒着が問題とされ続けてきたのは事実だし、政権交代を機にそうした利権構造にメスを入れるのは必要なことだが、その一方で、自民党が長期にわたって政権を維持してこられたのはなぜか、その理由を民主党は見落としていたのではないか。

自民党は、公害への対応にせよ社会保障の充実にせよ、野党側の批判や要求をいち早く汲み上げて予算編成や行政運営に反映させ、それによって国民の不満が野党支持に転化するのを防いできた。自民党は、長期政権に伴うおごりや腐敗の深化で政権を失うことにはなったが、予算編成に関する限り、その大部分はむしろ、与野党合作の産物という要素が強かったといってよい。無駄を削れといっても、もともと野党の自分たちが要求して受け入れさせた予算であれば、簡単にばっさり削るわけにいかないのは当然といえよう。それを無理に「無駄排除」を至上命題として削減をめざそうとするから、事業仕分けは、予算内容の適否を検討するよりも、「正義の仕分け人vs悪役の官僚」という図式の政治ショーになってしまった。

一件あたりわずか一時間の議論で白黒を決めようというのも無理な話で、議論は荒っぽくならざるをえない。蓮舫にやり込められた独立行政法人の女性理事長が、「私の話も聞いてください。ただ質問にだけ答えろというのは心外です」と抗議する。厚労省政務官の民主党議員でさえ、低所得層のニート支援対策費をやり玉に挙げられ、「たった一時間で費用対効果の面だけから結論を出すのは納得できない」と、怒り出す。仕分け人から罵倒され続けた官僚たちは、「まるでローマ帝国の円形闘技場の見世物だ」「これでは公開処刑ではないか」と嘆くありさまだった。

次世代スーパーコンピューターの研究開発予算をめぐって、蓮舫の「なぜ一番でなけりゃいけないんですか。二番じゃだめなんですか」の発言が飛び出したのは、こうした役人vs仕分け人の、バトルのさなかだった。「世界最速の性能をめざす」のは当然のことだと思って説明していた科学技術の担当局長は、思いもかけない蓮舫の質問に言葉を失う。答弁にもたついている間に、別の仕分け人が「海外から買えばいいではないか」と追い討ちをかけ、スパコン予算はあっけなく「見送りに限りなく近い縮減」、つまり事実上の凍結となってしまった。

あまりの暴論に、日本総合科学技術会議、日本学術会議、東大や京大など九大学の学長らが次々に抗議の記者会見や声明の発表を行い、江崎玲於奈、野依良治ら歴代のノーベル賞受賞者らもそろって、「科学技術で世界をリードするという鳩山政権の政策とどう整合性があるのか。全く理解できない」「人材が米国に流出して取り返しのつかない事態になる」「米国が最高性能の装置を日本に売るわけはない」と、怒りを表明する。鳩山首相があわてて江崎さんらを官邸に招いて再考を約束する騒ぎになった。

学会だけではない。ジャーナリストの立花隆も読売新聞への寄稿の中で、「なによりあきれたのは、蓮舫議員の『なぜ世界一を目指すんですか』の一言で見送りの判定を受けた次世代スパコン」の問題だとし、次のように非難している。

「記録を取り寄せて判定会議での議論の全文を読んで驚いた。仕分け人たちは、プロジェクトの中身の予備知識がほとんどゼロ。世界の大状況認識もほとんどゼロ。正直これほど無知な人たちが、これほど低水準の議論でこんな重大事を決めていいのかと思った」

松本健一は前述の著書『官邸危機』の中で、蓮舫とはかねて勉強会の仲間同士だったとし、彼女が事前に東大の学者らからコンピューター開発業界の競争の激しさを聞いていて、「ハードよりも、それを使って何を計算、分析、研究するのかというソフトが大事だ」というのがスパコン発言の真意だったと、「発言の舞台裏」を説明している。しかし、そうであれば、「ソフト面の研究でも世界一をめざせ」というのが筋であろう。「なぜ世界一をめざすのか。二番じゃだめなのか」という言葉からは、一番をめざすという役所の説明を嘲笑する響きはあっても、ハードだけでなくソフトも一番をめざせという「真意」はとうてい汲み取れない。

相手をやり込めるディベートのテクニックとしては、蓮舫の口撃はまことに見事というべきだろう。ディベートで勝つには、議論の中身の是非や真実性ではなく、相手が自明の理だと思っている話の前提を引っ掻き回すことだ。相手は、あまりに当然と思っていることをなぜそうなのかと正面切って問われると、一瞬、虚を衝かれて口ごもり、たちまち形勢不利に陥ってしまう。返答にもたついたら負け、というわけだ。

蓮舫が「一番をめざすのは不当だ。二番をめざせ」と切り込んできたのに対して、もし答弁側の役人が「一番をめざすのはだめだとして、では二番をめざすならなぜいいんですか」と、その場で切り返していたら、仕分け作業をバトルという観点からテレビで見物する立場からはおもしろかったに違いない。その種の、相手をやり込めるディベート術として参考になるのは、橋下徹・大阪市長の著書『最後に思わずYESと言わせる最強の交渉術』（日本文芸社）である。

橋下は大阪府知事、大阪市長になる前、弁護士としてさまざまな案件の交渉代理人をしていた当時の体験をもとに、二〇〇三年に同書を出版した。

「他の弁護士がさじを投げたような、こじれにこじれた」案件を、法廷での弁論ではなく示談交渉で決着させるためには、「黒を白と言わせるような、さまざまなレトリックも使っていく。詭弁を弄してでも相手を説得していく」のが、交渉論の核心だという。そのための「脅しと利益のかけひき術」「相手を言いくるめる交渉術」「自分の土俵に引きずり込む話術」などを、自分が体験した実例をもとに紹介しているが、中でも興味深いのは次のような事例である。

「交渉の途中で、自分の発言の不当性や矛盾に気づくことがたまにある。心のなかでは〝しまった〟と思っているのだが、そこはポーカーフェースで押し通す。……運悪く相手方に気づかれてしまったら、仕方がない。こんなとき私がよく使うテクニックがある。相手方に無益で感情的な論争をわざとふっかけるのだ。いよいよ攻め込まれて、自分の主張が通らないというようなときには法外な要求をして、場を混乱させる」

なぜそんな無茶な方法をとるのか。感情的になっているように見せて、実は話の流れを変えるのが目的だという。

「さんざん話し合いを荒らしまくっておいて、最後の決めゼリフにもっていく。『こんな無益な議論はもうやめましょうよ。こんなことやってても先に進みませんから』。自分が悪いのに、こう言って終わらせてしまうのだ」

いきなり感情的な口げんかに持ち込んで、いつの間にか自分の発言の間違いや矛盾を忘れさせ、話を振り出しに戻して有利な立場を構築し直すというのだ。知事や市長になってからの、失言や暴言で自らトラブルを招いた時の彼の身の処し方を見ていると、著書に書いたテクニックがたしかに実践されているようだ。

ただし、これはあくまで債権者側の代理人としてどれだけ多く取り立てることができるか、あるいは逆に、依頼人が債務者であればどれだけ支払い分を減らせるかという、金額交渉だけに関わる話であって、債権者、あるいは債務者のどちらの主張が正当なのかといった、ことの当否は埒外にある。

政策論争は、そうであってはならない。政策で問われるのは、その政策目標が果たして国家あるいは国民生活にとって適切かどうか、またその目的に沿った成果を挙げているかどうか、ということにある。議論のテクニックではなく中身が問題なのだ。

政策効果は、予算に関わる以上、費用対効果が一つの目安になるのは当然だが、一年で効果が実証されるものもあれば、数年単位の時間を要するものもある。また、数字では測れない、また測るべきでない性格のものも少なくない。教育の分野でいえば、学力など一定の期間を経れば数字で示すことが可能なものがある一方、精神面を含めた人格としての成長や個性の豊かさなどは、数字で論じられるものではない。研究開発なども、投入・産出の経済学的モデルでは無駄か否かを決められないテーマといえよう。事業仕分けが、コスト計算など企業会計のイメージを援用して「無駄探し」を至上命題としたことが、第二の問違いだったと、私には思える。

「インテリ大衆なるものを納得させるには、数字の列挙以上に効力を発揮するものはない」とは、一九世紀半ば、近代化過程のフランス社会を皮肉ったバルザックの言葉（『役人の生理学』講談社学術文庫）だが、昨今、政策論争などで「エビデンスを示せ」と、裏づけの数字を迫る議論がはやっているのを見ると、事業仕分けの失敗は民主党政権だけの問題ではなく、事業仕分けを一時期あれほどもてはやした日本社会全体の風潮に、問題があるようだ。

たとえばある有力紙の幹部は、当時、第一面に署名入り論文を掲げ、「専門家からすれば粗っぽい議論が目についただろう」と、仕分け人たちの議論の進め方に各方面から批判が高まっていることを念頭に置きながらも、「仕分けが、従来見えなかった予算編成、つまり国家統治の中核のカラクリを国民の前に露出させた功績は大きい」として、「新しい公共の粗削りの空間、新たな政治と政治文化が芽吹いている」と称賛している。予算編成過程の「透明化」は、この論考以外にも、少なからぬ論者が事業仕分けの成果として強調したことだが、その実、仕分け対象として提出された四四九件の事業リストがどこで作成されたものなのかをきちんと説明したものは少ない。リストは財務省が作成し、仕分け人たちの各事業の問題点の指摘の多くは財務省側の説明に沿ったものだったことが、今では明らかになっている。「透明化」されたのは、事業仕分けの演出に大騒ぎした政治の貧困だったのではないかと思えてくる。

第四章

制度か人か

1

失敗はだれにもある。ただ、個人の場合と違って政治の舞台では、失敗がもたらすダメージは国家、あるいは国民生活全体におよぶ。だから政治指導者の責任は重いのだ。ウォルター・バジョットは、「社交界はそれ自体としては、全く指導者を必要としていない」「偉大な政治指導者となるのに適した才能は、社交界の指導者となるのに適した才能と違っている」(『イギリス憲政論』中公クラシックス)と述べている。「娯楽の目的のためにつくられた人間組織は、……政治目的のための組織とも一致しない」からだ。社交界でへまをやらかしても恥をかくのは当人だけで、社交界全体が損害を蒙るわけではない。これに対して政治の場合は、そうはいかない。政治は権力を行使する世界だから、指導者には特別の資質、すなわち、結果に対して責任を引き受ける決意と覚悟が不可欠なのだ。

日中戦争、そして戦線を太平洋全体に広げた日米の戦争を通じて、三〇〇万人を超える国民の尊い生命が犠牲となった。当時の政治指導者たちの判断や戦略戦術の誤りが引き起こした歴史上最悪の悲劇である。東日本大震災と津波、それに伴う原発事故では、多くの住民が地域を追われ、いまなお二七万人が避難生活を強いられている。直接の引き金は自然災害だったとはいえ、少なくとも原発事故は、東京電力の失態とともに、政治指導者たちの錯乱した行動によって増幅された「人災」であったことは、すでに見てきた通りである。どちらも、指導者らの責任は重大である。

戦争に関しては、東京裁判で、二八人がA級戦犯として訴追され、このうち開戦時の首相だった東条英機ら七人が死刑を執行された。しかし、この裁判では、日本を無謀な戦争に引きずり込んだ責任者は七人だけなのか、他の戦犯を含めてだれにどのような責任があったのか、といった点を解明することに難航し、また実質的に責任があったと思われる軍人でも訴追を免れたものがあるなど、責任追及は必ずしも明確な結論に至らずに終わってしまった。

政治学者の丸山眞男が、日本政治の特質を「無責任の体系」という言葉で描き出したのは、前章で述べたように、この東京裁判における連合国側検察官らと日本の被告や参考人たちとの問答を通じて、責任の所在がどこまで行っても明確にならないという奇妙な事実の考察からだった。

どのように不明確かというと、日米開戦をめざして上層部を突き上げ回っていた中堅の軍幹部らは、自分たちには当時、決定権限はなかったと言い張り、それでは組織上の決定権を持っていた上層幹部はどうかといえば、自分がその地位に就いた時はすでに大勢が固まっていて、反対すれば部内がおさまらない、開戦はやむをえなかったのだ、というぐあいだ。こうした「権限への逃避」と「既成事実への屈服」の、堂々巡りによる責任のたらい回しをさらに掘り下げて、これらの現象の基底に、政治とは下から上への「奉仕事（まつりごと）」であって、上級者は下からの決定を受けて「シラス（知らす）」ことである、とみなす日本独特の観念、および「なりゆき（成り行き）」「いきほひ（勢）」を行動原理とする古来からの日本人の体質があると見たのが、丸山の分析だった。

日本政治の無責任現象に、丸山が指摘したような要素が色濃く影を落としていることはまぎれもない事実だろう。しかし丸山に依拠して、それが運命的に、常時、どんな局面でも、またどれの場合でも同じように現れると見ることには、違和感をぬぐえない。前章で述べたように、責任の果たし方としての適否を別とすれば、その人なりに死を以って責任を果たした人物が何人もいた。阿南陸相や田中司令官はじめ、終戦を機に自決した人物は五九九人にのぼったと、読売新聞（「昭和時代」、二〇一四年六月二八日付け朝刊）

は伝えている。

　また安岡正篤は、丸山とは政治的にも思想的にも正反対の立場から、戦後政治の成り行きまかせ体質、「時運の赴く所」の大勢順応主義を厳しく批判したが、それでも戦後しばらくの間の日本には、今日から見ればはるかに器量の大きな人物たちがいた。彼らを、尖閣諸島海域での漁船体当たり事件や原発事故で見られたような、官僚などに責任を転嫁して恥じない現代の政治家たちと同列に置いて、「無責任」の一言で論ずるのは当を失していると思う。

　無責任といっても、質もレベルもさまざまなのだ。「一死大罪を謝す」という言葉を残して自決した阿南惟幾陸相の場合、あくまで戦争終結を拒否するポーズを取ることで陸軍の暴発をぎりぎりの段階で抑え込む、というのが彼の目的だったとすれば、その限りでは彼なりに責任を果たしたともいってよかろう。彼が無責任だったとすれば、それは彼の念頭にあった責任感が主として陸軍という組織に対するものであって、早くから戦争継続が不可能な状態であることを知りながら軍内の混乱を恐れて戦争終結を遅らせ、救えたはずの多くの国民を結果的に死に追いやってしまったという点にある。国家・国民生活の安寧を守るという「大義」ではなく、組織防衛という狭い視野での「小義」に殉じたことが、戦争指導の立場にあった者として責任を問われざるを得ないところだった。

　その意味では、一九四五年初頭の段階で、「一度『レイテ』で叩いて、米がひるんだならば、妥協の余地を発見出来るのではないかと思ひ、『レイテ』決戦に賛成した」（寺崎英成『昭和天皇独白録』文春文庫）ことを含め、早期講和の機会を模索しながら戦争終結の決断を引き延ばし、二月には硫黄島の玉砕、四月には米軍の沖縄本島上陸開始という事態を招いてしまった昭和天皇の、判断の迷いを批判することもできよう。それにもまして、六月八日の最高戦争指導会議で、戦争継続は無理だという政府報告が出されたのに、

「あくまで戦争を遂行し、もって国体を護持し……」という結論で一致してしまった政・軍首脳陣の責任は重大である。

「仮に終戦の決断が半年早く、四五年二月に戦争が終わっていれば、全戦没者の三分の一に当たる百万人の命が救えたという見方もある」（「昭和時代」、読売新聞、二〇一四年五月三日付け）というのだから、政治決断の誤りがどれほど重大な結果を招くものか、政治の責任とはどれほど重いものかが、わかろうというものだ。

この最高戦争指導会議の議論の成り行きについては、天皇自身が「実に変なもの」だったと、不満を漏らしているほどである（『昭和天皇独白録』）。

「政府側の報告に依れば、各般の事情を綜合して戦争はもう出来ぬと判断されてゐるにも不拘、豊田軍令部総長と参謀次長とが勝利疑なしとして戦争継続を主張した。この勝利疑なしとする論拠は政府側の報告と非常に矛盾してゐるが、結局会議の決定は戦争継続と云ふ事になつた。この会議が実に変なものだと云ふのは、決定は右の通り戦争継続であるが、之は表面上の事で、主脳部（ママ）は本心講和の考で、X項（ソ連への和平仲介依頼など）を肚に蔵してゐた事だ」（同）

このままではいけないと考えた天皇は、六月二二日に同会議のメンバー六人を呼び、「戦争の終結に就きても此際従来の観念に囚はるゝことなく、速に具体的研究を遂げ」るよう指示して、初めて「戦争終結」の意向をはっきり言葉に出して、直接伝えた。それでも出席者たちの中で進んで和平を言い出す者はなく、広島、長崎への原爆投下という空前の惨害に直面し、二回にわたる天皇の「聖断」という形でしか終戦にこぎつけることができなかったという経緯については、これまで終戦詔書の作成過程を詳細にたどってきた中で示されている通りである。

最高戦争指導会議のメンバーたちも、戦争継続が困難なことについてはほぼ認識が一致していたようで、天皇は会議のあと木戸幸一内大臣に「みな誰か云ひ出すのを待って居る様だ」と語ったと、升味準之輔『昭和天皇とその時代』（山川出版社）にある。「本土決戦」を叫んでいきり立っている軍部を前に、戦争終結を口に出して攻撃されるのを恐れた勇気の欠如によるものか、ソ連の仲介による和平工作が成功するというあてもない空想に浸っていたためか、それとも大勢が終戦の方向で固まるのを待つという様子見だったのか。いずれにしても最高戦争指導会議メンバーの沈黙は、刻一刻と国民の犠牲が増えていくことに対する責任意識の薄さを物語っている。

このように、当時の指導者たちの「無責任」ぶりを不問に付すことができないことは当然であるが、それでもなおこれを、最近の政治指導者たちの、自分に責任があることの自覚すらないかのように、責任を官僚などに転嫁して平然としている「無責任」ぶりと同一視することには、異を唱えざるを得ない。

「無責任」といっても、①責任を自覚していて、また実際にそれを引き受けた場合でも、責任を感ずる対象が自分の所属する組織など狭い「身内」に限られ、国家や国民という政治本来の大きな視点が欠落している、②責任を自覚しながらも、わが身かわいさの保身や勇気の欠如から、なすべき決断や行動を躊躇する、③責任の所在を認識していながら、処分や事実の公表によって責任が上層部へ波及することなどを懸念して、事実を隠蔽したりうやむやに処理する、④メンツへのこだわりから、組織や個人にとって不利な情報や事実関係の報告を怠たり、あるいは組織間で責任を押し付け合う、⑤自分の判断ミスや不適格な行動で重大結果を招きながら、他人のせいにして自分は責任を免れようとする、⑥自分の判断や行動にミスがあったという自覚も、またそれが重大結果を招いたという認識もない——など、「無責任」のタイプも質もさまざまである。

阿南のケースはこれら多様な無責任類型のうちの①のケースと見てよかろう。六月の二回にわたる最高戦争指導会議のメンバーたちは類型②か。日中戦争から太平洋戦争に至る昭和の戦争の引き金となった満州事変（一九二八年）の不明朗な処理はケース③の典型といえよう。日米開戦の是非をめぐって、陸海軍とも勝ち目がないことを知りながら互いにメンツを張り合って本当のことを言わず、虚勢の果てに戦争に突入してしまった経緯は類型④と思える。

どのタイプにせよ無責任ぶりを強く非難されなければならないが、戦後政治の歴史をたどってみると、無責任ぶりが時間の経過とともに、より低レベルのそれに変容してきていることに気づかされる。

これまで述べてきたような中国漁船体当たり事件や原発事故対応は、タイプ⑤といってよさそうだが、民主党政権誕生と共に首相の座に就いた鳩山由紀夫の沖縄・米軍普天間基地の移転問題をめぐる迷走は、タイプ⑥という、これまでの政治史でも例を見ないような特異なケースである。

沖縄県宜野湾市にある米海兵隊普天間飛行場は住宅密集地に近く、実際にヘリコプターの墜落事故も起きている。基地の返還をめぐって日米間では長い間、何度も行きつ戻りつの交渉が行われ、自民党政権時代の一九九六年になってようやく、橋本龍太郎政権とクリントン米政権の間でようやく返還が合意された。二〇〇六年には小泉純一郎政権とブッシュ米政権の間で、普天間基地の代替施設を米軍キャンプ・シュワブ（名護市辺野古）に建設することが決まり、当初は「基地撤去」を主張して移設に反対していた沖縄県や地元の名護市も、辺野古への移設ができなければ普天間基地の返還自体が不可能になって危険な普天間基地が固定化してしまうというジレンマから、やむなく移設受け入れを了承する方針に転じた。

ところが、自民党政権内の混乱から移設計画がもたついているうちに二〇〇九年の政権交代となり、鳩山政権の登場とともに事態は一転して迷走を始める事態となってしまった。

政権交代をもたらした二〇〇九年八月三〇日の衆院選は、「マニフェスト選挙」とも呼ばれたように、各党とも「政策本位の選挙」をめざして、それまでのスローガン的な選挙公約に代えて具体的な政策目標を掲げ、選挙戦に臨んだ。中でも民主党は政権担当能力があることをアピールする狙いからマニフェストに力を入れ、公立高校の授業料無料化、農家への戸別所得補償、月額二万六〇〇〇円の子ども手当て、高速道路の無料化など一六六項目の目標を打ち上げた。

数字を挙げての約束でマニフェストに具体性を持たせたつもりだったようだが、これが結果的に、せっかく手に入れた政権の命を縮める結果ともなった。「財源は予算の無駄排除で捻出できる」という説明で選挙戦を勝ち抜いたものの、実際に政権を握ってこれを実証しようと取り組んだ「事業仕分け」はほとんど実績を上げられず、役人いじめのパフォーマンスに終わってしまったことはすでに述べた通りである。

数値目標を示したマニフェストを掲げ、その優劣を選挙民の選択に委ねるのが民主的選挙のあるべき姿だ、という考え方自体にもともと問題があったと、私は思う。選挙は政策本位、政党本位であるべきだ、というのはその通りだとしても、第一に、数値目標に意味があるのは実行可能な裏づけがある場合だけであり、単なる願望やあてずっぽうでは無責任極まりない。第二に、政治の課題はつねに流動的であり、ある時点で、ある政策を掲げたとしても、次の局面では変更が必要になることもがしばしばだ。新たな事態の発生で優先順位が変わることもある。マニフェストに掲げた政策を金科玉条として固定化することは、かえって混乱を招きかねない。

必要な時に必要な手を打つのが政治の役割であり、政策変更が必要な場合はその理由を国民にきちんと説明し、理解と納得を得なければならない。政治に信頼が必要だというのはそのためである。

ところで、民主党の二〇〇九年選挙向けマニフェストは、子ども手当てなどの内政問題とは対照的に、外交問題については抽象的な表現が目立っていた。予算のばらまきと違って、外交政策となると数値目標の設定が難しいうえ、相手国や国際関係の動向が絡むから、具体的で明確な方針を簡単に示すわけにはいかない。日米安保関係について、マニフェストが「米軍再編や在日米軍基地のあり方についても見直しの方向で臨む」という表現にとどめていたのもそのためのようだ。『民主党政権　失敗の検証』によると、この文言を考案したのは当時民主党政調会副会長だった細野豪志で、「沖縄の問題は非常に難しいということはわかっていた」ので、「あり方」とか「方向」「臨む」といった曖昧な言葉を意識的に多用して、基地名などに触れることを避けたといわれる。

それが、七月一九日、党首の鳩山の沖縄訪問で状況が一変する。鳩山は普天間基地の移設先について「最低でも県外、できることなら国外へ」と発言し、選挙戦に入ってからの党首討論でも繰り返しこのセリフを強調した。これによって「県外・国外」は、民主党政権の大方針のような形になってしまった。はじめは鳩山の独走を危ぶんでいた民主党の幹部たちの間でも、選挙後は、空前の大勝利で政権交代を果たした高揚感から、「政権交代したのだから、外交を含めて政策が変わるのは当然だ」という空気が強まり、外相の岡田克也が米海兵隊普天間基地を米空軍嘉手納基地と統合するという私案を口にするなど、自民党政権時代の辺野古移設計画を全面的に見直す動きとなってしまった。

驚いた米政府はロバート・ゲーツ国防長官を一〇月に日本に派遣し、滑走路の距離を短縮するなど微修正に応じる姿勢を示しながら辺野古移設計画を受け入れるよう日本側に求めた。しかし岡田らは、民主党が野党時代から一貫して辺野古への移設に反対していたことなどを強調して反論し、問題はすっかりこじれてしまった。当の鳩山は、「県外・国外」の主張を変えず、鳩山のブレーンと称される学者や評論家らもこれに賛同してさまざまな私案をメディアに語るなど、騒ぎは拡大の一途をたどっていく。

そうした混乱の中で一一月一三日、オバマ米大統領が訪日した。鳩山との会談は予定の二〇分をはるかにオーバーする九〇分に及んだ。翌一四日午前、オバマは東京・赤坂のサントリーホールで、大統領就任後初のアジア歴訪の意義などについて演説した。当日は朝から雨だったが、私も招かれてこの講演会に参加し、オバマの肉声を聞くことが出来た。舞台の袖から足取りも軽く登場したオバマは、「鳩山とともに日米同盟関係を深化させることで合意した」と語り、「米軍再編に関する二国間合意履行のために作業部会を設置」することで合意したことなどを明らかにした。事前に心配されていた日米間の険悪な雰囲気がウソのように、オバマの表情が明るかったことが印象的だった。

オバマがこの時点で上機嫌だったのも無理はない。前日の首脳会談で鳩山が、普天間基地の移設問題について「できるだけ早く結論を出したい。trust me（信じてほしい）」と、早期解決を約束していたからだ。

オバマは会談で鳩山に、「政権が代わり、政策が変わることは理解する」と、鳩山の立場に一応の理解を示しながらも、自分はブッシュに代わって政権を担う立場となっても前政権時代の合意履行に努めていることを強調し、「時間がたてば、より問題の解決が困難になる」と、当初案通りの早期解決を求めていた。これに対する鳩山の回答が「trust me」だったのだから、鳩山の発言が現行計画通りの着工、あるいは年内に他の移設先を見つけるという約束であり、これを「信じてほしい」と確約したものとオバマが受け止めたのも、当然といえよう。

ところが鳩山は、同じ日の夜、APEC（アジア太平洋経済協力会議）首脳出席のため訪れたシンガポールで記者団に、「年末までに、と約束したわけではない」「日米合意（辺野古移設）が前提ということなら作業部会を作る必要はない」と発言し、「年内決着」の合意を全面否定してしまった。鳩山の「trust me」とは一体何だったのか、今もって真意は不明だが、鳩山はその後も「沖縄県民の思いを大事にしたい」と強調し、地元・沖縄が移設反対の声を挙げるのをむしろ煽るような言動を繰り返した。

その後の展開は周知の通りだ。翌年一月の名護市長選挙では、苦渋の決断で移設受け入れに同意していた現職が反対派の新人に敗れ、「地元は移設に反対」という構図が固まってしまった。嘉手納との統合案、徳之島など県外への移設案、グアム、サイパン、テニアンなど国外への移設案といったさまざまな案が取り沙汰されたが、いずれも初めから実現可能性のない話ばかり。ついに鳩山自身が「学べば学ぶほど（沖縄駐留米軍の連携によって）抑止力が維持できるという思いに至った」と述べて「県外、国外」構想を撤回する事態となった。

しかし、いったん再燃させてしまった辺野古移設反対の機運はおさまらない。二〇一二年の自民党政権復活でようやく辺野古移設案を再確認し、沖縄県もこれを了承して作業開始にこぎつけたが、名護市は依然、反対を崩さず、二〇一四年の沖縄県知事選では辺野古移設反対派が勝利するなど、難航状態が続いている。

ここまで事態をこじらせてしまった鳩山はどう思っているのだろうか。そう思って、鳩山が政治資金問題で辞任したあと、内輪の懇談に招いたことがあった。びっくりしたのはその時の鳩山の言葉だ。

「おたくの新聞にはずいぶん叩かれましたねえ。鳩山が日米関係をめちゃくちゃにしたって」

久しぶりに顔を合わせた鳩山は、席につくなりそう言った。まあ、あれだけ各方面から批判を浴びた彼の立場からすれば、旧知の私と会って愚痴の一つくらい言いたくなったとしても不思議はなかろう。そう思って、「別にわが社の新聞だけではないでしょうが」といいかけた私だったが、続く鳩山の言葉にあぜんとした。

「本当はそうじゃないのに」

「?」。思わず私は言葉を失った。「そうじゃないのに」とは何だろう。鳩山の、思いつきのような「最低でも県外、できれば国外」への普天間基地移設という無責任な発言で、せっかく辺野古受け入れを了承していた現地・沖縄を「受け入れ反対」に転換させ、そのうえオバマ米大統領はじめアメリカの対日不信を招いてしまったことは、誰の目にも明らかではないか。それを「そうじゃないのに」とは。理解に苦しみながら鳩山の顔を見ると、何の屈託もない真顔だ。かねて「宇宙人」の異名をとる鳩山である。自分が事態をこじらせてしまったという意識が、本当にないとしか見えない表情だった。

「そうはいっても、発言が混乱を招いたのは事実でしょう。そもそも、『最低でも県外』と言われた時は、どこか具体的な移設先が念頭にあったのですか」

私が尋ねると、鳩山は大きくうなずいて、九州南方のある島の名前を挙げた。自民党政権時代の、最終的に移設先が辺野古に決まる前の段階で、いくつかの候補地の一つとして検討対象になったことのある島だった。

「しかし、あの島は地権者が複雑に入り組んでいて、初めから無理だったんじゃありませんか」

「いやあ、でもね、大丈夫だと私は聞いていたんですよ」

仮にそういう情報があったとしても、発言する場合はあらかじめきちんと裏づけ作業をして、実現可能性を確認してからにするのが政治の責任というものだろう。鳩山が、そうした政治プロセスに無頓着だったのか、それとも、ブレーンと称される人たちが鳩山を喜ばせようと無責任な情報を吹き込んだのか、あるいはその両方か。当時のブレーンたちは、今では口をつぐんでしまって、真相はたしかめようがない。

ここでも、原発事故への対応と同様、関係当事者たちの発言や議論を確認するための記録や文書が存在しないという、民主党政権特有の欠陥が浮き彫りになる。「政治主導」という名の、官僚組織を参加させない状態での政策や政府方針の決定が、いかに無責任な弊害を生むか、改めて思い知らされる。

とはいえ、ここまで述べてきた原発事故対応や中国漁船体当たり事件、普天間基地移設をめぐる迷走といった事例がいずれも民主党政権時代の出来事だからといって、政治の失敗や無責任さが民主党政権だけの問題だということを、決して意味するものではない。それどころか、民主党政権の失敗は、それに先だつ自民党（あるいは自民党主軸）政権の時代の、無責任な体質が源流となっていて、民主党政権になってそれが一気に凝縮された形で噴出したと見るべきだと、私は思う。

政治の側からの官僚批判、政治主導確立の主張は、一九八〇年代の中曽根政権時代から強まり、九〇年代の橋本政権では本格的な行財政改革、二〇〇〇年代に入ってからの小泉政権では首相主導体制の確立の取り組みが展開されてきた。その背景には、政治の側の族議員化、官僚側の省庁縦割り主義や天下りの弊害、また政と官の癒着などで政治の機能が劣化し、大規模な改革の断行が課題となっていたことがある。とくに九〇年代末には、大蔵省高級官僚の接待汚職などスキャンダルが相次ぎ、政治家や政党だけでなく行政組織を含めた全体的な政治システムの改革が大きなテーマになっていた。

自民党政権下ではその改革がさっぱり進まず、政治への不信感が高まる一方だったのに加え、衆院では与党が多数派、参院では野党が多数派という「衆参のねじれ」現象から、政治はほとんど機能麻痺状態に陥ってしまった。何も物事が進まないという閉塞感は、次第に政権交代への期待に転化していく。民主党政権が誕生したのはそうした状況下のことだった。

野党だった当時の民主党は、自民党の改革について「努力が不充分」「スピード感がたりない」といった観点から批判していたこともあって、政権を獲得した以上は「より早く、より大胆に」改革を断行することをめざしたのだろう。「官僚主導から政治主導へ」も、もとは自民党政権の課題だったのだ。しかし、政権を担うということの意味の自覚も、またそのための訓練もないまま、政治経験に乏しいメンバーたちが性急にことを運ぼうとしたのだから、空中分解に陥ってしまったのも無理はない。

批判し、追及する立場から、批判や追及に耐えて課題を全うする立場への転換は、それほど容易なことではない。与党であれば低いランクから高いポストへと、権力の階段を上りながら、政治家は自ずと責任の重さを学んでいけるのだが、選挙がもたらした自民党政権崩壊、民主党大勝利というなだれ現象で一気に政権を担当することになって、民主党は政党としての未熟さを一気に露呈してしまったわけだ。

政治の無責任は、このように、それぞれの政治家の無責任ぶりを糾弾するだけで終わる話ではない。まして、ひと括りに「無責任」とレッテルを貼るだけでは何も理解したことにならない。「無責任」のさまざまなタイプとともに、時代の背景や変化、指導者たちの力量、そして制度的な要因をも視野に入れることによって初めて、政治の本来あるべき姿を問い、それがなぜ歪みを生じ、どうすれば改革できるのかを、考えることが可能になると思われる。

2

民主党政権の信じられないような未熟さと無責任ぶりの背景に、政権交代を呼び起こすバネとなった自民党政権への極度の不信感があり、その自民党政権への不信感の裏には「衆参のねじれ」による政治の行き詰まり現象があったことはすでに述べた通りだが、この「ねじれ」の要因としてしばしば指摘されるのが、衆議院と参議院の権限関係である。

日本国憲法は、「国会は、国権の最高機関であって、国の唯一の立法機関」(第四一条)であり、「国会は、衆議院及び参議院の両議院でこれを構成する」(第四二条)として、二院制を定めている。議員の任期(衆院は四年、参院は六年)、選挙の方法(衆院は総選挙、解散あり。参院は三年ごとに半数改選、解散はなし)などの違いに加え、両院の意思が異なった場合について、内閣総理大臣の指名、条約の批准承認、予算の議決という三つのケースに限っては衆院の意思が優先することが憲法で決められている(第六七条の二、第六一条、および六〇条の二。また一般法案は、衆院で可決したものを参院が否決した場合、衆院が三分の二の多数で再可決すれば法律となる(第五九条の二))。

こうした事情から、衆院は参院に対して優越的な立場にあるといわれ、同じ国会議員でも衆院議員は参院議員より格が上と目されている。とくに、首相指名で衆院の意思が優先されるため、首相の指名権は事実上衆院側にあると考えられることになり、また閣僚の大半も衆院議員が占めることになって、政治的にも衆院の優位性は揺るがない。

ただし、前述の三ケース以外の一般法案は、憲法第五九条一の規定に基づいて、両院が可決しなければ成立しないし、法案以外の議決案件には「三分の二による再可決」の規定は適用されない。つまり、首相指名、条約批准、予算以外のほとんどの法案、およびすべての議決案件は、参院が反対すれば廃案となる仕組みになっている。両院の意思が対立した場合、制度的には「両院協議会」を開いて協議することができるが、これもそれぞれの院の多数派が代表となるため、開く前から決裂が約束されている。

このため、衆院が優越的地位にあるといっても、参院側が反旗を翻した場合はやっかいなことになる。野党が過半数を占め、しかも結束して反対に回るような場合はもちろんだが、そうでなくても、同じ与党内で衆院と参院の意見が食い違って、衆院側が参院側の説得に手間取ることが時折り見られる。本来、同じ政党なら政策も同じはずなのだが、前述したような衆院側の優越的立場に対する参院側の反発や、与党内の派閥対立などのあおりで、「衆院側の審議の進め方が不十分だ」「参院側の審議時間が足りない」などと、何かと理屈をつけて審議を遅らせ、「審議未了——廃案」に追い込んでしまうケースも実際に少なからずある。

このように、衆院と参院はもともと微妙な力関係にあって、当初から衆参の調整は難題だったが、一九八九年七月の参院選挙ではついに、衆院の多数派（与党）が参院では少数派になるという与野党逆転現象が生じてしまった。リクルート事件の余波や宇野宗佑首相の女性問題、牛肉・オレンジなど農産物輸入をめぐる日米貿易摩擦などで政局運営が混乱し、有権者の政治不信が高まった結果、自民党の議席率は四四%と、初めて過半数を割ったのだ。社会党の土井たか子委員長が「山が動いた」と語ったほど、それまでの衆参両院にまたがる自民党支配体制が崩れた衝撃は大きかった。

こうして八九年参院選は、その後、九〇年代の自民党政権崩壊と連立政権の誕生など大きな政治変動の序幕となったわけだが、それでも当時はまだ、のちに見られたような、政治が全面的に行き詰まるような事態にはならなかった。自民党は議席を一一一議席（過半数は当時一二七議席）まで減らしてしまったが、依然として参院の第一党であることに変わりはなく、野党第一党の社会党（七四議席）を上回っていた。それに、社会党と他の野党の足並みも一致していたわけではなかった。自民党としては、法案の修正など一部野党の要求を受け入れることによって、野党勢力の結束を分断することが可能だった。

社会党はじめ野党陣営でも、表向きは「絶対反対」といいながら実際には法案成立の必要性を認めている場合があり、国会対策委員会という与野党協議の場を通じて妥協点を探ることが少なくなかった。妥協は公式な協議で決まる場合もあるが、「断固反対」と振り上げた拳を下ろしにくいような時は、野党はあくまで「反対」の旗を掲げ、自民党側が強行採決に持ち込むのを「暴挙、暴挙」と叫んで非難しつつ、その実、法案の成立自体は黙認する、という手の込んだ芝居で決着をつけることも珍しくない。

このような、表舞台では対決、舞台裏では与野党幹部がひそかに手を握るという「国対政治」は、「五五年体制」と呼ばれる自民・社会両党の対立構造のもとでは、むしろ常態化していた。その五五年体制が崩れたのが一九九三年の衆院解散・総選挙による自民党単独政権の崩壊と、社会党など七党一会派の連立による細川護熙政権の登場だった。参院だけでなく衆院でも過半数割れで、ねじれどころか政権そのものを失う結果となり、万年野党だった社会党が非自民連立政権の与党の第一党として細川首相を支える大転換となった。日本政治は新しい時代に入ったと、だれもが思った。

ところが細川はわずか八か月余で政権を放り出し、後継の羽田孜内閣も二か月弱の短命に終わってしまった。このあと出現したのが社会党委員長の村山富市を首相とする自民・社会・さきがけの三党連立政権(一九九四年六月)である。五五年体制下では常に激突を繰り返し、イデオロギー的にも安全保障政策でも正反対だったはずの自民・社会両党があっさりと一緒に内閣を構成したのだから、世間がびっくりしたのも当然だった。

当時、政治部長として一連の劇的な政治変動を目撃する幸運に恵まれた私は、その取材経験の一端を別の著書(『政治家の胸中』)にも書いたが、忘れられないのは竹下派(経世会)の幹部だった小渕恵三(のち首相)のセリフである。

私が、「いくら政権復帰を急ぎたいからといって、政策的に水と油の社会党を首相に担いで、政権を維持できると思いますか」と疑問を口にした時の、小渕の答えだ。

「なあに、ちっとも不思議じゃないよ。今まで裏でやってたことを表に出しただけだもの」

あっけらかんとした小渕の説明に私は思わずのけぞって、しかし次の瞬間、言われてみればなるほどその通りと、ひざを打った。五五年体制下の社会党は、表舞台では「安保反対、非武装中立」を叫んで自民党政府を攻め立てながら、そうはいっても自衛隊は必要、日米安保も必要とわかっていて、自民党政府の政策を事実上受け入れていたのだろう。たとえば一九九二年の、徹夜の牛歩戦術や衆院議員の集団議員辞職騒動などで「徹底抗戦」した末に、最終的には国際平和維持活動（ＰＫＯ）協力法の成立を黙認したことなども、その一例だったかもしれない。

こうした事情を考えると、村山政権は五五年体制の完成のようにも見えてくる。しかしそうではなくて逆に、冷戦構造の崩壊など国際情勢の変化を受けて、表と裏を使い分けるだけの余裕が政党間になくなったからこそ、政権を安定させるためには裏の談合を表舞台で演じなければならなくなったということもできよう。村山自社さ連立政権の誕生は、むしろ五五年体制崩壊の象徴的出来事だったのではないかと、私には思える。

自社対決型の五五年体制は、米ソの対立を基軸とする冷戦構造の産物だった。経済では資本主義vs社会主義、国際政治的には西側の自由主義・保守主義陣営vs東側の社会主義・革新陣営、また安全保障面では日米安保堅持の親米反ソvs安保反対の反米親ソ、憲法への態度は改憲vs護憲といったぐあいに、東西対立の国際情勢がそのまま日本の国内政治に、イデオロギー的にも政治行動の面でも反映される形になっていた。

その東西対立の象徴だったベルリンの壁が一九八九年一一月に崩れると、九〇年一〇月には東西ドイツの統一、九一年一二月にはソ連の解体、消滅と、なだれのような歴史的大変動によって、冷戦構造は崩壊した。フランシス・フクヤマは著書『歴史の終焉』で西側自由主義の勝利を称えたが、世界はこれで安定化したわけではない。それどころか逆に、九〇年八月にはイラクがクウェートに侵攻し、世界を揺るがせた湾岸戦争を引き起こすなど、新たな国際情勢の流動化、不安定化の時代が一気に表面化してきた。

日本にとっても湾岸戦争は重大な岐路になった。憲法上、多国籍軍と一緒に戦うわけにはいかないが、さりとて国際法を無視した侵略行為を傍観することは許されない。結局、多国籍軍側に総額一三〇億ドルという巨額の資金援助を行うことで、かろうじて「国際協調」の体裁をつけた。当時、社会党は「護憲政党」の立場をアピールしつつ、「資金提供も集団的自衛権の行使にあたり、憲法違反だ」と反対した。資金提供は、この反対を押切っての海部俊樹内閣の決断だったが、クウェート政府がのちにアメリカの有力紙に掲載した各国への協力感謝の広告に日本の名前はまったくなく、日本国民には屈辱的な思いを残す結果となってしまった。

社会主義の総本山であるソ連が消えてなくなり、社会主義の旗印は失われてしまった。「護憲」を叫ぶだけでは平和は守れない時代が到来した。国際秩序を維持し、世界の平和と安定を守るためには、日本も何らかの形で国際社会の協力体制に参加しなければならない。PKO法案は、そうした冷戦後の新しい試練に直面した日本政治の、苦肉の産物だった。社会党は、その後もしばらく「抵抗政党」のポーズをとり続けるが、自社間の政策的な垣根が低くなった以上、自民党との連立政権を拒む理由は、このあたりから薄くなっていたわけだ。

もちろん社会党にとって、非自民の細川、羽田政権陣営を捨てて、それまで敵だった自民党と正面きって手を組むことに、党内では反対の空気も強かった。村山自身、武村正義（さきがけ党首、村山内閣の蔵相）の回想（『武村正義回顧録』岩波書店）によると、「俺が総理だなんてとんでもない」と、最後まで難色を示していたという。

「政治の常識として、選挙をやって国会に来てバッジを着けている人は、そもそもそれだけで厚かましい存在で、……みんなから請われたら、最後の最後は、村山さんでも政治家である以上は受けてもらえるだろうと思っていました。でも現実は何回言っても駄目だった。受ける気配も出さなかったな」

武村らがそんな村山をあくまで口説いたのは「人柄論を重視した」結果だという。

「総理大臣というのは、それまでの自民党時代も含めて何人か見てきて、人物だな、という意識がありましたね。見識や政策もありますが、人柄がものすごく大事だ。人柄で求心力が生まれるし、みんながついてくる」

武村によると、細川内閣が倒れ、羽田内閣の行方も不安定な状態にあったため、社会党とさきがけの間で「ポスト羽田」の政権構想案を作り、これをまず、小沢一郎、市川雄一ら羽田内閣の主要メンバーが集まっている与党代表者会議の席に、社会党幹部が説明のため持って行った。そうしたら「誰が言ったのか知らないけれど、歯牙にもかけない感じで『帰れ』と言って、文章もろくに読まなかった」（武村）という。蹴飛ばされた社会党幹部らは激怒し、今度は自民党にその案を見せたところ、なんと自民党は「丸呑みする」と回答してきたという。

「社会党とさきがけの案ですから、多少左がかったリベラルな案のはずですけれど、それに無条件で合意すると言ってきた。だから、『ええっ！』と思った。その瞬間に『自社さ』が決まったともいえますが……自民党内は政権復帰一色で、その一念で結束していた。少々のことがあっても目をつぶって呑もうという雰囲気があったのか、本当に大胆に呑んできた。歯牙にもかけずに蹴飛ばした羽田与党とは対照的でした」

意表をつく自民党側の丸呑みで自社さ政権が誕生すると、今度は首相となった村山が七月の臨時国会で、「日米安保堅持」「自衛隊の合憲」「日の丸・君が代の容認」など、それまでの社会党の基本政策を全面的に転換する方針を表明した。首相として政治の運営を担うことになった以上、現実路線への転換は当然の責務だったが、党内の抵抗を押切ってこれほど明確に政策転換を決断した村山は、大勢順応、事なかれ主義が多い政治家たちの中で稀有の存在として、高く評価されるべきだろう。

もっとも、これによって社会党は「抵抗政党」のイメージを失い、党勢は衰退の一途をたどる。戦後五〇周年の節目となった一九九五年は阪神大震災、オウム真理教の地下鉄サリン事件など重大事件が相次ぎ、七月の参院選で社会党は大敗した。自社さ三党を合わせれば過半数を維持したが、政権担当に疲れた村山は翌九六年一月、突然退陣を表明し、橋本龍太郎を首相とする自民党優位の政権が復活した。

その後の衆院選、参院選を通じて、非自民勢力の結集をめざした新進党の挫折や分裂、民主党の誕生など野党陣営の変転の一方で、自民党は政権を維持し、また連立相手は自由党、保守党（いずれも旧新進党の一部）、公明党などとめまぐるしく変わったものの、二〇〇七年七月の参院選（第一次安倍内閣）までは、あたかも自民党永久政権が完全復活したかのような印象さえ与える経過をたどった。とくに二〇〇五年九月の、郵政民営化をめぐる自民党内の政争に端を発した小泉純一郎首相の解散・総選挙で、自民党は二九六議席という空前の大勝利をおさめ、「首相支配」「官邸主導」という政治の新体制が確立されたかのような状況が生まれた。

ところが、〇七年参院選は一挙にこの構図を激変させた。前年三月に民主党代表に就任した小沢一郎は、「国民生活が第一」のスローガンを掲げ、子ども手当てや農家の戸別所得補償といったばらまき政策を打ち上げて選挙戦に臨んだ。小泉政権時代の「小さな政府」路線と正面から対立するこの戦術は、格差の拡大や新たな貧困層の出現、年金不祥事などで高まっていた社会的不満を巧みに摑んだ形となった。民主党は六〇議席を獲得する大躍進で参院の第一党となり、自民党はわずか三七議席。非改選と合わせても八三議席という大惨敗で、過半数（一二一）を大きく割り込んだ。

過半数割れという点では八九年と同じでも、今度は、野党の民主党が単独で一〇九議席を占めたのに対して、自民、公明の与党は合計しても一〇三議席という劣勢で、民主党が圧倒的な主導権を握ったことが大きな違いだ。野党陣営内での民主党の求心力も飛躍的に高まり、衆院の大勢力である自民党が、参院では民主党の協力なしには手も足も出ない「衆参大ねじれ」の構造となってしまった。安倍は続投をめざしたが体調不良もあって政権を投げ出し、後継の福田康夫政権は就任早々、政局運営に苦しむことになる。

民主党の小沢は、最初、福田との間で「大連立」を試みた。参院の主導権を握れば大半の法案の死命を制することができる。その立場を活用して政権に参加すれば、民主党の主張を政策に反映させることができるし、民主党のメンバーが政治の運営に習熟する機会にもなり、将来、民主党が政権を担うことになった場合に備えることもできる、という判断からだったようだ。

大連立構想は、福田にとっても願ってもない話だった。たとえいくつかの閣僚ポストを民主党に譲っても重要政策で自民・民主の両党が協力し合えれば、「ねじれ」は解消されて政権は安定する。極秘の工作で閣僚ポストの配分まで合意ができ、一一月、ついに大連立の発表という段階までこぎつけた。

福田はこれに先立って自民党幹部らに事前に説明し、同意を取り付けていたが、小沢からは途中の段階で民主党内の反応について一向に説明がないのが不安だった。そこで最後の党首会談で「民主党の方は大丈夫なんですか」と念を押すと、小沢は「大丈夫。心配はいりません。いまから私が党に帰って決めてきますから」と、胸を叩いて出て行ったという。それっきり小沢は戻ってこなかった。「大連立で合意」の事実を小沢の口から初めて聞いた民主党幹部らはほぼ全員が「とんでもない」と猛反発し、一瞬のうちに構想は吹き飛んでしまったのだった。

「自民党の、それも田中派の代貸だった小沢さんは、民主党という政党を自営業のオーナー会社だと思っていたのだろうが、それが間違いなんですよ。民主党はサラリーマン型企業なんですから、役員会での議論などの手続きを踏まずに、社長の一存なんかで重大決定されちゃたまらない」

幻の大連立構想から数日たって、私が事の次第を尋ねた時の、民主党幹部の解説である。「親分が右といえば右、左といえば左、これが派閥だ」が、田中派幹部（のち竹下派会長）の金丸信の口癖だった。その金丸を後ろ盾にして豪腕を揮ってきた小沢の、粗暴な政治手法を象徴するようなエピソードといえる。同時にまた、のちに政権を担当するようになってからも、閣内も党内も意見がばらばらで、だれも責任を持って決断しようとしない民主党の体質が早くもここに現れているようにも見えて、興味深い一件だった。

この失敗を機に、小沢は一転して福田・自民党内閣への対決路線を打ち出し、参院での優位をフルに使って、ことごとに強硬な反対行動を展開し始めた。インド洋における海上自衛隊の給油活動は、すでに時限立法の期限延長ができずに撤収に追い込まれていたが、ガソリン税の暫定税率も〇八年三月末で失効、さらに日銀総裁人事も「財務省出身者はダメ」という理由のもとに政府提案が否決され、戦後初の空席という異常事態となった。ガソリン税の暫定税率はのちに衆院の「三分の二による再議決」という奥の手を使って復活させることができたが、日銀総裁人事はついに新しい人選ができず、結局、日銀の白川方明副総裁を昇格させるという窮余の策で凌がざるを得なくなった。

政争に疲れた福田は〇八年九月一日夜、突然、辞任を表明する。福田としては、そのころはまだ人気が高いと見られていた麻生太郎に政権を委ね、臨時国会の開幕早々に衆院解散・総選挙を断行すれば党勢は回復できると判断したのだろう。しかし、一年前の安倍の退陣を再現するかのような唐突な政権投げ出しは、一般の目には自民党政権への失望感を増幅させるだけの結果となってしまった。

政権を引き継いだ麻生も、いきなりアメリカの証券会社「リーマン・ブラザーズ」の経営破綻と、このリーマン・ショックによる世界同時株安による経済不安に見舞われ、加えて閣僚たちの失言や不祥事、さらに麻生自身の放言癖などが重なって、立ち往生してしまった。解散どころか、無力でだらしない自民党という負のイメージが国民の間にすっかり定着し、「政権交代」への期待感が高まる一方となっていった。

衆参のねじれを最大限に活用し、政権側を機能麻痺状態に追い込み、国民の政治不信を煽ったうえで衆院解散に踏み切らせ、一気に政権交代を実現する——。これが小沢のシナリオだったとすれば、その限りで小沢は見事な成功をおさめたといえよう。

もちろん、そうした理も非もないかのような「政局至上主義」は、国家と国民生活の安寧を第一義とすべき政治本来の使命に照らせば、無責任極まりない話だ。さきに述べた「無責任の類型」に、第七の類型として加えてもよさそうだが、これまで本書が分析対象としてきた六類型と違って、政治に混乱を生じさせて政権を奪取するという明確な意図のもとに行動した小沢の場合は、権力闘争における目的と手段の背理という別次元の問題として考察されるべきだろう。

政権交代の実現という目的に照らせば見事な成功をおさめた小沢の行動は、その限りでは合理的だったといえる。しかし、その成功は、民主党が未熟なまま政権の座に就き、数々の失敗を重ねて国民の不信を招いた挙げ句政権を失い、かつ民主党という政党そのものまで壊滅的な敗北に至らしめてしまったという点で、大局的には大失敗の原因だったことになる。「小さな成功が大きな失敗を招く」「狭い合理主義が非合理な重大結果を生む」という政治の逆説は、小沢のケースにとどまらない。本書でもこのあと、さまざまな政治ドラマにおける政治の成功と失敗を検証していくが、ここでは、二〇世紀最後の一〇年前後から始まった戦後政治の変動を概観することを通じて、政変の裏に衆参のねじれなどの制度的要因が大きな作用を及ぼしているという事実を確認しておきたい。

3

丸山眞男の「無責任の体系」は、日本の歴史始まって以来の大惨事となったあの戦争の責任がどこにあって、誰が負うべきだったのかが、追及すればするほど摑みどころのない霧の中に溶け込んでしまうという日本独特の政治体質の研究から始まった。「権限への逃避」「既成事実への屈服」など、丸山が発見した無責任現象の基本類型は、日本政治の理解に大きく貢献したことは間違いない。しかし同時にまた、あまりに鮮やかな分析のおかげで、もう少し細部について、あるいは別の角度から、考察すべき他の問題点が見えにくくなってしまった憾みも否定できない。

とくに、「無責任」という象徴的な言葉が、実証的であるべき政治分析をイデオロギー的思考に変えてしまって、「無責任」というレッテルさえ貼ればそれなりの政治批判になるかのような錯覚を生んだり、政治家個人の資質や力量の問題、あるいは制度や時間の経過といった複数の要素を考慮に入れた、動的な政治過程の研究を手薄にさせてしまった印象をぬぐえない。

政治は人間の営みであるから、成功もあれば失敗もある。それらの成功と失敗が織り成す政治の歴史は、中長期的視野から見れば、経済の景気循環に似て安定、停滞、衰退、動揺といった起伏のパターンを描いている。しかし、そうした変化の波動は、安定期が長いことも短いこともあって一定ではないし、起伏の山と谷の深さもそのつど異なる。政治は、意思を持った多様な人間たちの行動だからこそ、判断や決断次第で成功もあれば失敗もあるのであって、そこに責任を問う根拠が存在することになる。

私が「無責任」のさまざまな類型を検証し、また制度的な要因も考慮に入れて政治行動の分析を試みてきた理由も、それらの考察を通じて、失敗を避けるには何が必要か、あるいは、たとえ失敗が生じた場合でもマイナスの影響を少なくするにはどうすればよいのか、といった「よりよき政治」に向けた努力の余地を探りたい、という考えからであった。

そうした問題意識に立った上で、失敗と責任の関係をこれまでとは正反対の方角から眺めてみると、新しい視界が開けてくるように思える。丸山の分析に見られるように、私たちはこれまで、失敗（たとえば敗戦）という結果から出発して、どこにどのような責任があり、だれが責任を取ったのか取らなかったのか、また、なぜそうだったのか、などを追究してきた。つまり結果を受けての「無責任」の究明だったのだが、ここで視点をくるりと変えて、「無責任」を失敗の原因と考えてみたらどうなるだろうか。

さまざまな類型に示されたような無責任さを政治考察の出発点にすると、政治を担う当事者がかくの如き意味で無責任だった、あるいはまた、ここに手抜かりがあった、だからこんな失敗が生じたのだ、ということが、それぞれの政治現象に関して言えるようになるだろう。また、そうなると、失敗を回避するために必要な対策や、これを放置すれば失敗に至りかねないという予兆が、あらかじめ見えてくるかもしれない。たとえ失敗を未然に防ぐことはできないにしても、少なくとも、現実の政治がどのような状況にあるかの問題点をその時点で認識し、対策を考え、議論する可能性が生まれてくるだろう。政治過程を「時運の赴くままに」、大勢に流されてゆく自然現象としてではなく、人間の明確な意思的行為としてとらえ、行動することになれば、責任の所在もおのずと明らかになってくるに違いない。

「市場の失敗」を論じた書籍はたくさんあるが、「政治の失敗」を中心テーマとして研究した本は、大正期から敗戦に至る戦前の政治過程を国民意識の分析を中心に研究した坂野潤治『日本政治「失敗」の研究』(光芒社)など、わずかしか見当たらない。

利益を追求する人間の、市場における自由で合理的な活動にまかせておけば経済は順調に発展するはずだ、というのが古典派、新古典派の経済学の前提であって、それにもかかわらず現実には景気が悪化したり経済が停滞するところから、それはなぜなのか、市場が円滑に機能しない原因は何か、といった問題が、経済学的には探求すべき重要テーマとなる。それにひきかえ政治の方は、たとえば市場活動の阻害要因にしばしば政治が挙げられることがあるように、政治には失敗がつきもので、あまりにも自明のことと感じられるためか、こと改めて「政治の失敗」を研究の対象とするまでもない、とみなされているのかもしれない。

もちろん、個別の政治ドラマや政治家たちの言動をテーマにその成功や失敗を論じた書物は数多くあるが、それらを通じて政治という人間行動を総体として対象化し、「失敗」という観点から個人的資質や制度的要因などを多角的に分析することは、少しでも政治の失敗を減らし、政治が健全に機能するよう努力するうえで必要なことだと思う。そのような理由から私は、政治指導者らの個人的資質や能力と合わせて、制度の作用も考察の重要な要素とみなして議論を深めていきたい。もとより制度要因を強調しすぎてはならないが、個人の資質を問う場合でも、それではなぜ資質に欠ける人物が指導者の立場に立ってしまうことがあるのか、という問いに答えるためには、制度と人の両面からの考察、およびその相互作用という視点を忘れてはならないと思う。

さきに見てきた衆参のねじれの問題は、その一例である。ねじれが生じるのは国会が衆院と参院の二院制をとっているからだという制度論だけからいえば、参院を廃止して一院制にしたらどうかという意見が出てくるのは当然である。一院制の主張はすでに、近代社会の幕開けに際し、『第三身分とは何か』（岩波文庫）で知られるフランス革命の指導者、エマニュエル＝ジョゼフ・シエイエス（通称アベ・シエイエス）によって、次のように鮮やかに論じられている。

「若し上院が下院に同意するなら無用であり、反対するなら有害である」

簡潔で力強く論理的なシエイエスの言葉は、今日でも、説得力に富んだ発言としてしばしば一院制論者によって引用されている。しかし、同じくらいに説得的で見事な反論が、政治学者の矢部貞治によって語られている。著書『政治学』（勁草書房）の中で矢部は、シエイエスの発言はアレクサンドリアのギリシア文献を所蔵する図書館を焼いたムハンマドの、「若しこの図書館の書物がコーランに合するなら無用であり、合しないなら有害である」という論法と同じであることを指摘し、「下院が絶対に過つことなく、又下院以外には絶対に正しいものはないという前提がない限り、是認することのできないものである」と述べ、一院制論は下院の無謬性という非合理な前提なしには成り立たないと強調している。

シエイエスの論理は、「第三身分とは何か。――全てである」という断言に象徴されるように、ひと握りの特権階級ではなく第三身分の「庶民」こそが「国民」であり、「国家の共通意思」を形成する主体なのだという前提に立っている。革命以前の、階級社会の打破をめざす立場からのプロパガンダとして、シエイエスの主張は当時、熱情をもって共感されたのだが、現代社会にあっては、国民といっても利害は一つではない。地域や業種、宗教、世代、所得分布などによってさまざまな対立があり、それを調整する議会の決定も相対的なものにならざるを得ない。第一院の意思決定が最終、最善のものである保証はない。したがって、第一院と異なる第二院の意思が「有害」であると決め付ける根拠もない。

多くの国が二院制をとっているのもそのためだろう。その場合、アメリカの上院のような州代表、あるいは社会の階級構成を反映させた欧州の議会などのように、第一院と第二院を性格的に分ける方法をとっていれば、二院制の意義も理解されやすい。日本でも、参議院を都道府県の代表で構成するとか、あるいは衆議院議員の首相経験者や長老議員たちを参議院に集めるというやり方が、アイデアとして検討されてもよかろう。しかし、憲法を改正しなければこの種の改革はできないことになっている。第四三条に「両議院は、全国民を代表する選挙された議員でこれを組織する」という規定があり、参院も衆院と同様に、国民の直接選挙で議員を選ばなければならないことになっているからだ。

したがって、衆議院と参議院は、母体となる有権者も同じ、選挙の方法もほぼ同じ、法案や議決の方法など議会としての権能もほぼ同じで、異なるのは任期の違いに由来する選挙の時期だけということになる。選挙の時期が違えば、その時々の政治状況によって有権者の関心や反応も違い、「民意」も変化するから、衆院と参院で政党間の議席分布が選挙のたびに変わることになって、「ねじれ」が生じやすくなる。ねじれはまた、前に述べたように、政局の動向や選挙結果の影響などによって同じ政党でも内部に確執が生まれ、それが衆参の対応に乱れをもたらすことによっても引き起こされる。

一般の法案や議決案件は、前述のように、憲法第五九条の二に基づいて、参院が否決した場合には「衆院の三分の二以上の多数」による再可決で成立させることができるが、衆院選で単一政党が独力で三分の二の多数を占めることは至難のわざだ。二党以上が連立政権を組めば与党全体として三分の二を確保することはできるが、この場合は、連立を組む小党が法案成否のキャスティング・ヴォートを握ることになり、小党の意向が政局の行方を振り回すという不健全な事態が生まれてしまう。再可決の条件を「三分の二」ではなく「過半数」に改めれば、参院が否決した法案でも衆院で再可決・成立させやすくなり、「強すぎる参院」の弊害をかなりの程度まで解消することができるだろうが、これも憲法を改正しなければできないことで、現実には困難だ。

このように、衆院と参院が対等に近い立場で並立するという憲法上の制度が、ねじれ現象と、それに伴う政治の停滞や混乱の原因をなしているとする見方が一般的だ。周知のように現行憲法は、終戦直後の占領下にGHQの指令で短期間のうちに制定されたもので、十分な時間をかけた熟議の産物ではなかった。GHQが日本側に提示した憲法草案では、国会は衆議院だけの一院制となっていて、日本側の強い要請で参議院が設置されて二院制になったものだが、両院の役割や性格の相違などについてはほとんど議論されないままになっていた。その意味では、参院の位置づけについての検討が不十分だったことが問題の背景をなしていることは、否定できない。

ほかにも憲法には矛盾した表現や解釈の相違を生む不明確な条文がいくつもあり、また今日の時代に合わない内容もある。憲法を国民自身の手で改めて検証し直すことが必要なのだが、ここでは話を二院制の問題に絞ろう。衆参両院の関係にはこのように問題が多いのは事実としても、それでも私は二院制を大切に考えたい。それは、政治過程における「時間」の作用と妥協の意味を重視するからだ。

同じテーマでも、衆院の審議を通じて明らかになった問題点などを改めて参院で討議することによって、より深く考え直す機会が得られる。衆院で一定の結論が出されていても、そこでただちに最終的に法律として確定し、発効させてしまう前に、同じ会期内に参院で重ねて審議することを通じ、よりよい方向に内容を修正することは、いまでも現実にしばしば行われている。時間をかけることは効率を損なうというマイナスがあろうが、逆に、衆院だけの決定で生じるかもしれない弊害を、未然に防ぐことが可能にもなる。もし衆院で、しっかりと申し分のない審議が行われている場合には、参院はそれをすんなり成立させればよいだけの話だ。衆院の決定をそのまま認めたら「衆院のカーボンコピーといわれる」などと心配したり、参院の独自性が失われるなどと卑屈に考えることの方が間違いなのだ。

要は、法案や議決案件など国会での審議を求められている政治課題について、衆院も参院も、また与党も野党も、国家や国民生活にとって何が利益になるかという、政治が本来果たすべき使命の観点から、理性的に議論することができれば、ねじれも停滞もないのだ。

理屈だけのきれいごと、といわれるかもしれないが、現実に戦後しばらくの間、参院は「良識の府」と呼ばれ、学者や文化人が多く選ばれ、「緑風会」という無所属議員たちの会派が活躍したことがあったことを、忘れてはならない。

五五年体制が定着して参院側でも政党化が進み、また自民党の総裁選をめぐる派閥争いにからんで参院も多数派工作の戦場になるなどの歴史的経過をへて、いまでは「良識の府」とは逆に「政局の府」の批判を浴びるようになってしまったが、これは制度がもたらす必然的結果というより、制度を運用する政治の側の行動によるところが大きい。

現代政治は政党間の競争や対立なしには成り立たないし、国会がその舞台になるわけだから、参院が政局と無縁でいられなくなったのも、その意味では自然なことといえる。しかし、ねじれ構造を徹底的に利用して自民党政権を機能麻痺状態に追い込み、政権交代を成し遂げることを意識的に狙った民主党の小沢一郎の事例を別とすれば、一九八九年以来の参院における与野党勢力が逆転した状態のもとでも、政治が致命的な行き詰まりに陥ることはなかった。五五年体制下のような、「国対政治」的な舞台裏での与野党談合が好ましくないことは当然だとしても、少なくとも、主張の対立はあっても重要問題では問題解決のための妥協を図るのが政治の常識であり、実際にそれが行われたこともあったのだ。

政治は宗教と違って「絶対」を求めるものではなく、対立を乗り越えて問題解決を図るのが任務である。状況判断は人によって違うし、政策や採るべき方途にもいくつも選択肢がありうる。それらさまざまな選択肢の中から、よりよい、あるいはより弊害が少ないと思われる一つを決断して行動するのが政治であり、だから指導者はたえず、自分が下した決断について責任を問われることになる。決定はつねに、別の決定も可能だったという相対性の中にある。どちらか一方の満足、他方の不満足、というゼロサムではなく、国民全体にどの程度まで多くの利益をもたらせるかを比較考量することによって決定されるべきものなのだ。

妥協という言葉は、しばしば節を曲げた不実な行為のようにマイナス・イメージで語られることが多いが、急進的革命主義に批判的だったイギリス保守主義の父、エドマンド・バークは、妥協こそが社会を安定させるカギだとして、その必要性を強調している。

「利害対立の存在こそ、性急な決断を下したいという誘惑にたいして、健全な歯止めを提供する。利害対立のもとでは、どんな決定も熟慮に基づいてなされねばならない。したがって物事を変える際にも、妥協がつきまとうことになり、変化は穏やかなものにとどまる。……さまざまな身分の代表が、独自の利害をもって集まることこそ、自由を保障するのである」（『新訳・フランス革命の省察』PHP研究所。『フランス革命についての省察』上、岩波文庫）

第三身分こそが唯一の国民である、というシエイエスの一院制論などへの批判として書かれたものだが、現代の代表制民主主義社会の、地域、業界、世代、性別などさまざまな利害対立を反映する議会（国会）

の運営についても、妥協の大切さは変わらないはずだ。

視点はあくまでも「国民全体の福利」でなければならない。その目的を忘れ、あるいは意識的に脇に置いて、権力追求を自己目的として法案や議決案件を廃案に追い込むなどといった行為は、たとえそれが権力獲得という狭い目的から見れば合理的であっても、二院制という議会の制度を意識的に悪用するものであり、議会人としての自己否定となろう。

制度は機械のようなものだ。本来は人間の利便のために作られるのだが、使い方を間違えると、目的とは逆の作用を及ぼすこともある。手入れや保全を怠ると、機能が衰えたり故障を起こすから、絶えず点検して不具合を手直しする作業が必要となる。制度はだから、目的に合わせてきちんと設計されなければならないだけでなく、その制度が目的に即して機能できるようにするための不断の努力が欠かせないのだ。それをせずに、ましてそれを悪用するようなことがあれば、それを使う人間に思わぬ不利益をもたらすこともある。

制度が、設計意図とはまるで違う結果をもたらすことがあるという制度の逆機能、あるいは制度の逆襲という事態は、二院制と衆参のねじれの事例だけではない。小選挙区比例代表並立制という衆院の選挙制度についても、似たようなことがいえる。

一九八〇年代末期、リクルート事件が与野党にわたる政界全体だけでなく官界も巻き込んだ大スキャンダルになって以来、「政治改革」が数年間におよぶ日本政治の重要テーマとなった。「政治とカネ」は、一九五五年の保守合同・自民党結党以来、総裁選などをめぐって何度も繰り返し問題化し、自民党政治の宿痾ともなっていたが、その当時、スキャンダルが起きるたびに叫ばれていたのは「党改革」だった。腐敗は自民党の問題であり、腐敗の元はカネが乱れ飛ぶ派閥争いにあるという認識から、総裁選出方法の見直し、派閥の解消、政治資金の規正強化などが改革の具体的内容として、実行を迫られ続けていた。

ところが、リクルート事件は、竹下内閣の主要メンバーや自民党の幹部たちが軒並み関わっただけでなく、野党の幹部の多くも含まれ、さらに各省庁の高級官僚たちの多くも巻き込んだ「構造汚職」と呼ばれる特異な事件となった。リクルート社の子会社であるリクルート・コスモス社の未公開株譲渡という、商取引の形態を装った新しいタイプの贈収賄事件で、当事者たちの犯罪意識が薄かったことも、関与者の規模が広がった一因かもしれない。事件当時、株譲渡を受けて捜査の対象にもなった野党幹部の一人にあとで、「危ない話だと思わなかったのですか」と尋ねた時の、彼の答えが今も耳に残っている。

「いやあ、ご好意だなあと……。こんな騒ぎになるとわかっていたら、はじめから秘書に扱わせるとか別のやり方を考えただろうが、あの時はそんなことは全く想像もしていなかったから、ありがたく頂戴しちゃったのさ」

いずれ株を公開すれば額面よりはるかに高い価格で売却でき、株購入価格との差益がたっぷり懐に入ることが確実だった。だからその行為が贈収賄とみなされたわけだが、形式上は私的な商行為という建前のため、いつもならあとで自分が直接追及されないよう、間に秘書を介在させるといった予防措置をこの件ではとらなかった、というのが彼の率直な回想だった。

未公開株譲渡という新しい手法、また利益のばら撒きがかつてなく広範囲だったことに加え、リクルート社の目的が、既存の法律や規制の変更を試みることにあったことなど、この事件はそれまでの汚職や不祥事とは異なるいくつかの特色があった。一九五五年の自民党結党以来四〇年近く。復興から高度成長へという経済発展をへて、政界、官界、経済界の「鉄の三角形」と称される利益配分構造が確立されていた。その既得権益構造の隙間に新興企業として割り込もうとしたのがリクルート事件だったといえよう。

だからこそ、そのことによってこの大スキャンダルは、自民党一党優位体制のもとで確立されてきた政治構造全体を揺るがせ、「党改革」の次元を超えた政治構造の全面的な改革、すなわち「政治改革」が問われることになったのだった。最初は「カネのかからない政治」をテーマに出発した改革論議だったが、次第に、派閥争いでカネが乱れ飛ぶ政党のあり方全体に対する批判に焦点が移り、さらに、カネのかかる政治や派閥政治を生む温床が「中選挙区制」であるという認識から、選挙制度の見直しが最大の焦点となっていった。

たまたま、リクルート事件が発覚して次第に深刻な事件に発展していく一九八八年から八九年にかけてのプロセスは、昭和天皇の崩御と平成の幕開け、消費税の導入、天安門事件、冷戦の崩壊、参院選での自民党過半数割れなど、内外ともに大変動に見舞われた歴史的な節目の年でもあった。流動化する内外情勢の中で、それまでの利益配分型の日本政治が行き詰まり状態にあることを多くの国民が実感していた時でもあったから、「政治改革」論議は幅広い支持を巻き起こした。こうして自民党は八九年五月、「自らの出血と犠牲を覚悟して、国民に政治家の良心と責任感をしめす」決意を具体化するものとして、「政治改革大綱」を発表する事態となった。

大綱は、政治倫理審査会の強化、議員の資産公開、衆院議員定数の削減、派閥解消といった、それまで議論されてきた改革案の断行を確認するだけでなく、「国民本位、政策本位の政党政治を実現するため、小選挙区制の導入を基本とする選挙制度の抜本改革に取り組む」と、新たに具体的な選挙制度改革の方針を明示し、「政権交代」の可能性にも言及する画期的な内容となった。自民党がこの時点で本気で「政権交代」を想定していたとは思えないし、むしろ、政権を失うことにならないよう、国民の信頼回復を狙ってのアピールだったと思われるが、この政治改革の実行をめぐる失敗が、四年後に自民党政権の崩壊、細川連立政権の誕生という現実の政権交代を導くに至ったという意味で、大綱は実に歴史的な文書だったといえる。

一九九三年の、政治改革関連法案の先送りが引き金となった自民党の内紛と内閣不信任案可決、そして解散・総選挙から自民党政権の崩壊、細川護熙を首相とする七党一会派の連立政権の誕生、という歴史的な政権交代に至る政治ドラマに関しては別に触れることにして、ここでは小選挙区制の導入という選挙制度の問題に絞って、その意味と影響について考えてみたい。

中選挙区制は定数が三から五の複数のため、政党が衆院の過半数を制して政権を握るには、一選挙区から複数の当選者を獲得しなければならない。ということは、政権政党の候補者は一選挙区に少なくとも二人以上が必要となり、彼らは野党候補者だけでなく同じ政党の候補者とも戦わなければならないことになる。候補者としては、二人もしくは三人以上の同士討ちを勝ち抜くためには、政党本位ではなく個人中心の選挙戦にならざるをえなくなり、そこから派閥による物心両面の非公式な支援活動を必要とする事情が生じる。

選挙戦で勝ち上がるには後援会組織の維持をはじめ日常の政治活動が大事だが、そのためには多額のカネが必要となるだけでなく、地元に利益を誘導するシステムの構築にも迫られ、利権やポストをめぐる争い、派閥対立、族議員の横行が常態化することになる。また、これによって政権党はますます強くなる一方で、野党はいつまでも弱小勢力にとどまり、与野党の勢力図が固定化して政権交代は起きにくくなる。それがまた政権党のおごりや腐敗を生み、国民の政治不信を高めるという悪循環を招く。これが、「諸悪の根源は中選挙区制にあり」として小選挙区制を提唱する政治改革論の論拠だった。

小選挙区制にすれば、選挙区の定数は一、つまり当選者は一人だから、政党の公認候補は一人だけとなり、同士討ちはなくなる。選挙戦は個人ではなく政党間の、政策本位の争いになる。多額の資金を使って個人的に後援会を育成する必要も少なくなり、派閥への依存度が減る。したがって派閥の役割も小さくなり、党執行部の指導力が強まって、意見集約が容易になる。政党が政党らしくなり、国会での政策論争が活発化する。政権党に政策上の誤りや不祥事があれば、人ではなく政党を選ぶ選挙制度だから国民も審判が下しやすくなり、政権交代が起きやすくなる。二大政党制に近い構造になって政治に緊張感が生まれ、議会制民主主義が活性化する――。そうなるはずだった。

小選挙区制の場合、敗者側の投票が死票になるという難点があるため、単純小選挙区制ではなく、政党の得票率に応じて議席を配分する比例選挙の要素を加え、一九九四年一月、ようやく連立与党と野党・自民党との間で合意に達して成立したのが、いまの「小選挙区比例代表並立制」の制度である。政治資金の規正強化と合わせ、国民一人当たり二五〇円の税金を政党に交付する「公的助成」も創設し、資金面での企業への依存度も減らす措置をとった。これによって日本の政党政治は新しい時代を迎えることになったと、多くの人が思った。

私自身は、小選挙区制さえ導入すればすべてがうまくいくかのような言説には、やや懐疑的だった。選挙制度に完璧はない。あるなら世界中の民主主義国家がすべて同じ制度をとっているはずだ。現実にはどの国も少しずつ異なる制度を採用している。その一事だけ見ても、どの制度にも何らかの難点があると考えるべきだろう。逆に、「諸悪の根源」とされた中選挙区制にも、少数政党でも議席を獲得しやすい比例選挙的な要素や、無所属候補でも当選可能性があるなどいくつかの利点があって、全否定すべきではないとも思う。

ただし、そうはいってもこの段階での自民党は、政権政党としての体力が限界にきていた。一九五五年の結党時に、保守合同の立役者だった三木武吉が「これで二〇年はもつだろう」と語ってからすでに四〇年近くたち、相次ぐスキャンダルや党内抗争に国民の不信感も頂点に達していた。その自民党が、自分たちの一党優位体制の基盤をなしていた中選挙区制を自ら放棄して小選挙区制をめざすというのであれば、その自己改革の決意と努力は評価しなければなるまい。当時私はそう考えた。

小選挙区制が完璧な制度ではない以上、将来、何らかの問題が生じる可能性はあるだろうが、その場合はまたその時点で再び改革をすればよい。大事なのは、自らの問題を自ら考えて改革に取り組むことである。その自己改革努力という見地から私は、小選挙区制導入を柱とする政治改革を支持し、その立場から新聞紙面でも論評した。

小選挙区制は成功したといえるだろうか。たしかに政権交代は実現した。二〇〇九年八月の衆院選で民主党は一挙に三〇八議席（小選挙区：二二一、比例：八七）という空前の大躍進を遂げ、自民党はなんと一一九議席（小選挙区：六四、比例五五）の大惨敗。文句なしの圧勝で民主党政権誕生となった。一九九三年の政権交代は、中選挙区制最後の選挙で自民党が過半数割れの敗北を喫し、細川連立政権の登場を招いたものだったが、この時の自民党の議席はそれでも二二八（定数は五一一）で第一党。二番手の社会党（七七）をはるかに上回っていた。自民党を飛び出した小沢一郎（当時は新生党）の工作が実を結び、社会党はじめ八つの中小政党・会派が「非自民」の一点を旗印に連立を組む形で自民党から政権を奪ったわけで、本格的な政権交代にはほど遠かった。

「政権交代可能な選挙制度」をめざすという政治改革の目的からすれば、〇九年の政権交代は見事な大成功だったといえる。当時、一部の政治学者たちは選挙戦にあたって「政権交代は手段ではなくて目的である」と、政権交代の機運を礼賛していた。しかし、政権交代はあくまでも国民本位の政治を取り戻すための手段である。政権交代それ自体が目的だというのは、特定の立場に立ったプロパガンダとしか思えない。それまで一緒になって熱心に政治改革運動に取り組んできたこれら政治学者の言動に、一気に幻滅を感じたことを記憶している。

政権交代によって登場した民主党政権が国民生活に何をもたらしたかは、すでに本書でいくつも事例を挙げて述べてきたので繰り返さないが、およそ政治指導者に不適としか思えない人物たちが政治の中枢を握るようになってしまったのはなぜなのか、という疑問を解くカギがこの小選挙区制にあったということを、ここで改めて指摘しておきたい。

「いやあ、予想もしない大誤算だった。小選挙区で勝つためには五一％の票を取らなければならないのだから、当然、それなりの人物が選ばれるに違いないと思っていた。ところがいざやってみたら、政治の何たるかも知らないような人たちまで風に乗って当選してきちゃったんだから」

政治改革の旗を掲げ、小選挙区制導入の先頭に立って細川連立政権誕生の原動力役を果たした当時のさきがけ幹部がいま、沈痛な面持ちで語る言葉に、私もうなずかざるを得ない。〇九年衆院選で、未熟な民主党議員が大量に当選して政治の迷走を増幅させたことは記憶に新しいが、そうした事態を生んだ前例は、小泉純一郎首相の自民党政権が「郵政民営化」をスローガンに断行した〇五年の衆院選にある。

衆院で何とか可決した郵政民営化関連法案が、参院で否決されたからという理由で衆院を解散するという小泉のやり方は、当時から筋が通らないと問題視された。しかし、現実には「自民党をぶっ壊す」「改革なくして成長なし」という小泉の、短く威勢のよいスローガンや、民営化に反対する自民党議員を落選させるため女性を対立候補として送り込む「刺客候補」「くの一候補」などの話題が先行する劇場型選挙によって、選挙戦は熱狂的な盛り上がりを見せ、自民党はなんと二九六議席という劇的な勝利を手中におさめた。事前の候補者選定の準備もない抜き打ち的解散で、名乗りを挙げた人物を次々に公認し、そのほとんどが当選したため、新人議員は八三人にのぼり、中には、比例部分で当選したフリーターの若者が「議員になったから料亭にいきたい」などと口走る騒ぎまで生んだ。

小泉チルドレンと称されたこれら自民党の初当選者たちの多くは次の〇九年衆院選で落選し、代わって当選してきたのが民主党の新人議員たちだった。それがまた、一二年の衆院選では民主党新人議員の大半がごっそりと落選し、自民党では〇五年をさらに上回る一一九人の新人議員が誕生した。

選挙のたびに新旧議員が入れ替わること自体は、あって当然だろう。議員としての活動が適切だったかどうかをチェックして、有権者が当落を判定するのは民主主義の基本である。しかし問題は、それがあまりに大規模で、しかも大変動がその時々のムードや風の吹き回しなど、およそ理性的な判断とは無縁な情緒的反応として生じるところにある。

〇五年の時は、テーマは一応「郵政民営化」という政策問題だったが、実際には「守旧派vs女性刺客」というテレビ的演出が巻き起こした「風」の作用によるところが大きかった。〇九年は、自民党政権の相次ぐ不祥事と機能不全ぶりへの反動として、「政権交代」への期待が熱狂的な風を起こした。一二年はその期待が幻滅に変わり、民主党への熱風は逆風に一変して、五九・三%という戦後最低の投票率のもとでの、熱気なき自民党大勝利となった。

揺れ動く民意とともに、選挙のたびごとに一〇〇人前後もの大量の新人議員が回転ドアのように国会の議席を出入りするのでは、政治経験を積むこともできない。人はだれでも選ばれる権利があるが、政治は本来、学生たちの討論会ではなく、国民にとって何が利益になるかを判断し、決定し、結果に対して責任を引き受ける重大な行為なのだから、それだけの知恵と覚悟と経験なしには政治家は務まらない。

ところが実際には、長年政権を担ってきた自民党でも、ベテラン議員が「最近の新人議員は、自分の言いたいことだけ主張したら、あとは他の議員の発言など聞こうともしないで出て行ってしまう」と嘆くように、与野党を問わず政党組織内部の秩序は液状化している。分裂直前の維新の会の集会で、意見の合わない党首に向かって新人議員が「出て行ったらええやん」と、乱暴な言葉を投げつける騒ぎまで起きている。

こんな状態だから、〇九年衆院選で、時の勢いに乗って突然政権の座についてしまった民主党が、党内の意見集約もできないまま、それぞれの思いつきや、実現可能性など無視した野党時代の主張を掲げて突っ走ったのだから、大失敗したのも無理はなかった。もちろん民意の大変動は小選挙区制の影響だけではなく、産業構造の変化や地域共同体の崩壊といった社会的変動に伴って無党派層が拡大し、選挙の動向がそのつどの社会情勢で揺れ動くという、有権者側の構造的変化によるところも大きい。

このように、政治現象は人的、制度的、社会的な複合的相互作用の結果だから、多角的な見地からの検証が必要なのだ。よかれと思って設計した制度も状況次第では逆に予想外の負の作用をもたらすことがあり、したがってたえず、制度がめざす目的と現実との落差を点検し、問題点をいち早く発見して改善策に取り組むことが必要だということである。そうした努力を怠って、一つの制度が目的と正反対の大失敗を招いたいくつもの事例をここまで近年の政治改革論議について見てきたが、空前の悲劇を生んだ戦争に至る戦前のプロセスに立ち戻って、より鮮明な形で確認することにしよう。

4

司馬遼太郎は『この国のかたち』（第1巻、文春文庫）の中で、日露戦争（一九〇四―〇五年）から太平洋戦争の敗戦（一九四五年）に至る四〇年間を「異胎の時代」と呼んでいる。参謀本部という「明治憲法下の法体制が、不覚にも孕んでしまった鬼胎」が政治の主導権を握り、やりたい放題に振舞って、あげくの果てに国をつぶしてしまった。

「一人のヒトラーも出ずに、大勢でこんなばかな四十年を持った国があるだろうか」

とくに司馬は、「昭和ヒトケタから同二十年の敗戦までの十数年は、ながい日本史のなかでもとくに非連続の時代だった。――あんな時代は日本ではない」と、怒りを込めて回想する。この異常な時代を生んだ根源は何か、それは「統帥権」だった、と司馬はいう。

「〝日本史的日本〟を別国に変えてしまった魔法の杖は、統帥権にあった」

統帥権というのは軍隊の指揮権を指す普通名詞だが、この言葉が日本の歴史を滅茶苦茶にした元凶として広く一般に知られるようになったきっかけは司馬のこの作品だったと、半藤一利は『あの戦争と日本人』（文藝春秋）で述べている。半藤は当時、文藝春秋の編集者で司馬とも親交があり、司馬に「統帥権が昭和を駄目にしたと盛んにおっしゃるけれども、それはちょっと違うんじゃないですか。断定のしすぎじゃありませんか」と異論を唱えたという。統帥権それ自体が悪いのか、それとも統帥権を独立させるように拡大解釈させた軍人たちが悪いのか、その辺がはっきりしないというのが半藤の指摘だった。

半藤によると、彼の意見は司馬に容れられなかったというが、司馬は別の箇所（文庫版第4巻）で統帥権について改めて詳述し、「こまかくいえば、統帥権そのものというより、その権についての解釈を強引に変えて、魔法のたねとした」参謀本部などの軍人たちを非難している。非難の力点は、軍人たちの一方的な拡大解釈にあったと見てよかろう。

実際、統帥権という言葉が明治憲法（大日本帝国憲法）に明記された明治二二年（一八八九年）から、司馬がいう「異胎の時代」が始まる日露戦争に至るまでの間は、「統帥権問題」が話題となることはほとんどなかった。

第十一条「天皇ハ陸海軍ヲ統帥ス」

第十二条「天皇ハ陸海軍ノ編制及常備兵額ヲ定ム」

この短い二つの条文を明治憲法に盛り込むことにしたきっかけは、半藤によると、明治一〇年（一八七七年）の、西郷隆盛の反乱による西南戦争だったという。新政府軍の参謀長だった山県有朋が、薩摩の西郷軍との戦闘を通じて、臨機の作戦を立てるうえでそのつど政府の認可を求めていては間に合わない、将来的に、万一の対外戦争などに備えるには独立した軍隊指揮権が必要だと痛感し、約一〇年後の憲法制定の際、軍事は天皇直率であることを明示したものだという。

それがなぜ、軍人が日本を滅ぼすような「魔法の杖」になってしまったのか。司馬は「日露戦争の勝利が、日本国と日本人を調子狂いにさせたとしか思えない」と書いている。日露戦争で日本は、実際には物量面で敗北寸前の状態にあったのだが、それを知らない国民は勝利したとばかり信じ込んで「講和条約反対、戦争継続」を叫び、日比谷公園の全国大会に集まった三万人の大群衆が暴徒化して焼き打ち事件まで引き起こした。「この大群衆の熱気が多量に――たとえば参謀本部に――蓄電されて以後の国家的妄動のエネルギーになったように思えてならない」というのが、司馬の解釈だ。

山県有朋、伊藤博文ら明治維新の指導者らが健在だった時代、あるいは大正デモクラシーと呼ばれる政党政治の発展期はまだ表面化しなかったが、昭和に入ると明治憲法体制が次第に変質を始める。昭和三年（一九二八年）、関東軍高級参謀・河本大作による奉天軍閥首領・張作霖の爆殺事件に続いて、同六年（一九三一年）には関東軍参謀・石原莞爾らが満州国独立を意図して満鉄の一部を爆破（柳条湖事件）する満州事変が起きる。いずれも内閣はもとより参謀本部も寝耳に水の、出先の軍人たちによる独走で、明らかに天皇の統帥権を侵す行為だった。それなのに、軍中央はこれを抑制できず、以後、血気にはやる出先軍人たちの暴走が事実上放任される事態となっていく。

昭和天皇は河本の張作霖事件への対応について、当時の田中義一首相を厳しく叱責したことを、のちに自らこう語っている（『昭和天皇独白録』）。

「この事件の主謀者は河本大作大佐である、田中（義一）総理は最初私に対し、この事件は甚だ遺憾な事で、たとへ、自称にせよ一地方の主権者を爆死せしめたのであるから、河本を処罰し、支那に対しては遺憾の意を表する積である、と云ふ事であつた」

「然るに田中がこの処罰問題を、閣議に附した処、……日本の立場上、処罰は不得策だと云ふ議論が強く、為に閣議の結果はうやむやとなつて終つた。……それでは前言と甚だ相違した事になるから、私は田中に対し、それでは前と話が違ふではないか、辞表を出してはどうかと強い語気で云つた。こんな云ひ方をしたのは、私の若気の至りであると今は考へてゐるが……」

「聞く処に依れば、若し軍法会議を開いて訊問すれば、河本は日本の謀略を全部暴露すると云つたので、軍法会議は取止めと云ふことになつたと云ふのである」

天皇の叱責を受けた田中首相は責任を取って間もなく内閣総辞職、二か月後に急死する。天皇が「若気の至り」と述べたのは、田中への叱責について元老・西園寺公望らから、明治天皇以来、天皇が首相の進退に直接言及した前例はないといさめられたことを踏まえてのことのようだ。これ以後、昭和天皇は、内閣が決めたことに対しては、内心反対であってもすべて受け入れるようになる。日米開戦を、本意に反して裁可したのも、こうしたいきさつの延長線上にあったといわれる。

そしてまた、軍中央も、河本の居直りにすくんでしまったのか、ことを荒立てると現場が暴れて上層部に責任が及びかねないという責任回避の思惑から、河本を停職という軽い処分ですませてしまった。こうした出先や現場の中堅、若手将校らの暴走を黙認する軍中央の態度が、三年後の満州事変、翌年の五・一五事件、さらに二・二六事件（一九三六年）、そして一九四一年の日米開戦、太平洋戦争へと、破滅への道を転がり落ちていく端緒を作った。本書第一章で二・二六事件について述べた際、岡田首相を救出した憲兵曹長・小坂慶助が意気軒昂の反乱軍を見て、「こんな馬鹿なことがあるか。……表ざたになると軍の威信を失墜するという名目で、うやむやに葬り去る。この悪弊が積もり積もって今次の大事件を引き起こしたのではないか」と、怒りの声を挙げたことを紹介したが、この河本の居直りへの軍中央の屈服こそまさしく、積年の事なかれ主義の原点であったのだ。

このように、天皇自身が自分の意思表明について消極姿勢に転じ、軍中央が部内の下剋上的機運に引きずられるきっかけを作ったという二つの意味で、張作霖爆殺事件は日本の運命を大きく変える重大事件だったといえるが、そうした歴史の不幸な変転が、「統帥権」という言葉が憲法制定の当事者たちですら想像もしていなかったような怪物に変質していくプロセスと、見事に一致していることに注目したい。

司馬が統帥権問題に対する関心をひときわ強めたきっかけは、たまたま手にした『統帥綱領・統帥参考』という一冊の古本だったという。統帥綱領は参謀本部が昭和三年（一九二八年）に高級指揮官向け、また統帥参考は陸軍大学校の教育資料として同六年（一九三一年）に、それぞれ作成された。当時は「軍事機密」とされ、敗戦とともに焼却されたと見られていたが、昭和三七年（一九六二年）に財団法人偕行社によって一冊の本として復刻、市販されたものだ。いまもごく少部数が一部古書店にあるが、かなり高額の値段がついている。

　昭和三年、六年といえば張作霖爆殺事件、満州事変の年である。もちろん偶然の一致だろうが、両事件当時の参謀本部や陸軍内の大勢となっていた考え方を浮き彫りにするものとして興味深い。

「統帥綱領」は、「迅速ナル集中、潑剌タル機動及ビ果敢ナル殲滅戦」など、作戦要領や編制などを主たる内容としているが、「ソノ（作戦の）実施ニ当リテハ全然独立不羈（ふき）ナルヲ要ス」と述べている点が注目される。「政略指導ノ緊密ナル協調」として政治と軍事との連携の必要性を謳いながらも、実質的には軍事面の独立性を強調する書き方になっている。これが「統帥参考」になるとさらに、「第一編　一般統帥、第一章　統帥権」と、真正面から「統帥権」を論じ、軍事優先の主張を一段と鮮明にしている。

「帝国ノ軍隊ハ皇軍ニシテ其統帥指揮ハ悉ク統帥権ノ直接又ハ間接ノ発動ニ基キ　天皇ノ御親裁ニ依リ実行シ或ハ其ノ御委任ノ範囲内ニ於テ各統帥機関ノ裁量ニ依リ実行セシメラルルモノトス」

　統帥権は「天皇の親裁による」といいながら、それと同等に「其ノ御委任」という形で各統帥機関、すなわち陸軍の参謀本部が統帥権を行使することを、当然のように打ち出している。そして「統帥権ノ本質ハ力ニシテ其作用ハ超法的ナリ……統帥権ノ輔翼及執行ノ機関ハ政治機関ヨリ分離シ軍令ハ政令ヨリ独立セサルヘカラス」と述べ、さらに「統帥権ノ行使及其結果ニ関シテハ議会ニ於テ責任ヲ負ハス」とまで言い切る。

「天皇の親裁」という建前のもとで、事実上は、統帥機関である参謀本部が「委任」を受けたという名目で「超法的に」、つまり明治憲法の法体制を無視し、内閣から独立して、議会にも「責任ヲ負ハス」、要するに軍がやりたい放題に何でもやれる、という宣言である。「委任」というからには天皇からの委任手続きが必要なはずだが、現実にはそのような手続きがとられることはなく、参謀本部が勝手に委任を受けたと解釈して自由に行動できるというのが、「統帥参考」に明記された軍中央の見解である。

しかも、「委任」がこのように勝手な解釈によって成り立ってしまうとなると、参謀本部だけでなく、その下部の機関も、またその下部も、といったぐあいに次々と下級機関が、「委任」を受けているという論理を使って勝手な行動ができるようになってしまう。丸山眞男が「無責任の体系」の特徴の一つとして指摘した「下から上へ」の下剋上的な現象は、実にこの「統帥権の委任」という解釈に、その淵源があったといえそうだ。

半藤は前掲書の中で、この「統帥参考」について、司馬が重視するほどの影響力はなかったと述べている。半藤によると、この「参考」は昭和七年に陸軍大臣の荒木貞夫、参謀本部第三部長・小畑敏四郎少将を中心とする皇道派メンバーが部下に作成させたものだが、彼ら皇道派は四年後の二・二六事件以後、統制派に敗れて軍中央から排除されてしまったし、統帥派は皇道派が作った文書などを参考にしなかったはずだ、という。

「多分、機密書類として金庫か何かにしまわれたままであったことでしょう。あるのは知られていても影響力は全くない。そんなもので陸軍が動いたなんていうのは、司馬さん、誤解じゃないですか」と、かつて司馬に意見を述べたと、半藤は語っている。

その通りだったかもしれないが、そうではなかったかもしれない。私にはどちらとも判断するだけの材料はない。しかし、この文書に示された考え方は、この時に新しく考案されたものというよりも、文書が作成された段階ですでに、統帥権についてのこうした解釈が軍部内で大勢を占めていた、と考えることはできないだろうか。皇道派、統制派を問わず、軍は統帥権の委任を受けて行動しているのだ、という認識が軍部内で共有されていたからこそ、それをさしたるためらいもなく明確に文書の形で確認したのが「統帥参考」だったとしたら、皇道派が追放されたあともそのような行動が軍部内で展開されたとしても、不思議ではないように思える。

私がそうした印象を持つのは、「統帥参考」のよりどころとなる昭和三年作成の「統帥綱領」に書かれている内容が、その後の日本軍の軍事行動に、最後の敗戦に至るまでしっかりと反映され、展開されているからである。

「統帥綱領」は、さきに紹介したように、冒頭から「迅速ナル集中、溌剌タル機動及ビ果敢ナル殲滅戦」を「作戦指導ノ本旨」と延べ、機動力を駆使した短期決戦を基本とする考え方を随所で強調している。「(近年の) 物質的進歩ハ著大ナルヲ以テ、妄リニソノ威力ヲ軽視スベカラズト雖モ、勝敗ノ主因ハ依然トシテ精神的要素ニ存スルコト古来カワル所ナケレバナリ」「敵軍ノ意表ニ出ヅルハ、戦勝ノ基ヲ啓キ、ソノ成果ヲ偉大ナラシムル為メ特ニ緊要トス」「統帥参考」はこれを受けてさらに、「会戦準備」「会戦ノ実行」「追撃」「退却」など、作戦の各局面における要領を三四六項目にわたって詳述している。

物量を軽視した精神主義は日本軍の最大の特徴としてよく知られている。しかしそれだけではなくて、こうした奇襲、包囲殲滅という作戦行動もまた、日本軍のワンパターンの戦法として米軍によって早くから見抜かれていたことを、『日本軍と日本兵』(一ノ瀬俊也、講談社現代新書) は明らかにしている。同書によると米軍軍事情報部は、太平洋戦争中、日本兵と戦った米兵や日本軍に捕虜となって救出された米兵、あるいは米軍の捕虜となった日本兵などの証言を集め、これを「Intelligence Bulletin（情報公報）」という戦訓誌として、部内の参考用に毎月発行していた。日本人と中国人の見分け方、日本軍の装備、士気、作戦の特徴などを分析、解説したもので、興味深い知見が盛り沢山に記述されている。

たとえば、「日本人と中国人を身体の面から見分けようとするのに等しい」としながらも、「日本人は習慣的に会話を聞く前に見分けようとするのに等しい」としながらも、

たとえば、「日本人と中国人を身体の面から見分けるのは、ドイツ人とイギリス人をシャワー場でその会話を聞く前に見分けようとするのに等しい」としながらも、「日本人は習慣的に会話の間、歯の間から急いで息を吸う」ことや、「軽い木綿でできていて、腰に巻く細ひもで支え」る下帯（フンドシ）をつけている、などの特徴を挙げている。ブーゲンビル島の日本軍守備隊では、戦意の低下を防ぐためか、日本軍司令官が朝の点呼で目を閉じて拳を振り上げ「チクショー」「ヤルゾー」と叫び、部下が「ヤリマス」と唱和する情景なども記録されている。

米軍にとって一番の関心は日本軍の作戦行動だったようだ。日本兵といえば「サムライ刀（日本刀）」で斬り込んでくる狂信的な白兵主義あるいは肉弾戦法というイメージが強く、多くの米兵たちが恐怖心を抱いていたためだが、ガダルカナル島など各地の戦闘を通じて得た米軍の結論として、同誌は次のように述べている。

「日本兵個人は普通の東洋人と同じように戦争を嫌い、死を恐れる。銃剣を持った断固たる敵に遭遇すると、日本兵は教えられたほどにはうまく立ち回れない。部隊は機動や戦闘で圧倒されると崩壊する」

「日本軍の戦法は柔術に喩えられる。奇襲と欺騙に重きを置き、予想を裏切る場所と時間の攻撃に向けて努力する……彼らは数ではなく奇襲と機動の原則に重きを置く」

別の号では「夜間作戦」の表題で「日本軍の指導者たちは夜間作戦を自らのお家芸だと考えている。日露戦争、満州事変、支那事変、そして今次戦争のマレー、ボルネオ、フィリピンで非常な成功を収めてき

た」と述べ、夜襲を軸とした奇襲戦法が日本軍の伝統的な手法であることを紹介している。

日本軍の奇襲、短期決戦方式を「日露戦争以来の手法」だと判断した米軍の分析が間違っていなかったことは、日本軍の作戦構想の変遷などを研究した『未完のファシズム』（片山杜秀、新潮選書）の分析内容ともほぼ合致している。片山によれば、統帥綱領が最初に作成されたのは一九一四年（大正三年）。日清、日露の戦役時には統帥に関する規則や心得の公文書がなく、近代的国軍としての制度に不備があるとの判断から、日露戦争のあとドイツ陸軍の上級指揮官用のマニュアルを参考にして制定したもので、その後、一九一八年（大正七年）、一九二一年（大正一〇年）、一九二八年（昭和三年）と三回の改定をへて、二八年版が一九四五年まで残ったという。

二八年版の改定を主導したのは、三一年作成の「統帥参考」と同じく荒木貞夫中将（当時）と小畑敏四郎大佐（同）らで、二人とも第一次世界大戦では観戦武官としてロシア軍に同行、ロシア側からドイツ軍の作戦行動を観察した経験があった。かねて日本陸軍内では、一九一四年の大戦初期にドイツ軍がタンネンベルク（現在はポーランド領）で奇襲戦法によってロシア軍を破った「タンネンベルク神話」が持ちきりで、二人はこの作戦の実態をロシア軍サイドからつぶさに聞き取ったといわれる。

タンネンベルク会戦というのは、大戦初期の段階で約一三万人のドイツ軍が五〇万人のロシア軍を包囲殲滅したというケースである。圧倒的多数のロシア軍を前にして長期持久の防御戦に持ち込むと見られていたドイツ軍が、意外にも少数の兵力をロシア南方軍の正面に残しただけで、主力を側面に振り向け、奇襲による局所集中作戦によってロシア軍をかく乱し、壊滅させることに成功した。兵力移動の決断、機動力による短期決戦・包囲殲滅作戦の遂行など、ドイツ軍の鮮やかな統帥力に、日露戦争での苦戦を経験し、兵力と資源の乏しさを痛感していた日本軍は、すっかり魅了された。

明治政府は国軍創設にあたって、江戸幕府の方針をそのまま引き継いで防御重視のフランス陸軍をモデルにしていたが、一八七〇年（明治三年）、七一年の普仏戦争で、正面突破の攻撃でプロシャ軍が勝利を収めたのを機に、日本軍もドイツ式の攻撃優先路線に切り替えた。日露戦争では、物量に勝るロシアに対して正面突破作戦を挑み、大損害を出したが、側面からの奇襲戦法などによってかろうじて勝つことができたのだった。この日本軍の側面攻撃戦術を研究したドイツが、これを積極的に取り入れ、「たとえ寡兵でも恐れることなく包囲殲滅戦に徹せよ」というドイツ陸軍の「歩兵操典」（一九〇六年版）となる。

タンネンベルクの会戦はこの延長線上にあったわけで、この成功が今度は再び日本軍に影響を与えるという円環運動のような相互作用の結果、「短期決戦、包囲殲滅」の作戦構想は日本陸軍不動の信念のような位置づけを与えられてしまった。この戦法を最も意識的に主導したのは前述の小畑敏四郎だが、のち終戦時に陸相として自決した阿南惟幾も、参謀本部員だった一九二七年、欧州出張の際にタンネンベルクの戦跡を訪ね、帰国後、詳細なレポートを出している。のちに統制派中心人物として皇道派の小畑と激しく対立した永田鉄山（軍務局長時代に斬殺）も、小畑のロシア滞在中にペトログラードを訪問、この時は小畑と親しく語りあっている。奇襲攻撃、短期決戦の戦法は、必ずしも小畑ら統制派だけの隠れた構想ではなかったのだ。

また片山によると、小畑がタンネンベルク式の作戦を唱導したのは、いつでもこうした作戦を実施すべきだというのではなかった。それとはまるで逆に、資源の乏しい後進国の日本は欧米列強や中国のような大国とは戦えない、ロシア（第一次大戦後はソ連）との戦争が不可避となった場合でも、一部隊ごとに各個撃破して敵の戦意を喪失させるやり方でしか敵の侵入を防ぐことはできないのだから、そのための準備に万全を期さなければならない、というのが真意だったというのだ。

その限りではきわめて合理的と思われる構想が、なぜ狂気のような突撃主義に変貌してしまったのか。『統帥綱領』や『統帥綱要』は、「皇道派」が一九三六年の二・二六事件で「統制派」に敗れて失脚したあとも、そのまま生き残った。改めて修正されもしなかった。そもそも如何なる特殊条件を前提に策定されたのかをきちんと分かる者が責任ある部署から消えてしまった。密教としての文章化されていない教義は忘れ去られ、顕教としての書いてある通りが素直に信じられて、暴走していった」（片山）

明治憲法が「統帥権」を明記した目的は、万一の対外戦争に備えて軍隊の指揮命令を円滑に運用することにあった。それと同じように、小畑らが「統帥綱領」の二八年版策定で考えた短期決戦主義は、対ソ（露）全面戦争を避けることを主眼に、相手の南下を食い止めるための局地的な戦闘レベルにおける必勝態勢の構築にあった。にもかかわらず、書かれた言葉がのちに独り歩きして、本来の目的とは正反対の、戦争全体に関わる教典として軍人たちの暴走の口実に使われてしまったという逆転現象を、ここに見ることができる。

暴走した軍人たちに重大な責任があるのはいうまでもないが、それを傍観した政治の側の無責任も、厳しく問われなければならない。張作霖事件のうやむや処理がその悪しき前例だが、一九三〇年（昭和五年）の「統帥権干犯（かんぱん）事件」は、傍観どころか政党が軍人たちの派閥争いを利用して政敵攻撃の手段に使い、統帥権問題をさらに歪んだ形で暴走させるきっかけを作ったという意味で、悪質極まりない事件であった。

この年、世界的な軍縮ムードのもとで、ロンドンで海軍軍縮会議が開かれた。一九二一、二二年のワシントン会議では、主要国保有の主力艦は英米一〇、日本六、仏三、伊三となっていたが、ロンドン会議で日本は、これを主力艦、補助艦ともに「対米七割」に引き上げるよう主張した。交渉は難航し、浜口雄幸内閣は対米七割を断念して条約調印を全権団に指令した。これに先立って海軍軍令部長・加藤寛治が天皇に調印不同意の上奏をしようとして天皇側近になだめられ、上奏が実現しなかった経緯があったことから、野党・政友会が右翼思想家や海軍の青年将校らと一緒になって、「帷幄上奏権の侵害」「統帥権の干犯」だと、政府攻撃を始めた。

政党が軍を煽って倒閣をめざすという「政党政治の自殺行為」は当時にあっても激しい批判を招いたが、これ以後、統帥権と帷幄上奏権は、もう一つの軍部大臣現役武官制とともに、軍閥専横を助長させる三本柱となる。こうして日本は、一九三一年九月には満州事変、三二年五月には五・一五事件、三六年二月の二・二六事件と、破滅への道を突き進んでいくことになる。

「帷幄」とは幕、テントのことで、大本営を意味する。明治一八年(一八八五年)の内閣制度制定の際、軍機に関わる事項は「参謀本部長より直に上奏する」ことができるとされ、陸軍参謀総長、海軍軍令部長は首相や軍部大臣を通さず、直接天皇に意見具申できることになっていた。この「帷幄上奏権」が「統帥権」と一体になって、軍暴走の根拠となったといわれているが、この「帷幄上奏」も、規定上は上奏したあとに首相や軍部大臣に報告することが義務づけられていた。明治から大正にかけての時代には内閣と軍部が緊密に連絡を取り合っていたため、ことさら問題化することはなかった。

「軍部大臣現役武官制」は、陸軍大臣、海軍大臣は現役の軍人でなければならない、という制度だ。陸軍あるいは海軍から見て好ましくない人物が首相になった場合、軍部が大臣を出すことを拒否すれば組閣が不可能になり、内閣は発足できないまま潰れてしまう。軍部が協力して内閣が発足した場合でも、軍部が内閣の方針に不満を感じた時にはいつでも、軍部大臣を辞職させれば内閣は総辞職せざるをえなくなる。内閣を生かすも殺すも軍部次第ということになってしまう。

実際、一九四〇年(昭和一五年)、米内光政内閣では陸軍が倒閣を図り、畑俊六陸相が辞表を出したあと後任を出すことを拒否して総辞職に追い込んだ。また、これに先立つ一九三七年（昭和一二年）には、宇垣一成に首相就任の大命降下があったにもかかわらず、彼がかつて軍縮に積極的だったことを理由に陸軍が反発、陸相候補の推薦を拒否したため、宇垣は大命拝辞に追い込まれてしまった。

こんな理不尽な制度がなぜできたのかと現代の我々は疑問に思うが、これにも曲折があった。一九一三年（大正二年）、山本権兵衛内閣の時には、政治任用の拡大など、政治主導体制を強化することを目的に、「現役武官制」はいったん廃止されていた。それを一九三六年、広田弘毅内閣の時に復活させたのは、二・二六事件で表面化したような、現役をすでに引退して予備役、後備役となっている軍長老OBたちが復権して軍部の主導権を握ることがないように、という配慮からだったとされる。

統帥権も帷幄上奏権も、また軍部大臣現役武官制も、制度それ自体としてはその時点の合理的な判断に基づいて作られたはずだった。それが、いつの間にか本来の目的から逸脱、あるいは逆機能を起こし、軍部の暴走、日本の破滅へのレールを敷いてしまったのだった。

興味深いのは、戦争責任の最大の当事者である東条英機が、無謀な日米戦争をもたらした「大きな原因」は統帥権の独立にあったと証言していることである。『スガモ尋問調書』（ジョン・ルース、読売新聞社）は、東京裁判における次のようなフィーリー検察官との問答を記録している。

問　あなたは、日本が今日こうした立場におかれているのは、統帥権が独立していたことに大きな原因がある、と考えているのではありませんか。

答　はっきり言えば、それが大きな原因だった。実際そうだったが、裁判でそれについてはあまり強調したくない。われわれ、つまり私と陸軍参謀総長、海軍軍令部総長が、天皇陛下に対する自分たちの責任を果たさなかったということだ。

問　あなたや両総長は、どういう点で天皇への責任を果たさなかったのですか。

答　「人が制度を使う。制度に人が使われるにあらず」。これが重要な原則です。私や他の者が、このことを十分理解していたなら、統帥部も、ものごとの政治的側面に注意を払い、それに従って軍事作戦を調整していたに違いない。われわれは、自分を取り巻いている制度を支配すべきだったが、そうしなかった。人間に罪があったのです。

人が制度を使うのであって、制度に人が使われてはならない。軍事作戦は、政治的側面に注意を払って調整しなければならない。そうしなかった人間の側に失敗の責任がある、という東条の述懐は、その限りではしごく真っ当である。問題は、なぜそんな当たり前のことができなかったのかにある。

5

制度を使うべき人間が逆に制度に使われ、本来は政治が総合的見地から判断すべき国の進路や安全の維持が軍人たちの作戦計画に振り回される。そうした制度の逆機能化を生んだ背景に、「昭和陸軍の官僚化」現象があったことを、北岡伸一は『官僚制としての日本陸軍』（筑摩書房）の中で指摘している。「（軍が）組織の自立性を守り、組織を拡張し、その活動範囲を拡大することがほとんど自己目的化してしまったところは、他の官僚機構と同じであった。また、世界の最新の技術やモデルや理論を、日本の技術的条件を超えてまでひたすら追い求めるところも、他の官僚機構と同じであった」

明治の陸軍を創設した山県有朋ら主要人物たちの多くは、もと武士であり政治家でもあった。山県ら軍首脳は、兵士に対しては軍人勅諭で「政論に惑わず政治に拘わらず」として政治への不関与を命じたが、彼ら自身は政治家としての識見を持って対処し、軍事と政治はなかば一体化の状態にあった。明治の建軍の当事者や元老たちが去った大正年間になると、彼らに代わって政党が政治を主導する立場に立ち、政と軍の関係は分離され、また軍備の近代化などが新たに課題となってきたが、それでもこの頃はまだ、政党と軍はかなり協調的で、意思疎通も緊密だった。

それが一九二〇年代末になると、中国におけるナショナリズムの台頭、ソ連軍の増強、恐慌による英米経済の混乱と国際秩序の動揺などに加えて、国内では近代化に伴う軍事知識や組織の専門化が進むなど、内外ともに情勢の変化が生じ、政軍関係のバランスが崩れていく。軍の官僚組織は、それ自体が肥大化への傾向を強めただけでなく、軍組織の内部でも、陸軍と海軍、陸軍では陸軍省と参謀本部、また参謀本部内では第一部（作戦）と第二部（情報）、さらに第二部内でも欧米課と支那課といったように、セクションごとに「組織の大義」を掲げて反目し合うありさまで、統合機能は失われてしまった。

全体的な視点を欠いたまま、各組織が自分たちの利害を使命感やそれなりの理屈で「組織の大義」として主張するとなれば、組織同士の間では調整がつかなくなる。戦略の重点を対ソ戦に置くのかそれとも南方や対米戦とするかで議論がまとまらず、結局「北進論と南進論の同時遂行」という無謀な結論に流されてしまったことは、その典型である。

北岡は、日本が戦争に向かって後戻りできないところまで突き進んでしまった「ポイント・オブ・ノーリターン」はどこだったかと自ら問いかけて、「一番遅く考えれば真珠湾攻撃（一九四一年）」としながらも、「早めに取れば一九三一年というべきだろう。（この時点で）合理的な決定をする能力は、日本政治の中に残っていなかった。そうした政治システムの崩壊は一九三一年に起こっている」と述べて、満州事変の昭和六年を挙げている。

さきに私は、一九二八年（昭和三年）の張作霖事件を日米戦争に至る破滅への道の遠因と位置づけたが、事実、この時に主謀者の河本大作を当初方針通り田中義一内閣が厳しく処断していれば、軍の暴走はかなり抑制され、三年後の満州事変は防げたかもしれない。その段階ではまだ引き返すことができたかもしれなかった。にもかかわらず、河本の開き直りにあって、軍上層部や内閣の責任に波及するのを恐れ、問題をうやむやのうちに処理してしまったことで、軍中央でも出先の勝手な行動を抑えることができなくなり、関東軍のやりたい放題となってしまった。張作霖事件が「躓きの石」だったことはまぎれもない事実といえよう。

それから三年後の一九三一年九月一八日夜、奉天（現在の瀋陽近郊）の柳条湖付近で満鉄の線路が爆破された。中国軍の行動にみせかけた関東軍の謀略で、若槻礼次郎内閣が「不拡大」の方針を打ち出したにもかかわらず勝手に軍事作戦を展開、朝鮮駐留軍まで加わって戦線を拡大させてしまった。朝鮮軍の満州越境は天皇の命令なしの現地軍司令官の独断であり、本来なら死刑に相当する軍令違反なのに、内閣は「すでに出動せる以上、致し方なし」と、これを追認する始末。丸山眞男が「無責任の体系」の現象形態として析出した「既成事実への屈服」を、そっくりそのまま象徴するような事態であった。

参謀本部の『機密戦争日誌』はこの独断越境について、「閣僚の全員、何ら賛否を述べず、ただその事実を認めたる事は将来のため、例として適用するに極めて可」なりと記し、軍部独走にお墨付きを得たとの確信を表明した（読売新聞昭和時代プロジェクト『昭和時代　戦前・戦中期』第三巻、中央公論新社）。

主謀者は、奉天にいた関東軍高級参謀の板垣征四郎大佐と石原莞爾・関東軍参謀を中心とするグループだった。

「謀略ニヨリ機会ヲ作製シ軍部主動トナリ国家ヲ強引スルコト必スシモ困難ニアラス」

石原が事変の四か月前に書いた「満蒙問題私見」通りの展開である。

翌三二年、関東軍の工作で満州国が建国される。そして三七年（昭和一二年）七月七日夜、北京郊外の盧溝橋付近で日本軍が夜間演習中に銃弾が発射され、これをきっかけに日本軍は中国軍に総攻撃をかけて撃滅させた。日中のどちらが最初の一発を撃ったのか、今日に至っても真相は不明だが、これが日中全面戦争の発端になったことから、「運命の一発」と呼ばれる事件である。

この時、石原は陸軍中央の参謀本部作戦部長の立場にいて、戦線をこれ以上拡大することに強く反対した。満州事変を引き起こした石原が「不拡大方針」の先頭に立ったのは奇異な印象を与えるが、石原の論理としては、主敵はソ連であって、満州建国の工作は対ソ戦略の一環という位置づけだったから、ここで中国と全面戦争になったらすべてがぶち壊しになると考えたのだろう。七月八日午前、現地から事変発生の報告を受けた石原はただちに部下の武藤章・作戦課長（のち軍務局長）を呼び、「不拡大」を指示した。ところが武藤はこう答え、石原は二の句を継げなくなったといわれる。

「私たちは満州事変のときの閣下と同じことをしているのです」

満州事変でまいた下剋上のタネが、日中戦争という重大事態となって自らに跳ね返ってきた。石原はのち、東条英機と対立し、日米開戦前の四一年三月、京都の第一六師団長を最後に現役を去ったが、彼が引き金を引いた満州事変こそ、軍部の独走と下剋上の常態化を生み、日中戦争の泥沼化、そして日米戦争へと、後戻りできない一線を踏み越えた「ポイント・オブ・ノーリターン」であった。

見落としてならないのは、満州事変を引き起こしながら日中戦争への拡大に反対した石原も、また石原の暴走を逆手にとって「不拡大方針」を蹴飛ばした武藤も、それぞれが、それなりの理屈をもっていたことだ。もとより、ことの当否は別である。いくら対ソ戦略上、「満蒙は日本の生命線」だといったところで、他国の領土を勝手に利用することなど許されるはずはないし、まして、中国全土を侵略することなど正当化できるはずもない。問題は、そうした当たり前の判断に立って軍を抑えるべき政治が機能せず、軍の、それも現地の出先や少数の急進派中堅幹部グループなど、小さな各組織内の勝手な言い分を統御できなかったという、政治システムの崩壊にある。

石原とともに「不拡大」を唱え、天津軍参謀の職を解かれた池田純久（のち内閣綜合計画局長官）は、帰国して首相の近衛文麿公爵と会った時のことを、『陸軍葬儀委員長』（日本出版共同株式会社）の中でこう記している。

「公爵は開口一番『池田君とうとうやつたね。支那事変は軍の若い人たちの陰謀だ』といつた。……『公爵、戦争張本人は軍でなくて、総理たるあなたですよ』と、いつたら公爵はビックリした顔で私を見直した。『なんですつて？』『そうですよ。公爵あなたの責任ですよ』と答えるなり、私は一枚の新聞を取出して公爵にみせた」

新聞には大々的に国民の戦争熱を煽るような記事が充満していた。

「『公爵、政府は不拡大主義を唱えながら、この新聞の扱いは何ですか。これでは戦争にならないのが不思議ではありませんか』。公爵は私の真意が判つたのか黙つてしまつた。私は開戦の責任を公爵に転嫁するような了見はない。だが、軍といわず政界といわず、何等の定見もなく、唯々ずるずると引きずり込まれたのが支那事変だといいたいのである」

戦争の張本人は軍ではなく近衛首相だ、という池田の発言は極端にすぎようが、暴走しがちな軍を抑え、また情緒的に反応しがちな世論を前にしても、大局に立って事態の沈静化、収拾に全力をあげることこそ政治の責任ではないか、という池田の主張は正当である。

軍に限らず、およそ近代社会は、官庁であれ企業であれ、官僚組織なしに運営することはできない。マックス・ヴェーバーは名著『権力と支配』（講談社学術文庫ほか）で支配の形態として、カリスマ的、伝統的、合法的という三つの理念型を挙げ、近代社会の合法的支配の特徴として、①持続的な、規則に拘束された公務の運営であること、②運営は権限の範囲内で行われること、③官職が階層制であること、④専門的訓練を要すること、⑤行政手段と行政幹部が分離されていること（私物化の禁止）、⑥訓令、指令等は文書によること——などが核心だと述べている。

法や規則に基づくという意味での合法性は、同時に、予測不可能な、恣意的運用であってはならないという意味で、合理的でなければならない。ただし、分業的で専門的であるという組織の性格上、いくらそれぞれの部局が合理的な判断と運営を心がけたとしても、そのままでは組織間に対立や齟齬が生じかねない。それを束ねて全体の方向性を定めるのが政治の役割である。

官僚組織は近代以前から、古くはローマのユリウス・カエサル（アウグストゥス帝）の時代から、あるいは中国では宋の科挙制度、日本では徳川幕府の組織などもその一種として、長い歴史を持っている。ただし、近代とそれ以前では一つの決定的な違いがある。官僚が任務を果たすべき相手が、帝王や君主といった個人から「国民すべて」に代わったことである。それによってどんな変化が生じたかを、一九世紀、フランスの文豪バルザックがユーモアたっぷりに、鋭く描き出している（『役人の生理学』講談社学術文庫）。

君主制の時代には、君主と役人は忠誠と信頼で結ばれていた。ところが、忠誠を果たすべき相手が「君主」から「万人」に代わったことにより、両者の関係性が失われてしまった。その結果は次のようになる。「今日、国家とは『すべての人びと』のことである。ところで、『すべての人びと』というのは、『だれのことも』気にかけたりしない。『すべての人びと』に仕えるということは、『だれにも』仕えないというに等しい。『だれも』、『だれのことにも』関心を持たない」

そのため役人は給料分しか働かないし、行政事務が遅れても意に介さない。合理的、効率的にことを運ぶための官僚組織が、合理的なのは自分の利益と権限の維持に関してだけで、結果的には不合理で非能率的、無責任な組織に転化してしまう秘密はここにあるというのが、バルザックが描いた近代フランス社会だった。

明治憲法では「天皇ハ国ノ元首ニシテ統治権ヲ総攬」（第四条）する存在で、とくに軍に関しては「陸海軍ヲ統帥ス」（第一一条）と、天皇直率が明記されていたから、明治国家の官僚制や軍組織はむしろ、バルザックのいう君主制時代の、忠誠と信頼の関係が基軸だったように見える。しかし、明治維新直後の一時期を別にすれば、「君臨すれども統治せず」の立憲君主制の国家体制が固まるにつれて、天皇は、美濃部達吉のいう「機関」としての性格を強め、一方で行政組織や軍事組織の方は、独自の権限と専門性を持った集団としての存在に変わっていった。

これに伴って、天皇の助言機関である内閣や議会、政党などの政治部門が官僚組織を統合し、国家としての意思決定機能を発揮することがますます不可欠となったわけだが、現実はそれとは逆に、政治の側が政争の手段として官僚組織、とくに軍部を利用しようとして取り入り、政治の混乱に輪をかける結果となったことは、すでに見てきた通りである。北岡は前掲書の中で、こう語っている。

「省と省、局と局、課と課の主張を一つにまとめ上げるのは容易なことではない。軍の統合は、他の官僚機構よりも重要である。実力組織である軍とくに陸軍は、独自の行動をとることが物理的に可能であり、その結果作りだされた既成事実は、容易に元に戻せないからである」

「統合力は官僚制の中からは出てこない。昭和の陸軍は、統一的な意思を持って国政を引きずりまわしたというよりは、統一的な意思形成能力を失って国政を崩壊に導いていった」

官僚組織それ自体が悪いわけではない。個々の組織を束ね、大局に立った統一的な意思決定を行えないことが問題なのだ。それがないから、個々の組織ごとの小さな合理性がぶつかり合い、収拾がつかなくなって大きな不合理を生むことになる。渡邉恒雄は著書『派閥』（弘文堂）の中で、日本の政党史が政党と官僚の闘争ではなく、逆に妥協と癒着の歴史として展開されてきたことを厳しく批判している。

「日本の政党史は、（草創期の官僚権力との闘いをへて）やがて官僚との不断の闘争、抵抗としてではなく、官僚との不断の妥協として綴られて来ている。犬養内閣が、（一九三二年の五・一五事件で）軍の兇弾に倒れてよりは、政党は、官僚に加えて兇暴な軍部との間に妥協を策し、ついに自らその身を売った。戦後の新憲法は、軍部を消し、官僚権力を大きく制限したが、実質は昔と同じように、ただもっと巧妙に、官僚勢力が政党を圧し、しかもその内部から蝕ばもうとしている」

渡辺がこう書いたのは半世紀以上も前の一九五八年だが、「政と官」の不健全な関係は今もほとんど変わらない。「政」は近年、「政治主導」をアピールして「官」バッシングに躍起になっているが、これもすでに見てきたように、政治が本来なすべき統合機能を喪失していることの裏返しの現象でしかない。

とくに近年の政治で問題なのは、政治家や政党が政治思想や大きな理念を語ることが少なく、自分の保身や所属する組織の利害を政治行動の基準に置いているかのように見えることだ。政治の側自体が官僚化してしまったのではないか。

政治指導者は、めざすべき目標や理念を掲げると同時に、それを実現するための指導力と技術力が求められる。竹下登（一九八七年一一月から八九年六月まで首相）が「技術としての政治（アート）」に秀でていたことはだれもが認めるところだろうが、自民党政治の屋台骨が揺らぎだしたのも、理念ではなく根回しなどの党内操縦術で抜群の安定基盤を築いたはずの竹下内閣の前後からだったのは、歴史の皮肉といえよう。

当時、最大派閥を率い、また総主流派体制と呼ばれる安定的な党内支持体制を誇っていた竹下だったが、リクルート事件という思いがけないスキャンダルに見舞われて、あっけなく退陣に追い込まれた。この時、竹下が後継者に選んだのは中曽根派幹部で外相の宇野宗佑だった。最初に検討したのは大平内閣当時の官房長官で、クリーンイメージで知られていた伊東正義だったが、伊東に固辞され、二番手候補の宇野に白羽の矢が立ったとされている。しかし、なぜ宇野が浮上したのかといえば、他の有力候補たちがいずれもリクルート事件に関与していたという事情のほかに、宇野が竹下と同じ当選一〇回だったから、というのが定説である。

竹下派には当時、橋本龍太郎ら次世代の幹部たちがいたが、なぜ竹下は、自派からではなく他派の、しかもそれまで当人ですら自分を首相候補と考えていなかった宇野を、当選回数を基準に選んだのだろうか。それは、世代交代を認めない、という竹下の意思の表明だったと解されている。

竹下としては、田中角栄の支配下で忍耐に忍耐を重ね、粘りに粘ってようやく握った首相の座を、失いたくなかった。リクルート事件で無念の退陣に追い込まれはしたが、ほとぼりがさめたら再び政権の座に復帰したい。それが仮に無理だとしても、政権の背後にいて常に影響力を行使する存在でいたい。もし政権が自分より若い世代の手に移ってしまったら、時計の針はもう戻らなくなってしまう。それを恐れたからこそ竹下は、自分と同世代の宇野を暫定的な首相に据えることにしたのだ、というのが竹下の計算だったという解説を、当時私は竹下派の幹部からも聞いていた。

竹下の論理は、竹下の立場からすればそれなりに理にかなっているともいえる。しかしそれは、宇野が日本の首相としてふさわしい人物かどうかという、政治本来の国家的視点に立った判断としての適否とは別のことである。案の定、宇野は女性問題のスキャンダルが発覚し、またそれが一因ともなって参院選の惨敗を招き、在任わずか六八日間で総辞職という事態になってしまった。

しかも、宇野の失敗にもかかわらず、その次の後継として竹下派が擁立したのは河本派（旧三木派）の海部俊樹だった。彼も当選一〇回。穏健な人柄でこれといった敵もなく、弁舌では定評があった一方で政治指導者としての力量はほとんど評価されていなかった。当時、竹下派の代貸として権勢を振るっていた小沢一郎が、海部の選考理由として「神輿は軽くてパーがいい」と評したという話が語り草となったほどだ。

海部のあとの宮沢喜一内閣は、宮沢が旧池田派の流れをくむ派閥の会長で、久々の実力派首相の登場のように見えるが、これも宮沢が竹下と同世代であり、また政策には明るいが政治的実力は極めて弱く、竹下派の支援なくしては政権維持が不可能な存在だったことから、小沢の「面接」で後継首相に選ばれたという事情による。

海部は八一八日間、宮沢は六四〇日間と、宇野に比べれば比較的長期間、政権を維持したが、それも竹下や小沢の意に従っていた限りでしかなかった。海部が竹下内閣からの宿題である政治改革の実行を決意し、解散も辞さない覚悟で取り組むという「重大な決意」を口にした途端、小沢ら竹下派は猛然と解散封じ、海部降ろしに転じ、ついに総辞職に追い込んでしまった。

そのあとの宮沢も、政治改革法案の処理をめぐって竹下派や自民党執行部と対立し、またそれが竹下派の内紛の激化や党内全体の亀裂を深め、党内の造反による内閣不信任案の可決、解散・総選挙、そして自民党単独政権の崩壊、細川連立政権の誕生、という歴史的大変動につながる展開となった。

権力維持への竹下個人の願望、あるいは竹下派支配の維持・強化を通じて党内で権勢を揮いたいという小沢や梶山静六ら幹部たちの思惑に即して判断すれば、彼らの行動には一定の合理性を見ることもできよう。しかし、国家的視点に立って政治改革への取り組みを考えるという大局的立場からすれば、いや、それほど高次元ではなく自民党政権の維持という程度の判断基準に照らしても、彼らの行動が大失敗だったことは明白である。狭い組織や個人の、いわば身内のための「小義」が、全体としての「大義」を滅ぼしてしまう悪例を、ここにも見ることができる。

自民党政権崩壊の遠因となった、政治改革をめぐる竹下派の内紛自体が、この「小さな合理性」と「大きな不都合」の矛盾の一例でもあった。リクルート事件で八九年に竹下が失脚し、竹下派の実権は竹下の名代でもあった金丸信・自民党副総裁に移った。名実共に大実力者となったその金丸が、九二年九月には東京佐川急便からの五億円献金問題で副総裁辞任に追い込まれる。この時、東京地検特捜部は、政治資金規正法違反容疑で金丸を略式起訴するにあたり、事情聴取を試みたが、金丸はこれを拒否した。

金丸の出頭を押しとどめたのは、腹心の小沢だった。かつて弁護士を志望して司法試験にチャレンジしたこともあった小沢は、法律に詳しいことを自認して、金丸にこう説いて安心させたといわれる。違法行為といっても、政治資金規正法違反は贈収賄事件などと違って単なる形式犯にすぎない。地検の取調べに応じなくても逮捕や起訴に発展することはありえない、と。そして事実、地検は金丸本人の事情聴取を断念し、罰金二〇万円の略式起訴で追及を終えざるを得なかった。してやったり。小沢の思い通りの展開だった。

ところが、これがあだとなった。世論は憤慨し、金丸は議員辞職せざるを得ない状態に追い込まれてしまった。竹下派会長だった金丸の辞職で、今度は後継会長の座をめぐる派内の権力闘争に火がつく。二か月におよぶ内紛の結果、竹下派は小沢らを中心とする羽田孜（のち首相）派と、梶山や橋本らを中心とする小渕恵三（のち首相）派に分裂する事態に発展した。

ことはそれで終わらない。年が明けて九三年三月、東京地検特捜部は金丸を一八億五〇〇〇万円の巨額脱税容疑で逮捕した。前年、事情聴取もできずに無念の幕引きをせざるを得なかった地検だったが、国税庁の税務調査で金丸の脱税が明るみに出たことで、一気に巻き返しに転じたのだ。この事件をきっかけに、捜査の過程で大手建設会社（ゼネコン）による中央政界や地方首長らへの一連の献金工作問題が明るみに出て、政治改革の断行を求める世論は一段と激しさを増した。そこで宮沢首相は、テレビのインタビューで「改革を必ずやります」と断言したが、改革先送りをめざす自民党幹事長の梶山らに阻まれて立ち往生してしまった。

こうして通常国会会期末の六月一四日、野党の内閣不信任案提出となった。ここで自民党内から造反が起きる。竹下派の内紛で分裂した羽田、小沢らを中心に三八人が不信任案に賛成し、ほかに一六人が意図的に本会議を欠席した結果、賛成多数で不信任案は可決されてしまった。

宮沢は解散に打って出て、七月一八日の衆院選で自民党は、解散時を一議席上回る二二三議席を確保する善戦を見せた。しかし過半数には届かない。逆に、自民党から分裂した小沢、羽田らの「新生党」と武村正義らの「新党さきがけ」が、衆院初進出の細川護熙らの「日本新党」などとともに、公明党、民社党などを合わせ七党一会派からなる細川・非自民連立政権の樹立に合意し、三八年間におよぶ自民党長期政権に終止符を打った。

小沢による金丸の事情聴取阻止という小さな成功が、結果的には金丸の破滅、竹下派の分裂、さらに自民党政権の崩壊という大失敗をもたらした。小さな成功が大きな失敗を生む。歴史によくあるパターンである。

小沢の真意は、果たして、金丸に忠義を尽くすことだったのか、それとも金丸を守ることで竹下派という組織を防衛するのが目的だったのか、あるいは金丸と竹下派を守る実力を誇示して派内の実権を自分の手に握るのが狙いだったのか。彼の同僚であり政敵でもあった梶山静六は、小沢の真意はそれらのいずれでもなく「これはクーデター」だったと、のちにこう語っている(佐々木毅編『政治改革1800日の真実』講談社)。

「(自民党の分裂は)実は、選挙制度自体で割れたというよりも、それを口実にして(小沢が)権力闘争に利用したという感じが強いんじゃないかと思っています。本質的には政変だったということじゃないでしょうか」

「(政局問題だという認識は)やっぱり金丸さんの問題ですね。私は、これはクーデターだと思っています。金丸さんを生け贄にすることによって政治改革を進めようという匂いがするのですから」

事情聴取拒否の進言に始まる小沢の一連の行動が、「政治改革」という崇高な目的によるものだったと、梶山が言っているわけではない。梶山が言いたかったのはそういう意味ではなく、金丸問題を利用して政治改革の旗を掲げ、派内や党内における梶山らとの権力闘争に勝とうというのが小沢の野望だった、ということなのだろう。

それでは梶山が政治改革、選挙制度改革に反対したのはなぜなのか。幹事長として梶山は、法案の成立に慎重姿勢を取り、選挙制度改革を実行する場合の条件として「安定政権の維持と党の分裂回避」を強調していた。

「深刻な景気対策のためには政策遂行能力が必要ですし、とにかく、なるだけ党が割れないように努力しなければということでした。結果としては割れましたけど」

「(不信任案の)採決をすれば(改革推進派も)党を割らないだろうという期待の方が強かったですね。……長い経緯から見て、政党の垣根というのは相当に高いものだという考えはありました。しかし、あれをきっかけに政党の垣根はぐんと低くなったんですね。党を割ってはならないし、それでいけるだろうという情勢判断をしてたんですから」

梶山は梶山で、「党が割れないよう」に行動したつもりだったという。自分では、不信任案が提出されてもひねりつぶせるという読みのもとに改革先送りの強行策をとったのであり、彼なりにそれを合理的判断だと考えたのだろう。しかし結果は正反対の、党の分裂、政権の崩壊だった。金丸が「大乱世の梶山」と呼んで政局的な勘のよさを褒め上げた梶山の、その政局判断を狂わせたのは、長年の政権与党ぐらしになれた気のゆるみ、あるいは最大派閥を足場に党内を操縦してきた経験からくるおごりだったのかもしれない。

梶山の目にはまた、そのころから次第に顕著になり始めていた自民党長期政権下の構造的変質が、見えなかったようだ。派閥の企業組織化、あるいは年功序列制に似た当選回数主義など、政党組織自体の官僚制化の傾向である。

自民党の派閥は本来、カネとポストの配分に力を持つ実力者を中心とした、人間的な結合度の強い議員集団で、しばしば「ムラ」と呼ばれ、実力者はしばしば「おやじさん」と慕われるなど、村落共同体的な存在だった。実力者たちは総裁選で権力闘争を繰り広げ、所属議員たちは「おやじさん」を総裁・総理にするために死に物狂いで戦った。そのため、派閥の寿命はその実力者の一代限りがふつうだった。例外は池田勇人の池田派（宏池会）で、池田の死後も前尾繁三郎、大平正芳などに継承され、「宏池会は株式会社みたいだ」と評されていた。

それが、次第に他の派閥でも、トップが代替わりしても派閥自体は存続させるという「企業組織化」の傾向を強める。田中角栄が金脈事件で失脚したあと、復権をめざして派閥を肥大化させ、「綜合病院」「総合商社」と自称するような、所属議員のための選挙互助組織的体質を強めたことが一つの要因だったと思われる。政治家の方も、省庁や業界ごとに利益誘導のパイプを確保しようとする族議員化の色合いが強まり、田中派的な集団サポート組織へのニーズが高まっていたという事情もあった。

派閥の代表格ともいえる田中派は「鉄の結束」を誇り、田中の個人的力量と田中への忠誠心で成り立つゲマインシャフト（共同社会）のように見えたが、内実は逆だった。所属議員にとっては派閥が、さらに政党自体が、自分たちに利益をもたらすべきゲゼルシャフト（利益集団）に変質していたのだった。田中の怒りを買いながらも竹下が造反し、竹下派が小沢らの造反で分裂、挙げ句に自民党全体が割れて政権を失った背景には、こうした構造的変化があったのだ。梶山の、「政党の垣根がぐんと低くなったんですね」という嘆息は、そうした潮流の変化を象徴しているように聞こえる。

実際、自民党が政権を失うと、自民党からぼろぼろと離党者が出て、非自民連立政権側に合流するもの、次の選挙に備えて新党をつくるものなど、離合集散の毎日となった。一人でのべ五回、あるいは七回も所属を変わった議員もあるといわれ、国会はまるで政治家たちの「就活（就職活動）の場」の様相を呈した。

彼らの大半は、非自民連立政権が短命に終わって自民党が政権に復帰したのに伴って、自民党に復帰したが、こうした政党の企業社会化の流れは、その後、二〇〇〇年代に入って、選挙のたびごとに一〇〇人前後におよぶ大量の、政治経験に乏しい新人たちの当選、落選が入れ替わる大変動の現象となって、今日にまでつながっているように見える。

政権の延命や保身が先に立って大局観を忘れ、かえって政権を失う愚を犯したのは、梶山だけではない。九四年の村山富市を首相とする自社さ連立内閣で政権に復帰した自民党は、橋本龍太郎、小渕恵三、森喜朗、小泉純一郎を政権とつなぎ、とくに二〇〇五年、小泉の郵政民営化をテーマとする抜き打ち解散で一挙に二九六議席獲得という大勝利を収めた。これによって自民党政権は磐石となったはずだったが、後継の安倍晋三が〇七年参院選で惨敗、体調不良も重なって退陣し、福田康夫も衆参ねじれのあおりで政局運営に行き詰まり、政権を投げ出す事態となった。

福田としては、当時は大衆人気があると目されていた麻生太郎に政権を引き継ぎ、彼の手で早期解散に持ち込めば議席減を最小限に食い止め、「直近の民意」をベースに参院の野党優位体制を跳ね返せると考えたようだ。麻生も最初は同じ考えだったといわれるが、いざ政権の座につくと、解散断行をためらいだした。側近たちから党独自の世論調査結果を示され、「いま解散したら一〇〇議席は減る。そうなれば退陣せざるをえなくなり、宇野の在任六八日間どころか、史上最短の短命内閣という汚名を着せられる」と、解散先送りを進言されたからだ。

あいにくアメリカでリーマンショックと呼ばれる金融破綻事件が起き、日本経済が深刻な不況に見舞われたことも重なって、ここからさきの麻生は「政権延命」最優先となる。ところがそうしているうちに、失言や漢字の読み違いなど、自ら招いたトラブルで首相としての資質を疑われる事態が相次ぎ、内閣支持率は低下する一方となる。〇九年七月、衆院議員の任期切れ直前にやっと解散に踏み切った時には、麻生批判だけでなく、自民党政権それ自体への不信が頂点に達していた。結果は自民党がわずか一一九議席という大惨敗。それを裏返しにしたように、民主党が三〇八議席という地すべり的大勝利で、歴史的な政権交代となってしまった。

延命を狙って政権崩壊、政党も破滅状態という轍を踏んだのは、その後の民主党も同じだった。鳩山が普天間基地問題、菅が福島第一原発で政局をめちゃめちゃに混乱させたのに比べ、民主党三代目の首相となった野田佳彦は消費税率の引き上げに正面から取り組むなど、比較的真っ当な政策運営ぶりを見せ、有権者の反応も悪くはなかった。野田にとって不幸だったのは、党内の小沢・反小沢の対立が消費増税への賛否や定数是正など選挙制度の見直し問題とからんで政争の様相を深めていたことだ。

野田は、野党である自民党の協力を得て党内の混乱を乗り切ろうとして、谷垣禎一・自民党総裁との接触を試みた。両者間ではかなりの歩み寄りが見られたが、谷垣は協力の条件として早期解散を主張、これに対して民主党内では輿石東幹事長（参院）ら小沢に近い勢力が、「いま解散したら民主党は惨敗する。解散を強行すれば党が分裂しかねない」と、解散封じに躍起となった。

もしこの時、野田が早期解散を決断していれば、民主党の議席は減り、自民党は議席を増やしたにしても、どちらも過半数前後の相打ちとなり、民主・自民の大連立政権誕生という可能性があったろうと、多くの政界関係者は見ている。歴史にイフはないが、もしそうなっていれば、日本の政治は現在とはまったく異なる道を歩んでいたかもしれないと、残念がる人が少なくない。

野田はしかし、「近いうちに解散」という曖昧な表現を繰り返すだけで決断を避け、輿石の進言を受けて政権延命路線を選択した。輿石は「組織の人」を看板にしていた。労組（日教組）の出身で組織運営にたけていることをアピールし、「党を守る」を口癖に、解散の前提となっていた選挙制度見直し問題でも、各党協議の場では終始、反対論が出てまとまらないことが明らかな、極端な提案を主張し続けて各党の合意形成を遅らせ、解散時期の引き延ばしに努めていた。

これが「決められない政治」への国民のフラストレーションを増幅させ、野田政権だけでなく民主党政権そのものへの怒りとなった。野田がようやく解散を決意した時にはすでに、人心は民主党を離れていた。「すべての国民のため」といいながら、「だれのため」でもなく、自分や自分たちの利害が最優先の関心になってしまうという、バルザックの描いた役人の性分は、役人だけでなく現代の政治家たちの劣化現象にも透けて見えてくる。

しかし、そうはいっても政治家は、一官僚と違って国家全体の運営に責任を負う重要な存在である。政治家や政党の、目先の利害に判断を狂わせた失敗や破滅は、彼らの損害だけでなく、国民生活全体に混乱をもたらす。そうであればこそ政治は、たえず緊張感と使命感、責任感をもって政治行動を点検し、必要な改革努力を怠らないようにしなければならないのだが、そうした政治の劣化を早期に予知、発見させるような兆候はないものだろうか。

第五章

時運主義の限界

1

ハンナ・アレントの著作には、さりげない言葉でありながら、時折、虚を衝くような鋭く根源的な問いかけに出会うことがある。「経験から学ぶということは、自分で考え、判断するということです」という言葉も、その一つである。

歴史に学べ、とよくいわれる。歴史の教訓を忘れるな、ともいう。その場合、歴史は、それ自体が揺るぎない真実であり、学ぶ者にとって、答えが記された教科書のように考えられていて、人はその歴史の教訓に従うことを求められる。アレントはしかし、そうではない、そうであってはいけない、というのだ。

「経験から学ぶということは、わたしたちの心の中の深いところに植えつけられたカテゴリーやきまりきった定式を適用するのではなく、みずからの力で考え、判断するようになるということなのです」（『責任と判断』筑摩書房）

歴史や経験に学ぶといっても、どの歴史や経験の、どこに、何を見出すのかは、人それぞれに違いがあろう。またそうでなければならない。お仕着せの解釈や定説を鵜呑みにしたり、みんながそういうからそうなのだという人任せの判断、あるいは、そういう時代なのだからなどと、「時運の赴く所」に従うのではなく、何から何を学ぶべきかを自分で考え、問題を発見し、どう行動すべきかを判断することにこそ、人間の自由、主体性があるのではないか、というのがアレントの主張である。

義命の存するところ、つまり天の命ずる大義に依拠するという儒教的思想と、個人の自由な判断と意思を最優先に考える西欧キリスト教的思考は、まるで対極のように見えるが、ともに人間の道徳感情や良心、責任感を行動の立脚点とする意味において、共通するものが感じられる。
良心といっても、宗教や道徳が自己の魂の救済を重視するのに対し、政治は自己よりも世界を重視しなければならない。個人の立場からすれば良心に反するような行動でも、国家や国民の運命を担う観点から、政治的人間は非情な選択を迫られることもある。その内心の葛藤に耐える精神の強さが政治の世界では求められる。ふつうの市民と政治指導者では行動原理にこのように大きな違いがあるのだが、「自分で思考し判断する」ことから自由で責任ある行動が生まれるわけだから、政治に携わるものは一層、アレントのいう意味での「経験に学ぶ」ことが重要となる。

二〇一四年は第一次世界大戦からちょうど一〇〇年目にあたることから、多くの書物、新聞、論壇誌が第一次大戦に関する論評を扱った。そのこと一つをとっても、この大戦の歴史がいかに多くの論点を含み、また多様な解釈が成り立つか、そこから引き出される教訓もいかに多様であるかが示されている。たとえば、大戦の原因や起源である。「だれもが望んでいなかった」にもかかわらず、歴史上かつてない「総力戦」を引き起こし、将兵だけでも一〇〇〇万人超という空前の死者を出し、ドイツ、オーストリア・ハンガリー（ハプスブルク）、オスマン、ロシアの帝国をいずれも崩壊させてしまった大事件は、なぜ起きたのか、どこに責任があるのか。

一九一四年六月二八日、ボスニアの首都サラエヴォで、オーストリアのフランツ・フェルディナント皇太子夫妻がセルビアの民族主義派青年の銃弾で殺害された。これが直接の引き金となったことは間違いない事実だが、セルビアが一定の責任を認めた段階で、以前からオーストリアの開戦に「白紙の小切手」でお墨付きを与えていたドイツ皇帝ヴィルヘルム二世さえ、この時は「これで戦争の必要はなくなった」と語ったほどだった。

それから間もない七月二八日、オーストリアのフランツ・ヨーゼフ皇帝が開戦勅書に署名し、オーストリア・セルビア国境で戦争が始まった時でさえも、「戦争は局地的な短期決戦に終わる」という見方が一般的だった。ヴィルヘルム二世は八月はじめ、出征兵士に向かって「諸君は木の葉が散るころには家に帰れるだろう」と語ったという（バーバラ・W・タックマン『八月の砲声』筑摩書房）。それが、当事者たちの予想をはるかに超えて、戦争は四年間に及び、欧州だけでなく日本、アメリカを含む一五か国、さらに植民地からも動員する「世界戦争」に拡大してしまった。

大戦後のヴェルサイユ講和条約第二三一条には「（大戦は）ドイツとその同盟国の攻撃によって」引き起こされたとあり、ドイツに主たる原因があるとの認識が示されている。事実、タックマンが前掲書で詳細に検証しているように、ドイツは早い段階からフランスとロシアを相手とする綿密な戦争計画を練り上げて、機会を窺っていた。一九〇五年頃に、参謀総長だったシュリーフェン元帥が編み出した、対仏露二正面の短期決戦作戦がそれだ。一九一四年からの第一次大戦では、開戦初頭、八月二六日からのタンネンベルク会戦でロシア軍を壊滅させる成功を収めた。この「タンネンベルク神話」が日本陸軍を魅了して、その後の「日本軍の短期決戦、包囲殲滅作戦」のモデルとなったことは、さきに述べた通りだ。

もっとも、タックマンによれば、このドイツの勝利は独露双方とも情況判断の誤りや作戦ミスなどが重なった結果がもたらしたもので、必ずしもシュリーフェンが描いたような鮮やかな作戦ではなかったというのが実態だった。むしろ、ドイツがフランス戦線の兵力を引き抜いてタンネンベルク会戦に集中投入し、勝利を収めたことが、結果的には逆に、ベルギーとフランスを横断する西部戦線の泥沼化を招き、世界を巻き込んで四年におよぶ大惨害をもたらす原因になった面が強いという。こちらの方の教訓は、日本陸軍の視野には入らなかったようだ。

ただし、フランスも普仏戦争（一八七〇―七一年）の敗北の経験から、「剣の魂を旨としたフランスを再現する」（ヴィクトル・ユゴー）決意のもとに、イギリスとともに対独仏英合同軍事計画の立案に着手していた。

こうした情勢を見れば、各帝国主義国の覇権争いに大戦の原因を見出す説も有力視されよう。さらに、各地の民族独立運動を動乱の要因として重視する見方もある。どの説が正しいかではなく、どの角度から論ずるかによって、さまざまな結論が可能なのだ。

責任の所在についても、①セルビアはテロの後ろ盾になった、②オーストリア＝ハンガリー帝国は過剰反応した、③ドイツはオーストリアに「白紙小切手」を与えるなど好戦的だった、④ロシアは時期尚早に総動員令を出した、⑤フランスとイギリスは他国を説得する努力を十分果たさなかった、というように、それぞれが責任を問われるべきであることを、ロンドン大学のフローレンス・フリードマンは指摘している（日本経済新聞、二〇一四年七月一七日付け朝刊）。

第一次大戦は世界の歴史に何をもたらしたのだろうか。これも、①近代から現代へと、時代区分の転換点となった、②列強による支配体制から対等な国民国家の関係へ国際秩序を変え、国際連盟が創設された、③民族自決権の原理に基づき新興国民国家が多数誕生した、④総力戦によって戦争への国民の参加が義務化され、これが普通選挙権などの権利要求に転じて民主化運動を促進させた、などの多様な論点を、木村靖二は『第一次世界大戦』（ちくま新書）で紹介している。

木村はまた、大戦の戦死者の多くが各国のエリート層を含む若い青年たちだったことを指摘し、これがその後、伝統的エリート層の活力の喪失を招き、大衆社会化現象とも重なって大衆的政治指導者の時代につながったと述べている。産業資本主義の発展と大衆社会の到来という相互関係はよく知られているが、第一次世界大戦がもたらした人口構造の変化がのちの政治状況などにも影響を与えたという指摘は、日本の場合、第二次世界大戦後の経済復興が新世代の経済人や政治家たちによって担われたことと、現れ方は異なるが類似点もあり、興味深い視点を提供してくれる。

軍事史の観点からすれば、第一次世界大戦がもたらした最大の変化は「戦争の機械化」だった。それまでの歩兵、騎馬による白兵戦に代わって戦車が登場、また主として偵察用に準備されていた航空機も戦闘機、爆撃機として重要な新兵器となった。機関銃が多用され、鉄かぶとが不可欠の装備となった。毒ガス、潜水艦などの新兵器も次々に登場した。これによって、作戦、用兵の技術面だけでなく、道路など交通路の確保の重要性、兵器の生産や燃料など資源の確保を含めた工業力、経済力など、国家的規模の物量動員体制の見直しが各国の課題として浮上することになった。

この戦争に若き中尉（その後大尉）として参加したシャルル・ドゴール（のち大統領）は、銃弾や銃剣による三度の負傷、悲惨な塹壕戦、ドイツ軍による捕虜、脱走の失敗などを経験し、大戦終結後、フランス軍の機械化、戦車・装甲車団の設立などの近代化を提案する著書を公刊した。しかし、他の各国と同様、大戦の悲劇を味わったフランス国内の世論は厭戦気分からくる平和主義の空気が支配的で、著書は七五〇部しか売れなかった（渡邊啓貴『シャルル・ドゴール』慶応義塾大学出版会）という。

「ああ、今日軍職に身を置くことは何と辛いことか。いずれ数年の後には祖国を救うために、人々はわれわれの制服の裾にしがみつくようになることであろう」

「軍隊の残虐性を身をもって体験した民衆は、感情的にこれに反発する。戦争を呪い戦争を過去の遺物と信じる神話がいたるところに広まっている」

世論だけでなく、フランス軍の幹部や政治家たちによっても、ドゴール提案は拒否された。大戦後のフランスでは、「マジノ線」神話とも呼ぶべき専守防衛思想が軍事専門家たちの戦略構想の中心となっていたのだった。

マジノ線というのは、アンドレ・マジノ陸相の名にちなんだ要塞線である。ドイツからの攻撃を食い止めることを目的に、五年がかりで一〇億フランを投じ、フランス北東部のドイツとの国境線に沿って延長三二二キロメートルの要塞群を構築したものだった。

二度と戦争を繰り返したくない、防衛体制さえ整っていれば平和は保たれる……。フランスの人々は、これが大戦の「教訓」だと信じた。フランスだけではない。イギリス指導部も「平和最優先」路線を追求していた。

いずれも、もっともなことだった。しかし、学ぶべき教訓は、それだけでは十分ではなかったのだ。戦争の悲劇を繰り返さないようにするには何が必要か。防衛体制は果たして整っているのか。現実に起きていること、起きる可能性が高いことを直視し、対策を具体的に考え、実行することが必要であり、そうしてこその「教訓」である。

願望や期待だけの「平和路線」の先に待っていたのは、第二次世界大戦だった。ニクソンによれば、ドイツ軍は、フランスで不評だったドゴールの著書を二〇〇部まとめて買い上げて、熱心に研究していたという（『指導者とは』のドゴールの項）。一方、フランスのマジノ線は財政難もあって未完成で、ベルギー国境にまでは届いていなかった。第一次大戦で仏英間の連絡将校を務めたフランスの作家アンドレ・モーロアは、一九三九年にマジノ線を視察した時の驚きを、こう記録している（『フランス敗れたり』ウェッジ）。

「マジノ・ラインはモンメディの附近で終わっているが、……相当の要塞線がベルギー国境に沿って延長されている、ということを前から耳にして、それに違いあるまいと私は信じていたのである。しかし、私は生まれて初めての最も大きい、最も悲痛なる衝撃を経験した。……この貧弱な要塞線が、ベルギー国境において、われわれを侵略と滅亡から救ってくれる唯一の頼りであったのだ！」

モーロアが見たのは、鉄条網で囲まれたトーチカが一キロから二キロ間隔で据えられているだけの光景。その各トーチカには、望遠鏡と機関銃が一台あるだけだった。

それでもフランスの首脳部も軍当局も、マジノ線は難攻不落だと信じていた。たとえその要塞線がベルギー国境にまで達していなくても、ベルギーは中立国で、ドイツがそこに侵入することはないだろうから、フランスの安全は確保できているという想定だった。

一九三八年、ヒトラーのドイツがオーストリアの併合に続いてチェコスロバキアへの侵略意図を表明した時も、英仏両国は危機を中東欧域内にとどめれば平和は維持できるという判断のもとに、ドイツを抑制するどころか、逆にチェコスロバキアに対して、ドイツへの譲歩を説得する努力を重ねた。三八年九月、イギリスのチェンバレン首相とヒトラーの間で、チェコのズデーテン地方をドイツに割譲する合意が成立した。有名な「ミュンヘンの宥和（ゆうわ）」である。両者の声明はこう述べている。

「われわれは協議という方法がわが両国に関する他のあらゆる問題を処理するさいの方法であると確認した。……こうしてヨーロッパの平和の保証に寄与する決意である」

ロンドンに戻ったチェンバレンは、首相官邸の窓から、歓呼の声を挙げる群集に向かって、危機回避の喜びを語った。

「ドイツからこのダウニング街に名誉ある平和をもって帰ってきた。……これがわが時代の平和であると私は思う」と、危機回避の喜びを語った（A・J・P・テイラー『第二次世界大戦の起源』講談社学術文庫）。

フランスのエドゥアール・ダラディエ首相も、軍備充実には時間的猶予が必要という判断からチェンバレンの和平工作を支持し、パリでは戦争回避の英雄として称賛された。

ヒトラーの「私はヨーロッパではこれ以上領土を要求しない」という声明を信じていた英仏は、しかし、わずか半年後の三九年三月、ドイツ軍によるチェコスロバキアの首都プラハへの急襲、占領に仰天させられる。ドイツ軍は続いて九月にはポーランドに侵入、ワルシャワはたちまち陥落した。たまらず英仏両国はドイツに宣戦を布告した。第二次世界大戦の勃発である。

ドイツは息つく間もなく四〇年四月にはデンマーク・ノルウェーを急襲、五月にはついに西部戦線で電撃戦を開始し、中立国であるベルギー、オランダ、ルクセンブルクを侵略、フランス国境に襲いかかった。ドイツ機甲師団の前に、マジノ線はひとたまりもなく突破され、六月二二日、フランスはドイツに降伏した。「ミュンヘンの宥和」から九か月のことである。平和を願い、対話による平和の維持に成功したはずの、これが結果であった。

平和への願望は当然である。第一次大戦で、兵士だけでなく、たくさんの住民が殺害され、村が焼かれ、都市が荒らされるのを経験した人々が、二度と戦争は起こしてはならないと心に決めたからといって、だれがそれを非難できるだろう。人々の平和への願いを政治指導者たちが尊重するのも、これまた当然である。

ただし、「願望と意見は違う」と、一九世紀半ば、市民社会における政治の役割を考察した実証社会学者のオーギュスト・コントは、いち早く警告している。

「市民がすべて、自由、平和、産業の繁栄、歳出削減、そして適正な税金の運用を望むのは至極当然である。しかし政治的意見というのは……こうした願望がこれこれの手段でしか充足できず、それ以外の手段ではまったく無力であることを、極めて率直にはっきりと表明したものなのである」。「それを欠くとなれば、人々は目的とはまったく正反対の結果を引き起こす手段を用いて、その目的を実現できるなどと信じ込むであろう」（『ソシオロジーの起源へ』白水社）

イギリスでは一九世紀後半、ウォルター・バジョットが、やはりこう述べている。

「民衆を指導し、民衆から指導されないようにするのが、指導的政治家の責務である」（『イギリス憲政論』中公クラシックス）

平和を求める民衆の声を大切に考えることは正しい。武力の対決ではなく対話を通じて和平を達成することも、もちろん正しい。しかし、ミュンヘンの宥和は、対話による合意とはいっても、内実は、ヒトラーに領土拡張要求を断念させるどころか、ヒトラーの意に従って、チェコに領土の割譲を強要するという英仏の一方的な迎合でしかなかった。みせかけの平和工作によって悲惨な第二次世界大戦という正反対の結果をもたらしたのは、政治の側の重大な失策というほかない。

なぜこのような事態になったのか。アンドレ・モーロアは、当時のフランス政界の混乱と指導者たちの質の低下を指摘している。

「（第一次大戦末期の）一九一八年のフランスは、幸いにして、他人に自己の行為を干渉されるような虞れのない、一人の立派な指導者をもっていた。クレマンソーである」

第一次大戦で西部戦線が泥沼化し、前線での兵士の出撃拒否や工場でのストライキなど厭戦気分が高まっていた状況下で、「老虎」と呼ばれていた七六歳のジョルジュ・クレマンソーは、ポアンカレ大統領の懇請によって再び首相に就任、「戦争貫徹」の決意を議会で明言して、態勢を立て直すことに成功した。

「（第二次大戦直前の）一九三九年のフランスはその反対であった。エドゥアール・ダラディエ（首相）とポール・レノー（蔵相、のち首相）は、共によきフランス人でありながら、戦争の全期間を通じて、政治的勢力の争いを続けたのである。この二人の指導者の不治の憎悪は、確かにフランス敗戦の主要なる原因のひとつであった」

意見や性格の相違に加えて、ダラディエにはC公爵夫人、レノーにはP伯爵夫人という女友達がそれぞれいて、しかもその二人の女性が互いに悪口を言い合い、またそれぞれの男に告げ口をして互いに失脚を図ったため、「戦時内閣の首相と蔵相は、ついに口もきかぬ仲となってしまった」という。やがてダラディエは辞職、レノーが首相に就任したが、ことごとに反目が続き、軍指導部の人選などでも混乱を来たした。

「個人的争いが戦争を勝利に導くことを、かくも困難ならしめるという、最も容易ならざる例を、われわれはフランスに見たのである」

「このような反目対立は、いつの世にもあることで、嫉妬と野心は消し難き人間の情であり、現に一九一四年の大戦には、クレマンソーとポアンカレは相互に憎しみあってはいたが、……さりながら、一九一四年には、心の高貴さと、奪い難き愛国心とが、こうした私情にうち克ったのである」

イギリスもまた、チェンバレンに代表される対独宥和派とチャーチルら主戦派との対立で腰が定まらないまま、ヒトラーのチェコ、ポーランドへの侵略に有効な対応策を打ち出すことができず、ずるずると大戦に引き込まれていった。

それにしても、ドイツはなぜ、第一次大戦の敗北で戦争の惨禍をいやというほど体験したにもかかわらず、英仏のような平和への願望とは逆の、ヒトラーによる侵略路線を追求したのだろう。

平和への願望がなかったわけでは、もちろんあるまい。大戦末期の一九一八年一一月、敗戦濃厚の情勢に伴って各地で革命や蜂起が相次ぎ、国内の混乱を収拾できなくなって皇帝ヴィルヘルム二世が退位、ついにドイツ帝国は崩壊した。大戦終結後の一九年二月には憲法制定国民議会がワイマールで開かれ、憲法制定と、ワイマール共和国の誕生となった。第一条で「国家権力は国民から発する」と、国民主権の原理を高らかに謳ったワイマール憲法は、世界史を画する民主的憲法と評され、ドイツは民主主義国家として再生を誓ったのだった。

それが狂信的な「ヒトラーのドイツ」に変貌していった要因として、よく指摘されるのがヴェルサイユ講和条約の条件の厳しさである。

ドイツはこの条約で軍備縮小、植民地の放棄、アルザス・ロレーヌ地方のフランスへの返還、巨額の賠償金などを課せられ、国民の間には不満と屈辱感が高まっていった。加えてインフレの昂進、世界恐慌による経済の壊滅的打撃が、共和国政府への不信を増幅させていた。こうした状況が、ミュンヘンのクーデター失敗（一九二三年）で一時は失速状態にあったヒトラーのナチ党を復権に導き、一九三〇年選挙では第二党、三二年には第一党の地位に押し上げ、ヒトラーは三三年一月、ついに首相の座に登りつめるに至った。

しかし、ドイツのジャーナリスト、グイド・クノップは『ヒトラー　権力掌握の二〇ヵ月』（中央公論新社）の中で、ヒトラーの権力掌握は「必然だったのだろうか」と問いかけ、「そうではない」と、通説を真っ向から否定する。

「どれほど大衆を鼓舞しようと、どれほど演説で煽動しようと、ヒトラーがそれだけで政権の座に就くことはなかっただろう。煽動者が権力を獲得したのは、老齢の大統領を取り巻く人々が策略をめぐらし、さらには弱体化した共和国を守るべき勢力が機能しなかったからこそである」

当時の政府首脳陣の「弱さ、野心、幻想」こそがヒトラーの台頭をもたらした、というのがクノップの主張である。クノップによれば、だれもがヒトラーを見誤っていた。共産主義者は彼を大資本家の傀儡とみなした。社会民主党はヒトラー恐れるにたらずと考えた。カトリックもプロテスタントも歓迎した。第一次大戦の英雄で大統領の座にあった八五歳のヒンデンブルク元帥は、ある時期まではヒトラーを「一兵卒」と冷ややかに見ていたが、彼の決断力やラディカルな国家主義的主張に感銘を受けて、「彼は愛国者で、素晴らしい男だ」と言うようになった。

ヒンデンブルクの側近の保守派政治家フランツ・フォン・パーペンは、保守陣営内の主導権を握ろうという思惑からヒトラーに接近し、首相の座をヒトラーに提供する一方でナチ党の閣僚ポストはヒトラーを含めた三人にとどめ、パーペン自身が副首相に就任することで合意を取り付けた。ナチ党を「うまく手なずけた」と自信を深めたパーペンは、心配する周辺の人々に、こう語ったという。

「心配は無用だ。六週間もすれば、あの小僧はわれわれが隅に追いやっている。奴はそこで歯軋りしているだろうよ」

パーペンたちは、ヒトラーのナチ党を、左派勢力を抑え込んで保守派政権の支配力を強化するための「宣伝屋」としか見ていなかった。「その男によって（自分たちが）無力化されてしまう時まで、彼らはずっとそう思っていた」のである。

政治の機能低下を回復させる努力とは逆に、ヒトラーの突破力を利用することで自分たちの権力を維持しようとする政治家たちの思惑やおごりが、想像を絶するような惨害をもたらしたのだった。

「ナチの首相を支援し、強力な独裁者という次の段階へ進むのを助けてやったのは、ドイツのエリートたちだった。ヒトラーの権力本能と、目的を遂げる際の野蛮さを、当初彼らは認識していなかった。そして次には彼を過小評価し、最終的には自らを彼に売り渡した。ナチ「総統」が完全な権力を握るための、最後に残された決定的な部分をお膳立てしてやったのは、軍の上層部だった。……最悪の事態を阻止できる可能性を唯一もっていたにもかかわらず、彼らは全面的に機能不全に陥っていた」

第一次大戦から第二次大戦にいたるヨーロッパの歴史を駆け足で振り返ることによって、私たちは、歴史の教訓は一つではなく多岐にわたること、そして、どの教訓をどのように生かすかを自ら思考することなしに歴史は教訓になりえないことを、学ぶことができたと思う。しかし、同時にもう一つ、興味深い事実にも気づかされる。政治の機能不全や政治家の劣化という現象が、ヨーロッパの、それも日本がしばしば模範と仰ぐような諸国にも、共通してみられたことである。

丸山眞男が描き出した「無責任の体系」という日本政治のさまざまな負の特徴は、ともすれば日本の宿命的な政治文化的体質であるかのようにイメージされ、ヨーロッパとの対比で、日本政治の後進性を示す証拠として語られることが多い。しかし、西欧各国の近現代史に記録されたいくつもの具体的事実は、そうした見方がいかに誤りであるかをはっきりと物語っているように思える。また、過去には優れた人物が存在したのに、時間的経過とともに政治全体が劣化し、政治家同士の反目や野心、欲望、おごりなどによって国家の運命が致命的な打撃を受けるというパターンも、決して日本特有の現象ではないことが読み取れる。

普仏戦争に勝利し、ドイツの統一を成し遂げ、ヴィルヘルム一世を皇帝とするドイツ帝国建設に成功したビスマルクは、その一方でアルザス・ロレーヌの併合など領土拡張の方針には強く反対し続けた。彼を解任し、領土拡大を夢見てドイツ帝国を破滅させたヴィルヘルム二世と、国家運営という観点から見てどちらの識見が優れていたかは明白だろう。

とはいえ、だから政治とはどの国でも同じようなものだと、政治を冷笑するのは正しくあるまい。似たような状況判断の誤りや失策でも、ミクロに見れば日本には日本独特の特徴が浮かんでくる。たとえば、意見の対立や政策選択の調整に際して、論理的な議論よりも情緒的な要素が優先される傾向が強いことだ。

多大な犠牲を生んだ南方各地における日本軍の作戦の中でも、一九四四年三月から開始された無謀なインパール作戦の失敗は、その典型といえよう。ビルマの防衛を目的にインドに侵攻し、インパールを占領することを試みたこの作戦は、参加した兵力一〇万人のうち戦死者約三万人、傷病での後送約二万人、残る約五万人もそのうち半数が病気で倒れるという惨憺たる結果を招いた。

作戦の指揮を執ったのは第一五軍司令官の牟田口廉也（れんや）中将だった。大本営がその二年前にこの作戦を計画した段階では、牟田口は「実行は困難」としてこれに反対、あくまで「守勢防御」に徹する方針を唱えていた。ところが、その後、戦局が一段と悪化すると一転して「攻勢防御」を強硬に主張するようになった。幕僚たちはびっくりして実施を見合わせるよう進言したが、聞く耳を持たない。止める権限を持っていたのはただ一人、ビルマ方面軍の河辺正三司令官だったが、河辺は逆に、「なんとかして牟田口の意見を通してやりたい」と、牟田口の擁護に回った。

実は、牟田口は一九三七年七月の、日中戦争の発火点となった盧溝橋事件当時の連隊長で、河辺はその直属の上司である旅団長という間柄だった。『失敗の本質』（戸部良一ほか、中公文庫）によると、牟田口は作戦に賭ける個人的心情を、こう語っていたという。

「私は盧溝橋事件のきっかけを作ったが、事件は拡大して支那事変となり、遂には今次大東亜戦争にまで進展してしまった。もし今後自分の力によってインドに進攻し、大東亜戦争遂行に決定的な影響を与えることができれば、今次大戦勃発の遠因を作った私としては、国家に対して申し訳が立つであろう」

大本営の方は次第にこの危険な作戦に否定的になっていったが、「現地軍のたっての希望であるならば」という人情論で、最終的に作戦を許可した。いずれ現地軍から作戦中止の申請がくるだろうと、大本営では期待していたという。他方、現地の牟田口の方は、部下から情勢報告などを聞いて中止やむなしの心境に傾いたようだったが、戦闘司令所に訪ねてきた河辺に「中止」を言い出すことはなく、河辺もそれを口にしなかった。牟田口は「私の顔色で察してもらいたかった」といい、河辺が中止を命じることを内心期待していたというのだが、河辺は逆に、牟田口が自殺するのを恐れ、「気分を引き立てるため」、むしろあえて攻勢を命じたのだという。

第一次、第二次大戦とも、勝者敗者を問わず、各国軍指導者たちはたくさんの判断ミスや失策を繰り返し、戦争を長引かせ犠牲者をふやすなどの悲劇的結果を生じさせた。しかし彼らはいずれも、無理な攻撃も時機を間違えた退却も、戦闘に勝つことを目的に、それなりに軍事的に合理的な判断だと考えて行動していた。インパール作戦のように、はじめから勝つことも作戦を実行することも不可能なことを承知しながら、「人情」に流されてずるずると、多くの尊い人命を奪う無謀な作戦を強行した日本軍の行動は、その無責任さにおいて特異というほかない。

「情」や「思い」を政治判断の根拠にする例は、戦争のような非日常的な事例に限られるものではない。ごく最近でも、民主党政権の鳩山由紀夫首相が沖縄・普天間基地の移転問題で「最低でも県外へ、できれば国外へ」と叫んだ際、「沖縄の心」「県民の思い」を大切にすると強調し続けたことは記憶に新しい。

政治家が国民の思いを政治に反映させようと努力することは、もちろん当然である。しかし、そうした思いや願いを実現するために具体的に何を、どのようにすべきかを示し、決定すること、それこそが政治の役割である。

先人たちが長年にわたって、多くの困難な条件の中で検討を重ね、日米交渉でやっと不十分ながら一定の解決策を見出し、地元も事情を理解して事実上受け入れを容認したのに、その結論をひっくり返して大混乱を招いた挙げ句、「県民の思いに忠実に行動した」と胸を張る。それが県民、国民の不信を招き、政権の自滅を早めたのに、なおその異常さに気づかないほど、日本の政治の劣化は進んでしまっていた。

2

政治の世界を常に「汚い、醜い」ものだと決め付けて、軽蔑すべき対象のように語る人たちがいる。とくに近年は、テレビで活躍する学者や評論家、あるいはキャスターなどにそうした傾向がよく見られる。それがある程度、世の中の共感を呼ぶのは、現実の政治にそれだけ問題が多いからだというほかないが、しかし、そうやって政治を断罪して溜飲を下げてみたところで、何の解決にもならない。権力欲、ポスト争い、足の引っ張り合いに狂奔するお粗末な人物たちは、なにも政治の世界だけではなく、企業社会をはじめ、さまざまな人間集団にごくふつうに見られる現象である。政治は人間社会の縮図のようなもので、政治だけを非難するにはあたらない。

しかしまた、だからといって、政治の腐敗や劣悪な所業を、政治とはそうしたものなのだと達観して、放置することも許されない。政治は国家の運営、国民生活を左右する重大な任務を負った公的行為であり、政治の失敗は直接、国民の生命、生活の安寧に打撃を与えるからだ。また、政治には負の側面がつきものだといっても、それが国民生活や国家運営に悪影響を与えない程度に制御されている時もあれば、限界を超えて危険な水域にまで劣化が進行することもある。問題は、その深刻化の兆候を早期に見つけ、取り返しのつかない失敗に至らないように、いち早く改善の措置をとれるかどうかだ。

政治の世界では、誤算や失策、あるいは腐敗や悪徳があまりに日常化しているので、このままでは危ない、これ以上放置すると滝つぼに落ちるぞ、という危険水域の限界点を発見するのはなかなか難しい。安定期と危険な状態を見分けることができるような「劣化の兆候」はないものだろうか。

バーバラ・タックマンは『八月の砲声』の中で、第一次世界大戦前のドイツではフランスの国力を軽視し、対仏戦争の勝利を楽観する風潮が強かったことを説明するにあたって、当時のドイツの歴史家、ハンス・デルブリュックの次のような言葉を引用している。

「四三年間に、四二人も陸軍大臣がかわった国（フランス）が、効果的に戦争をやれるはずはない」

陸軍大臣だけにとどまらない。フランスでは、大戦勃発直前の五年間で、内閣が一〇回も変わっていた。この歴史家が、政治、軍事の指導者たちの、毎年のように繰り返される頻繁な交代を、フランスの戦力、国力の弱さを象徴する指標とみなしていたことに、私は注目したい。

政治指導者や内閣の頻繁な交代は、フランスだけではなくワイマール憲法下のドイツも同じような状況にあった。共産党、社会民主党、保守派、キリスト教系など各政党間の駆け引きと度重なる解散・総選挙は、政党や政治家に対する国民の不信感を増幅させ、ヒトラーのナチス政権誕生につながっていった。政治を担う主役たちの頻繁な交代は、明らかに、安定期には見られない「政治の異常事態」を示唆する兆候と見てよさそうだ。

丸山眞男は「軍国支配者の精神形態」（『現代政治の思想と行動』所収）の中で、東京裁判の法廷記録から、日本側戦犯たちの共同謀議性に関するブラナン弁護人の、次のような弁論を引用している。

「日本政府そのものについての真の証拠とは何か。それは本起訴状の期間内に日本では前後十五代の内閣が成立・瓦解したという事実に外ならぬ……。日本政府を構成したこれら十数代の内閣の成立、瓦解を通じて、十三人の首相、三十人の外相、二十八人の内相、十九人の陸相、十五人の海相、二十三人の蔵相が生れた。……証拠が明かに示すところは……共同計画又は共同謀議の確証ではなくして……むしろかえって指導力の欠如……である」

満州事変の一九三一年(昭和六年)から一九四五年の敗戦に至る一四年間で、日本の内閣は一五回も変わり、首相がくるくると、ほぼ毎年のように交代した。外相、内相、陸相、海相、蔵相など重要閣僚は、もっと頻繁に入れ替わった。

丸山は、この日本政府指導部の頻繁な交代を指摘したブラナンの弁論を、戦争の「非計画性」という「日本の『体制』の最も深い病理」、すなわち「無責任の体系」の証しとして紹介しているのだが、ここに示されたような頻繁な交代は、無責任さの問題というよりむしろ、政治の無力さ、あるいは劣化のはなはだしさの証明として論じられた方が、より適切のように私には思われる。

政治の機能不全と指導者層の頻繁な人的交代との相関関係について、幕末の制度史を対象としたユニークな研究がある。近松真知子の「開国以後における幕府職制の研究」(『幕府制度史の研究』吉川弘文館所収)は、「江戸幕府の役職の任免を記した『柳営補任』を見ると、幕末に異常に変化を示していることがわかる」として、次のような調査結果を報告している。

(1) 老中(現代の首相にあたる)は、文禄二年(一五九三年)から慶応四年(一八六八年)までの二七五年間にのべ一七五名が就任している。

（2）これを嘉永六年（一八五三年）のペリー来航の段階で切ると、それ以前の二六〇年間では一三二名が就任しているのに対して、ペリー来航後はわずか一五年間で四三名が就任している。

（3）これを一〇年あたりの人数で比較してみると、来航前の五・一名に対し来航後は二八・七名となる。

（4）さらに若年寄になると、寛永五年（一六二八年）から嘉永六年（一八五三年）までの二二五年間で一一一名に対し、以後は五〇名で、これも一〇年あたり四・九名に対し三三・三名と、ペリー来航後、いずれも高い数値を示している。

ペリー来航後のこうした老中、若年寄らの頻繁な交代について近松は、「幕末の混乱期であるとはいえこの高い数値には考慮すべき事柄が内在しているといわねばならない」として、幕府の職制を軍事、外交、教育、司法の四分野に分類し、海軍奉行、火付盗賊改、京都守護職など増強された組織、また廃止・減員など削減された組織などを具体的に検証して、その変遷を詳細にたどっている。

安政、文久年間には武備充実、人材登用、冗費節約、公武関係の改善、参勤交代制の改革などの方針が相次いで打ち出され、「劇務に堪えざる者を旗奉行・槍奉行・持頭・先手頭などに任用する旧習を改め、総て有為の輩を選抜」することなどを決めた。人材登用は、開国以前は将軍との個人的関係が昇進の背景にあったが、開国以後は、時代的要請を踏まえて専門知識などを考慮した選別が行われ、勝海舟などの登用となった。

しかしそれもごく一部で、幕府内の意見対立や旧来の慣習などが壁になって、思うようには進まなかったようだ。近松は、徳川慶喜が「ここにひとつ非常の人物があるから、あれをと言ったところが、それはできない、身分が違うの、家柄ではないのと言う」と嘆息していたことを紹介し、こう述べている。
「人材登用は幕末期の特徴の一つではあるものの、江戸幕府においては制度上なかなか困難であった。慶喜の発言にも示されているように、人材登用の不完全さは、幕府崩壊の必然的な原因の一つになったといえる」

老中職についても、幕末期には「在職期間が短い、再任・再々任など重任が多い、人員が増強された」ことを指摘している。その要因としては、政治争点が頻繁に変わり、特定人物の長期政権が不可能になったことを挙げ、「内外の緊迫した状況の中で、幕府権力の象徴ともいうべき老中の交代が頻繁であることは、これのみ見ても幕府の衰退を示しているといってよい」と結論づけている。

戦後の日本はどうだろうか。敗戦の一九四五年、東久邇稔彦から保守合同の一九五五年、鳩山一郎までの一〇年間の混乱期に、首相は七人だった。五六年の石橋湛山から佐藤栄作までの一六年間では四人、それも健康上の理由で石橋が在職わずか六四日間の短命で退陣したあとは岸信介、池田勇人、佐藤栄作の三人という安定期を経験した。しかしその後の一九七二年、田中角栄から中曽根康弘までは一五年間で六人。中曽根の在任一八〇三日間という例外的な長期政権を除くと、竹下登が「歌手一年、総理二年の使い捨て」と評したように、三角大福の政争でいずれも二年前後の短命政権だった。

一九八七年誕生の竹下政権は自他共に長期政権を予想されていたが、二年弱の短命に終わった。その後はめまぐるしい変転を見せ、細川護熙の非自民連立政権、村山富市の自社さ連立政権をはさんだ森喜朗までの一四年間に、一〇人の首相を数えた。在任一九八一日間という近来まれに見る長期政権となった小泉純一郎のあと、二〇〇六年の安倍晋三から一二年の安倍の再登板までの六年間は六人。「総理二年の使い捨て」どころかほぼ一年しか持たず、毎年の首相交代となった。

竹下政権の以前と以後で比べると、変化の軌跡はより鮮明になる。戦後最初の一〇年間の混乱期をへて一九五五年に「五五年体制」という形で政局が一応安定期に入ってから、竹下がリクルート事件などで失脚した一九八九年までの三四年間で、首相は一二人だった。これに対して、八九年の宇野から二〇一二年の安倍の再登板までの二三年間で、首相は一七人にのぼる。「竹下以前」の首相の在任期間一人平均約三年が、「竹下以後」は平均一年半に短縮されている。しかもこの間、自民党政権は二回も崩壊するという大きな変化を経験している。政治変動の脈拍は、ここ二〇年余で明らかに早くなっているといわなければならない。

自民党政権の場合、佐藤政権以後は総裁任期について多選が禁止され、また任期も二年あるいは三年と、その時々の党内事情によって何度か変更されていることに留意する必要がある。ただし、中曽根と小泉の場合は、そうした規定にもかかわらず一年の延長が認められたし、逆にそれ以外は、再選が規定上可能であっても、再選はおろか一期の任期すら全うできない短命で終わっていることから、総裁任期の規定は前述の在任期間と交代の頻度にあまり影響がないと見てよかろう。

政治の歴史過程には安定期と変動期、あるいは発展、停滞、衰退の波動が見られることは本書でもこれまで何度か言及してきたが、政治過程の変動と指導者層の交代頻度の間に深い相関関係があり、しかもそれが洋の東西、時代の相違を問わず、かなり普遍的に存在する現象であることが、こうして確認できる。

東京裁判でブラナン弁護人は、昭和初期から敗戦までの一四年間に一三人もの首相が交代したことを驚きをもって語ったが、それも、この現象が日本のそれ以前の時代に比べて、際立って特異な事態として印象付けられていたからだったと思われる。実際、明治後半から大正にかけての安定期、たとえば明治三四年（一九〇一年）から大正一〇年（一九二一年）の二〇年間では、首相は六人を数えるだけだった。しかも、そのうち一九〇一年からの一三年間は、桂太郎と西園寺公望の二人だけで交互に政権を担当した「桂園時代」で、大正デモクラシーを象徴する時代として特筆されている。

ではなぜ、安定していたはずの政治がある時期から機能不全や劣化を生じ、それに伴って指導者がくるくる変わるような事態が起きるのだろうか。

前章で見てきたように、昭和陸軍が破滅に至った変質過程で大きな要因となったのは「官僚化」だった。行政も軍も、効果的に機能を発揮するためには専門組織を必要とするのは当然だとしても、組織には自己肥大化への、本能のような傾向がある。組織を束ねて全体を運用するべき政治が、大局的な判断に立って指揮監督しないと、各組織はそれぞれ自分たちの利害の追求（縄張り争い）や組織を守ること（組織防衛、保身）が優先して、全体としての政治目標が見失われてしまう。

肝心なのは政治の大局判断なのだが、組織を指導すべき政治の側がおごりや怠慢、あるいは自己利益の追求のために一部組織と結託するような状態になると、ことは重大である。軍の暴走を政党側が煽って政争に利用しようとした結果、国全体が無謀な戦争に突っ込んでしまった経過は、本書がすでに見てきた通りである。

組織の硬直化に加えて、政治指導層それ自体が官僚化して、時代の変化に対応できなくなってしまうことも、さきに近松が引用した徳川慶喜の嘆きが示している通りだ。慶喜の、家柄や身分にこだわらない人材登用を進めようという試みは、幕府の老中や若年寄など指導層の抵抗で阻まれてしまった。

ただし、幕末でも藩によっては有為な人材を登用して成功したケースも少なくない。たとえば備中松山藩主・板倉勝静（かつきよ）と、彼が家老に起用した山田方谷がその一例である。

山田は農民の出身だが、幼少の頃から学問に秀でていて、「神童」と謳われていた。わずか九歳の時に

「将来何をやりたいか」と人に聞かれて、即座に「治国平天下です」と、四書五経の大学篇に書かれた言葉を口にしたというエピソードが伝えられている（童門冬二『山田方谷』人物文庫）。のち陽明学者として藩校校務主任となり、やがて藩主・板倉に見出されて家老に取り立てられた。

井伊直弼が安政の大獄の強硬手段をとろうとした際、寺社奉行だった板倉は、家老・山田の進言を踏まえて、真っ向からこれに反対した。このため板倉は井伊に罷免されるが、井伊の死後、老中に抜擢される異例の昇進を遂げ、末期の幕政に苦闘することになる。

山田はその間、藩主に代わって藩政を担うことになるが、彼が「理財論」や「擬対策」などの著作の中で、治国の心得として強調していたのが「事の外に立つ」であった。藩の財政改革なども、ただ赤字をなくせばいいという近視眼的な銭勘定の発想では身動きができなくなってしまう。大切なのは、民を幸福にすることである。

「天下のこと（政治や行政）は、事の外に立つことが大事で、事の内に屈してはならない。理財も同じだ。財の外に立って全貌を見わたすことが大切だ。賄賂を禁じて官吏を清廉潔白にし、人民を労って民政を厚くし、文教を興し、士気を奮い起こして武備をはれば、綱紀はととのい政令は明らかになり、治国の大方針は確立できるはずだ。そうすれば理財の道もまたおのずから通じる」

太平の世に衰乱の兆しが現れている。これも武士たちが昔と違って義よりも利を尊ぶ風潮に染まり、賄賂や贅沢な暮らしがまかり通るようになってしまったからだ、という大局的な時代認識が、方谷の「事の外に立つ」論の根幹をなしていた。

藩財政の窮乏とその対策を幕末の日本社会全体の変化という観点から論じた方谷の改革提言は、越後長岡藩の河井継之助らに大きな影響を与え、藩政改革、幕政改革への機運を高めたが、薩長などの急進的な倒幕運動の前には力及ばずに終わった。童門は著書の中で、方谷も継之助も「『地の利と人の和』については卓抜した力を示し、それなりの成果をあげた。しかし、『天の時』だけはどうにもならなかった」と述べ、幕府体制がすでに改革を成功させるだけの余地がないほど退嬰化していたことを指摘している。

英明を謳われていた徳川慶喜が輿望を担って将軍職に就き、小普請組という低い身分出身の勝海舟を幕閣に登用する人事を実施したが、それでも幕府の瓦解を防ぐことはできなかった。改革しようにもさまざまな抵抗にあって、人材登用は一部に限られ、また慶喜自身にも、そうした抵抗を突破して全面的な改革を断行するだけの力量が欠けていたためといえよう。

もっとも、海舟の視野には幕府の延命、存続などはじめからなかったかもしれない。海舟が咸臨丸で渡米して帰国した際の老中とのやりとりからも、彼が早い段階から幕府体制に見切りをつけていたことがうかがえる。

「そちは一種の眼光をそなえた人物であるから、定めて異国へ渡りてから、何か眼をつけたことがあろう。詳しく言上(ごんじょう)せよ」

「さよう、少し眼につきましたのはアメリカでは、政府でも民間でも、およそ人の上に立つものは、皆その地位相応に利口でございます。この点ばかりは、全くわが国と反対のように思いまする」(勝海舟『氷川清話』)

海舟にとっては、幕府の維持・存続よりも、日本という国家の存立をいかに確保するかが問題だった。アメリカ、イギリス、フランス、ロシアなどの列強が、インドや中国に続いて日本に触手を延ばそうとしている緊迫した国際情勢の中だ。幕府側と倒幕派の武力衝突が江戸を主戦場に内戦に発展するようなことになれば、外国に付け込まれて国の独立が危うくなる。将軍慶喜はじめ幕閣の怒りを尻目に、西郷隆盛との直談判で江戸無血開城を独断で決めた海舟の決断力は、まさに、幕府体制の維持という「事の内」の課題に屈することなく、日本全体の独立と安全を守るという、「事の外」に立った日本全体の大局観に支えられていたのである。

激動期にも、このように抜きん出た人物たちが、一部には存在した。それでも組織の硬直化や劣化が進行してしまうと、時代の流れを食い止めることができなくなるのだ。その反面、安定期といわれる時代でも、実はいくつもの波乱があって、決して平坦な時代ではなかったこともまた事実である。徳川幕府二七五年間の歴史を見ても、幕末の一五年間を除く二六〇年間は比較的安定した時代であり、だから幕府体制は存続してきたわけだが、その間には享保の改革をはじめ、何回も改革を要する困難な状況があった。それをそのつど凌ぐことができたのは、当時の指導者たちの改革への対応力が幕府組織の劣化の度合いを上回っていたからといえよう。

戦後政治が比較的安定していた五五年体制のもとでも、岸信介の六〇年安保改定では国家的騒乱を思わせる動揺があった。しかしこれも、後継の池田勇人が岸の政治主義的路線から一転して「寛容と忍耐」「所得倍増計画」など経済成長路線に切り替えたことで、ほどなく収束され、日本が経済大国化への道を歩む基礎を固めた。公害問題など高度成長のひずみが表面化した時には佐藤内閣が安定成長への路線転換を図り、米中接近のニクソン・ショックには田中角栄が日中正常化で対応した。一九七三年の第四次中東戦争に伴う石油ショックというエネルギー危機と狂乱物価に際しては、田中の政敵だった三木武夫、福田赳夫らがそれぞれ役割を果たし、変動期の乗り切りに成功した。

激しい権力闘争は繰り返されていたし、党内はいつも首相の座や党・内閣のポストをめぐるせめぎ合いの場だったが、その分、活力にあふれ、その後の指導者たちに比べれば、この時代の歴代首相らは識見、力量とも優れていたといってよかろう。ただし、それだけではなく、彼らの行動を可能にした背景として、五五年体制という自民党優位の国内政治構造が堅固であったこと、またその体制を成り立たせていた冷戦構造という相対的に安定的な国際環境があったことも、忘れてはならない。

一九八九年の中国・天安門事件は全世界にテレビ映像が伝えられ、東欧の民主化運動に大きな衝撃を与えた。これが、ゴルバチョフのペレストロイカ、グラスノスチといった民主化・情報公開を柱とするソ連の改革運動に、当事者たちも予想しなかったほどの弾みをつける結果となり、九〇年の東西ドイツの統一、九一年のソ連崩壊という国際的な大変動につながっていった。米ソ対立に基づく冷戦構造が、一方の当事者のソ連が消滅したのだから、これで当然平和が到来する、とだれもが思った途端、イラクのクウェート侵攻というこれまた予想外の事態が発生し、世界を揺るがす湾岸戦争となった。

冷戦崩壊以後の国際情勢の流動化と日本政治の動揺については改めて論ずることとして、ここで触れておきたいのは、外的環境の変化の度合いと国内政治過程に与える影響の大きさの関係である。

江戸幕府がペリー来航までの二六〇年間にわたって、曲がりなりにも幕藩体制を維持できたのは、それを可能にするだけの国際環境があったからだ。大航海時代から重商主義の時代をへて、一九世紀の帝国主義の時代になると、資本主義の発展と列強による植民地争奪が激化し、徳川幕府体制の継続は極めて困難な情勢となった。そこに幕府官僚の腐敗、因習固持の風潮、人材の劣化が重なっては、体制崩壊は時間の問題だったともいえる。

一九八九年以後の日本政治のめまぐるしい変転ぶりも、冷戦崩壊からグローバル化時代への国際情勢の激しい流動化の一方で、政党の腐敗や機能不全、政治指導者たちの質の低下という現象との相互作用と見ることができる。

政治は人間たちの営みであり、権力欲や利益追求の衝突と無縁ではありえないから、腐敗や政治の機能不全はいつでも、またどこでも発現する。それを小さな芽の段階で克服できるか、それともなすべきことをなさず、体制全体を揺るがせる大変動にまで突き進んでしまうのかが、国家や政府組織の安定度を左右するカギといえる。

これまでいくつかの歴史的事例をもとに、私たちは、くるくると回転ドアのように指導者が入れ替わる人事交代の頻度と組織や制度の衰退とが、深い相関関係にあることを見てきた。また、そうした「劣化の兆候」の裏にある要因として、①リーダーとなるべき人物の劣化、②組織の硬直性、③外的環境の衝撃度——が相互に関連していることも明らかになった。

環境が大きく変化した場合、それに適応できたものだけが生き残るというのがダーウィンの進化論である。人間社会も似たところがあって、変化をいち早く感じ取り、組織や制度の問題点を見抜いて改革に取り組む柔軟な対応ができれば、体制は存続できる。逆に指導者たちが変化に目をつぶり、怠惰な成り行きまかせで保身、因習に固執していたら、改革のタイミングを失い、そうなってから質の低下した人物をいくら取り替えても、組織の崩壊は免れなくなってしまう。

山田方谷が「事の外に立つ」ことを説いて強調した内容は、誠や義、質素倹約、賄賂の禁止、人間教育の大切さなど、珍しくもないことばかりだ。最近はやりの、数字の「エビデンス」があるわけでもない。ハウツー本や手軽で快適な「ソリューション」が求められている現代社会では、そうした当たり前のモラルを語っても、人の注目を集めることはほとんどあるまい。しかし、まさにその点にこそ現代社会の深刻な危機があるように、私には思える。

組織や制度を構成しているのは人間であり、それを運用するのも人間である。その人間自体が劣化していたら、組織や制度が円滑に機能するはずがない。国家の運営には専門的な知識が必要とされることはいうまでもないが、その専門知識をどのように生かすかはその人間の器量、すなわち判断力、決断力、倫理観など総合的な人間力による。優れた人物を国家運営に当たらせるためには、それを選ぶ有権者の側の質も問われてくる。社会が乱れ、社会に生きる人間たちの質が劣化しているような状態で、政治家だけに優れた資質を要求するのは無理な話だ。

人間は平等であるという命題は、地位や学歴、貧富の差などによって人間を差別してはならないということであって、人間としての素養や品性の差異を無視、軽視することであってはならない。そうした「人間」のありようについての問題意識が薄れているのではないかと思われてならない。

3

終戦から半年。坂口安吾を驚かせたのは、焼け野原の光景の無残さだけではなかった。悲痛な思いで彼が語ったのは世相の激変ぶり、何よりも人間の変わりようだった。

「半年のうちに世相は変った。醜(しこ)の御楯(みたて)といでたつ我は。大君(おおきみ)のへにこそ死なめかえりみはせじ。若者達は花と散ったが、同じ彼等が生き残って闇屋(やみや)となる。ももとせの命ねがわじいつの日か御楯とゆかん君とちぎりて。けなげな心情で男を送った女達も半年の月日のうちに夫君の位牌(いはい)にぬかずくことも事務的になるばかりであろうし、やがて新たな面影を胸に宿すのも遠い日のことではない」

つい数か月前まで、男は気高く潔く、女は貞節で、というイメージを自他ともに抱いていたはずの日本人が、こんなにも急に、これほど変わってしまうとは。だが、坂口は、それを悪しざまに非難するのではなく、こう述べる。

「人間が変ったのではない。人間は元来そういうものであり、変ったのは世相の上皮だけのことだ」

「人間は変りはしない。ただ人間へ戻ってきたのだ。人間は堕落する。義士も聖女も堕落する。それを防ぐことはできない」「だが人間は永遠に堕ちぬくことはできないだろう。なぜなら人間の心は苦難に対して鋼鉄の如くでは有り得ない。人間は可憐であり脆弱であり、それ故愚かなものであるが、堕ちぬくためには弱すぎる」

人間は弱く堕落するが、そうだからこそ武士道をはじめ規律や倫理によって弱さを補い、人間社会を存続させることができる。

「人は正しく堕ちる道を堕ちきることが必要なのだ。そして人の如くに日本も亦堕ちることが必要であろう。堕ちる道を堕ちきることによって、自分自身を発見し、救わなければならない」（『堕落論』新潮文庫）

人間の弱さ、醜さ、愚かさを見つめ直し、そこから社会の秩序のあり方を考え直すことなしに本当の日本の再出発はない、という坂口の鋭い断言は、敗戦で呆然としていた人々に大きな衝撃を与えた。今もこの作品が読み継がれていることは、彼の逆説的表現の中に人間の真実が描かれているからだろう。

しかし、その坂口が現代の日本社会を見たら何と言うだろうか。坂口は「人間は堕ちぬくことはできない」といい、「堕ちきる」ところからの再生を促したのだったが、昨今の新聞やテレビで伝えられる幼児虐待死、いじめ、ストーカー殺人など、異常な事件や犯罪があふれる現代社会は、彼が想像した劣化の限界をはるかに超えていて、しかもまだ底が見えないほど深く堕ち続けているように、私には思えてならない。

世相の悪化を指摘する声に対して、いつでも「そうした現象はこれまでもあった」「一部の出来事を全体の傾向だと結論づけるのは適切でない」という反論が出る。「道徳の崩壊」や「学力の低下」を心配する声が挙がると、たちまち「戦前回帰」や「学力偏重」の危険性を叫んで反対を唱える評論家や学者が現れる。こうして、問題を問題として取り上げることが妨げられて、社会の病理がさらに進行してしまうことになる。

人々が肌で感じている「昔はこうではなかった」「最近はどうもおかしい」という印象は、決して誤ってはいないのだ。久しぶりに訪ねて街の様相が一変しているのに驚かされることがあるように、一定の時間を経ると変化の大きさがはっきり認識できる事例は、身の回りにいくつも見出すことができる。望ましい変化であれ不健全な傾向であれ、変化を認識することがまず大事なのだ。それが病理現象であれば早期に発見し、原因を調べて対策を講じなければならないのは、人間の健康も社会の安寧も同じである。

NHKの衛星放送で時折、古い時代の映画を放送することがある。しばらく前にその一つの、一九五五年（昭和三〇年）の「警察日記」という作品を見て、胸に熱いものを感じることがあった。原作は伊藤永之介という農民作家の、東北の地方都市の警察署を舞台にさまざまな騒動を描いた小説（一九五二年）で、日活が喜劇仕立ての人情ものとして映画化（久松静児監督）したものだ。森繁久弥（主役の巡査）、三国連太郎（若い巡査）、沢村貞子（料理旅館の女将）らなつかしい名優たちが、戦後一〇年ほどたった頃の庶民の生活ぶりを演じている。

無銭飲食、捨て子、人買いなど、当時の貧しい生活そのままの犯罪が警察に持ち込まれ、そのたび大騒ぎになる。しかし、見ていてふと気づいたことは、そこには「悪人」が一人も出てこないことだった。たとえば、子どもの手を引き、背中には赤ん坊をおぶった母親が、無銭飲食で突き出されてきた話。子どもにそばを食べさせて、代金を払わなかったという「事件」だが、聞いてみると、母親は空腹をこらえて何も食べずにいたという。微罪で、しかも胸の痛む事情を知って、警察も送検するのをやめて釈放してやった。

捨て子の幼い姉弟を、森繁の巡査が町中を歩いて引き受け手を探し回る話。やっと料理旅館に預かってもらえることになり、沢村の女将も何日か世話をしているうちすっかり子どもたちに情が移って、養子として育てることになる。そんなところに母親が警察に名乗り出てくる。

「悪い母ちゃんだな。なんでこんなかわいい子どもたちを捨てたりするんだ」

「食べさせることができなくて」

巡査が母親を連れて、子どもたちを引き取るため旅館に向かう。ところが、旅館の玄関先で遊ぶ子どもたちの姿が遠くに見えると、突然、母親が立ち止まって動かなくなる。どうしたのかと尋ねる巡査に母親は、「子どもたちを引き取りにきたのは、一緒に死ぬためでした。でも、あの子たちを見たら、できなくなりました。といって、引き取っても生きていけない」と泣き崩れる。

巡査も困る。子どもを母親に会わせたら、引き渡すしかなくなる。だが、そうなると母子は心中してしまうかもしれない。さりとて、このまま引き返してよいものか。子どもの元気な姿を、もっと近くで母親に見せてあげたい。一計を案じた森繁の巡査は、母親を警察のジープの後ろに乗せて旅館の前をゆっくりと走らせ、車の窓から子どもたちの様子を見せてあげる。泣きながら手を合わせて、母親は一人、駅に戻り、汽車に乗って去っていく。

映画の話だといっても、当時の世相に近い情景だったろう。それにひきかえ、今はどうだ。若い母親が子どもに食事も与えずマンションに置き去りにし、自分は男友達と何日も遊び回って餓死させたという事件、またそれに類似した痛ましい事件が、二件や三件にとどまらない。現代社会がどれほど狂っていることか、説明するまでもあるまい。トイレや駅の階段で女性を盗撮してつかまる警察官の話を聞くにつけ、この映画の人情巡査らを思い出す。

永六輔の『永六輔のお話し供養』（小学館）という作品の中に、「寅さん」の渥美清にまつわるエピソードがある。終戦二年後、疎開先から実家のある浅草の寺に戻った永は、焼け跡の鉄くずなどを拾って小遣いをかせぐ年長の渥美らの、チンピラ仲間に入る。

「渥美ちゃんは僕より五つ年上。生きるために担ぎ屋やテキ屋などもしたそうです。そんな彼が芸能界に入るきっかけを作ったのは、無名の一人のおまわりさん。歩道と車道を仕切る古い鎖を盗んで補導された。そのとき、『お前の顔は、一度見たら忘れられない。フランス座にいけ』と言われたの」

フランス座というのは浅草六区のストリップ劇場だ。

「罪をとがめて罰するのではなく、未来ある若者に素っ気ない言葉で助言する。貧しくすさんだ世相の中、そんな優しさを持った人もいたんです。渥美ちゃんはその言葉を心に受け止め、やがてフランス座の舞台にコメディアンとして立ったのね」

これは実話である。昔はたしかに、私たちの近所の駐在所にそうしたおまわりさんがごく普通にいたものだった。変わったのは警察官だけではない。最近では裁判官の不祥事も珍しくない。検察官が証拠書類を改ざんして無実の人を起訴するケースもあった。学校の教師がインターネットで生徒に売春の斡旋をするといった、信じられないような事件も起きている。

いじめは昔もあった。下校途中、塀の陰から石をぶつけたり、悪さをするいじめっ子もいた。しかし現代のように、おおぜいで一人の子に嫌がらせをして、「死ね」とののしって自殺に追い込むといった陰湿な行為は聞いたことがなかった。

世の中がすべてそうなってしまったというわけでは、もちろんない。それらの事件が新聞やテレビでニュースとして伝えられるのは、それが特異な事例だからであって、一般的な現象ではないからだ。しかしそれにしても近年は、そうした異常な事件がふえただけでなく、異常さの度合いもまた、想像を絶するような事案が多くなった。その事実をしっかり認識しなければならない。

男女関係のもつれから殺人を犯すケースは昔からあったが、最近驚くのは、ストーカー殺人などの加害者が、「悪いのは相手だ」と、反省どころか被害者の非を責め、自分は悪くないと言い張る現象がふえていることだ。

精神科医の香山リカは著書の中で、「ヘイトスピーチ」などの言葉の暴力を含め、自分の外部の存在に不満の原因や責任を求める最近の風潮を、「自己愛」という観点から分析している（『劣化する日本人――自分のことしか考えられない人たち』ベスト新書）。

これといった大きな失敗や挫折をしているわけではないのに、「イキイキしてない」「輝いてない」といって自分の人生への不満を訴える人が、診察室にふえてきたという。「こんなはずじゃなかった」「私はもっとすばらしい人生を送って当然の人間だ」というプライドや、過剰な自己愛の意識が潜在的にあって、虚無感、無力感に悩まされているのだという。

私の友人に一柳良雄さんという人がいる。もと通産省の官僚出身で、現在は独立してコンサルタント会社を経営している。彼が結婚する時、当時仕えていた田中角栄通産相（のち首相）からお祝いにもらった色紙を、彼はいまも大切にしている。そこには個性的な毛筆の字でしたためた一首がある。

「末ついに、海となるべき山水も、しばし、この葉の下くぐるなり　越山」

戦後間もなく若くして政界入りし、吉田茂、池田勇人ら歴代首相に可愛いがられ、佐藤内閣では大蔵、通産などの重要閣僚、自民党幹事長などを歴任して、五四歳という当時戦後史上最年少で首相の座を獲得した田中である。のち金脈事件やロッキード事件で失脚するが、首相に登りつめるまでの彼は破竹の勢い、順風満帆の典型のように、世間では見られていた。その田中が、水の流れに喩えて、つらい雌伏の時の思いを歌に詠んでいた。

幸運ばかりの人などいないのだ。人もうらやむ成功者だって、みな、不運のつらさに耐え、努力を重ねての人生を歩んでいる。幸田露伴は『努力論』（岩波文庫）で「運命と人力と」について、こう述べている。「何事によらず自己を責むるの精神に富み、一切の過失や齟齬(そご)や不足や不妙や、あらゆる拙なること、愚なること、好からぬことの原因を自己一個に帰して、決して部下を責めず、朋友を責めず、他人を咎(とが)めず、運命を咎め怨まず、ただただわが掌の皮薄くわが腕の力足らずして、好運を招き致す能わずとなし、非常の痛楚を忍びつつ努力して事に従うものは、世上の成功者において必らず認め得るの事例である」

苦労や困難との闘いがあってこそ初めて、成功の喜びや充実感が生まれる。「本来ならうまくいっているはず」という思いに支配され、うまくいかない原因はだれか別の人のせいと思い込んでしまうようでは、つかめるはずの幸運も逃げてしまう。それどころか、努力や自己反省に向かうべきエネルギーが逆に他者への攻撃衝動にすり替わってしまうと、自分にも相手にも不幸な結果をもたらすことになりかねない。

最近の若者の動向について、私自身、彼らと接する機会の多い後輩からびっくりするような話を聞いたことがある。その一人の学習塾の経営者が、こんな話をしてくれた。成績優秀で東大に合格した青年が久しぶりに訪ねてきたので、食事をしながら雑談をしていると、その学生がこう言ったという。

「先生、僕も先生みたいに苦労しないで楽しく生きていきたいなあ。どうしたらできるんでしょうか」

思わず絶句してのけぞったと、塾の経営者は苦笑する。その学生も、東大に入学するまでには幼いころから塾に通い、努力してたくさん勉強したに違いない。「でも、大学が努力の終着点、もう十分努力したから、あとは楽にすごせる道を探すだけ、とでも思ってるんでしょうかねえ」と、彼はため息をついていた。

自力でゲーム・ソフトの会社を興した社長が語る。

「若い社員に新しい仕事をいいつけると、その件は聞いてません、それは評価点になるんですかと、逆に質問されるんですよ」

仕事のやりがいとか面白さではなく、それが自分の業績評価にどうつながるかしか念頭に浮かばないらしい。ここでも、「仕事をして給料をもらう自分」はあっても、会社や仲間への意識は二の次ということのようだ。

聞いてません、言われていません、という返事は、いまどき珍しいことではないのだそうだ。香山リカは前述の著書の中でこんな例を紹介している。若い精神科医が先輩医師に結婚することを報告した。先輩がどんな相手かを聞くと、「あ、患者さんです。……好みのタイプだったのですぐにデートに誘いました」という答え。先輩は驚く。医師と患者の付き合いは病院の中だけ。治療段階の患者と個人的な関係を結ぶなど、あってはならない。それが暗黙のルール、医師のモラルである。しかし、若い医師の返事は「そんなこと、聞いてませんでしたから」。事件や犯罪にまで至らなくても、社会のルールやモラルが崩れかけていることを認めざるをえない。

人は一人では生きられない。個人が無事に生きていけるのは社会人として守るべき秩序があるからで、自分勝手が通るはずがない。楽しく快適に生きるためにも、人は努力し、不自由に耐え、人と協力し合うことが必要なのだ。そんな当たり前のことが教えられていないとすれば、まず教育に問題があるといわなければなるまい。

教育というとすぐに学校の責任が問題となるが、家庭教育の大切さも強調されなければならない。いじめや虐待の加害者の多くが、自分自身、家庭で虐待やいじめにあっていた経験があるといわれる。ただその家庭環境も、近年、大きく変わっている。若い夫婦と子どもだけの核家族が大半で、昔のように祖父や祖母、近所のおじさん、おばさんが、そばで育児の相談に乗ってくれる状況になく、育児ノイローゼから不幸な事故が起きるケースがふえている。

私たちの新聞社では十数年前から、小児科医や専門家、子育てをしながら活躍している著名人らに参加してもらい、「子育て応援団」を組織して、各地で育児相談会を開催するプロジェクトを展開している。その活動を通じて、乳離れが遅い、よその子に比べて成長が遅いように思える、などといった、どの親でも感じるような不安で多くの若い親が深刻な悩みを抱えていることが、私自身よくわかった。社会構造の変化を無視して「家庭の責任」を責めるだけでは、問題の解決にならないことも理解する必要があろう。

若い人が本や新聞を読まなくなったことも、最近の社会の荒廃現象に影響しているのではないか。大学生の四割が「一日の読書時間ゼロ」だったという調査結果もある。国立青少年教育振興機構が二〇一四年二月に発表した「子どもの読書活動の実態とその影響・効果」に関する調査によると、「この一か月で本を読んだことがあるか」という問いに、「読んだ」と答えた高校生は五六・二パーセント、中学生は八二・〇パーセントだった。裏返すと、最も多感な世代である高校生の四割以上が、一か月に一冊の本も読んでいないというのだ。

文部科学省が二〇一四年八月に発表した全国学力テストに関する調査の、児童・生徒の新聞閲読状況についての報告では、新聞を「ほとんど・全く読まない」と答えた小学生は五〇・二パーセント、中学生五九・一パーセントで、いずれも前年より五ポイント前後ふえている。一方で、携帯電話やスマートフォンで「一日あたり一時間以上」通話やメールの交信をしているものは、小学生で約一五パーセント、中学生で約四八パーセントにのぼった。ツイッターやメール、ゲームに夢中になって本や新聞を読む時間がなくなるだけでも、青少年の精神形成過程にとってマイナスだが、ネットのやりとりから性犯罪や殺人事件に発展する悲劇も起きている。

情報化社会の負の側面に、もっと注意を向ける必要があるだろう。ツイッターによる一四〇文字の交流は、言葉の短縮化、簡略化を招き、次第に深く考えることをしない「知性の劣化」をもたらす恐れも強いことを、香山は前掲書の中で警告している。

青春小説でも偉人伝でもいい。初恋もあれば失恋もあり、友情もあれば裏切りもある。そこにはさまざまな人間の喜びや悲しみがある。読書を通じて、人間の生き方や守るべきルールをおのずと学ぶことができるはずだ。『赤毛のアン』の、傷つきやすく、それでいて明るく、くじけない魂が、どれだけ多くの人に感動と勇気を与えることか。

幸田露伴が『努力論』を書いたのは、明治の末期から大正期にかけてだった。「事業の不成功とか失業とか、志を遂げないとか貧困とか、さまざまな外的原因のゆえにみずからを不幸と思いこみ、悩み、苦しみ、陰惨な思いに沈んでいる人があまりに多く、それを見かねた」からだと、中野孝次は露伴の文語体の「岩波文庫努力論跋」を解説している。

「好ましからぬ場合が生じた時に、自己の感情に打ち克ち、その目的の遂行を専らにするのが即ち努力である」

「俊秀な人の仕業を見ると、時にはこの努力なくして出来た如く見ゆる場合もあるが、それは皮相の観察で、馬に乗っても雪の日は寒く、車に乗っても荒れたる駅路では難儀をする」

露伴が励まそうとしたのは、努力もし、志を抱きながら実り少なく、失意にくじけそうな人々がいた時代だった。いまは、努力や忍耐、志を論ずる人は少なく、楽で快適な生活があるのが当然とでも思っているかのような風潮が目立つことに、時代の変化、劣化の深刻さを感じざるをえない。

社会の変貌ぶりをここまで概観してきたのは、それが政治のありように直接大きな影響を与えるからである。明治憲法下の天皇制、あるいは皇帝や君主制の時代と違って、いまは国民が主権を持つ民主主義の時代である。国民が政治家を選び、その政治家が国民の負託を得て政治を運営する仕組みだ。国民の質が低下して、政治家だけに立派であることを望むわけにはいかない。

問題なのは国政だけではない。地方議会も、時に予想もしなかったような無様な現象をのぞかせている。二〇一四年には、兵庫県議会で西宮選出の県議がカラ出張による公費詐取を疑われる事件があり、釈明の記者会見で大声をあげて泣き喚いた姿が、テレビ映像を通じて世界中に放送された。あのような人物がなぜ県議になったのか、多くの人が首をかしげたのも無理はない。事実、彼はそれまで何度もさまざまな地方選挙に立候補し、すべて落選していた。それが前回の県議選で、彼は「西宮維新の会」という肩書きで初当選した。橋下徹・大阪市長らの大阪維新の会とは無関係だったといわれるが、有権者には「維新の会」という肩書きが新鮮なイメージを与えたのではなかろうか。

彼に投票した人々に直接確かめるわけにはいかないから、断定することは避けねばならないが、私がそのような想像に誘われるのは、最近の国政選挙における「風だのみ」現象の実態からだ。小泉政権の「郵政解散」（二〇〇五年）による自民党の劇的勝利、「政権交代」の大合唱による民主党政権の誕生（二〇〇九年）、民主党政権への幻滅感が生んだ自民党政権の復活（二〇一二年）など、二〇〇〇年代に入ってからの三回の衆院選は、小選挙区制という選挙制度の作用もあって、そのつど一〇〇人を超す大量の議席変動をもたらした。

二〇一四年末、第二次安倍政権の抜き打ち解散・総選挙では自民・公明の与党が三分の二の勢力を維持し、議席変動がほとんど起きない特異な結果となったが、これは①前回選挙からわずか二年後しかたっておらず、野党第一党である民主党への不信の逆風がおさまっていなかった、②野党陣営が、複数の、いずれも小規模の政党に分かれて争うという構図のため、有権者の得票を集約することができなかった、などが主要な原因とされ、これも小選挙区制がもたらした作用の一つであったことに違いはない。

政権交代や議席の新旧交代は、それ自体では望ましい面もある。しかし新しく当選してきた議員の中には、政治とは何かも知らないような未熟な議員も少なくない。自民党のベテラン議員が、「最近の若い議員は、党の会議などで自分の意見を言うだけ言って、さっさと出て行ってしまう。人の意見は聞かず、議論をまとめることもしようとしない」と苦笑する。国会が学級委員会のようになってしまったという嘆きを、民主党政権時代によく聞いたものだが、復活した自民党政権のもとでも似たような現象が続いているようだ。

国会議事堂の中に、五車堂書房という書店がある。政治部で現場取材に走り回っていた頃から、よくそこで本を購入したものだ。最近、久しぶりに立ち寄ったら、店主の幡場益さんが、「最近の若い政治家は、あれはだれ、と聞くんだ。ものを知らないのにもほどがあるよねえ」と、書店の壁にかけてある著名な歴代首相のポスターを指さして嘆いていた。その幡場さんが先ごろ、読売新聞の政治面でこんなことを話している記事を見て、思わず「そうだ」と、声を挙げそうになった。

「当選間もない議員が『どんな本で勉強したらいいか』と店を訪ねてくる。勉強してから政治家になれよ。アマチュアじゃ困るんだよ。即戦力にならなきゃ」

これが政治の現状である。候補者選びの公募に手を挙げて、党の公認をもらって立候補したら風に乗って当選してしまった、という新人議員がたくさんいる。それでもまだ、これから勉強しようというだけでも、救いがあるかもしれない。当選して議員バッジをつけた途端、役所の局長を呼びつけて怒鳴りつける新人もいると聞いたことがある。

四海波静かな時代でも、国内の政治、あるいは社会全体がゆるみきっていたら、国家の安定も国民生活の安寧も危うくなる。ましていま、世界は冷戦崩壊後の大変動の時代である。朝鮮半島、東シナ海など日本の周辺だけでも、かつてない緊張の高まりの中にある。

坂口安吾は終戦直後の茫然自失の廃墟に立って、「堕ちきるところから」の、日本と日本人の再生を促した。それから七〇年の歳月を経て、日本は、内には当時よりもっと深刻な知性の崩壊、モラルの希薄化、外には世界の激動という、内外ともにこれまで経験したことのない危うい位置に立っている。国際情勢と人心の落差の大きさに、慄然とせざるを得ない。どこから、何を始めたらよいのだろうか。

まず、現在のさまざまな異常な現象を異常と認識することが必要だろう。異常と正常を取り違えてはならない。社会の秩序がここまで崩れてしまった背景には、社会や人口構造の変化、デジタルメディアの普及などによる情報化の進展といった、さまざまな社会的変容がある。したがって対策も一様ではありえない。しかし、そうした変化やその原因をしっかりと見つめ、あるべき姿を考えるためには、何よりもまず、正常と異常を見分けるだけの正常な感覚を、私たち国民が取り戻すことが大事だ。

繁栄、享楽に溺れているうちに衰退、死滅した国家や社会は、歴史にいくつもの先例がある。時勢の流れ、「時運の赴く」ままに打ちすごすことができた時代は、もう限界を迎えつつあるのではないか。

4

坂口安吾に衝撃を与えたのは戦後の世相の激変ぶりだったが、シュテファン・ツヴァイクを悲しませたのは、平和のもろさだった。

「ほとんど千年におよぶわれわれのオーストリア君主国では、すべてが持続のうえに築かれているように見え、国家自体がこの持続力の最上の保証人であった。……過激なもの、暴力的なものはすべて、理性の時代においては、すでにありうべからざることのように思われていた」

一九世紀末にハプスブルク帝国（のち一部がオーストリア）に生まれ、首都ウィーンで平和のうちに育ったツヴァイクは、六〇年の生涯を自ら閉じるまでの間に、それまでの何十代にもわたる人類が経験したことのないような世界大戦を、二回も経験した。

「それ（自分が生まれた国）は地図の上に探してはならない。すでにそれは跡かたもなく洗い去られてしまった」

亡命先のホテルで彼は、メモも、一冊の本も手記も、友の手紙もなく、記憶だけを頼りに『昨日の世界』（みすずライブラリー）を書いて、安定していたはずの世界が二度にわたって残酷な大戦に落ち込んでいく様相を鮮やかに描き出した。

第一次世界大戦以前の時代を、彼は「安定の黄金時代」と呼ぶ。人々は、おだやかで豊かな生活、科学と技術の進歩を疑わず、「最良の世界に向い、まっすぐに間違いのない道を歩んでいるのだ、とまじめに信じていた」。一九一四年七月、サラエヴォでフランツ・フェルディナント皇太子夫妻が暗殺された時でさえ、「それでも戦争ということを考える者は誰一人いなかった」と、彼は証言する。それなのに、世界はあっという間に、「ずっと以前に忘れられたはずの野蛮へと、人類が想像もつかぬように堕ちて」いった。

「この最初の数週間のうちに、誰かと道理にかなった対話を交わすことは、次第に不可能になった。最も平和を好む人々、最も気立てのいい人々も、血の臭いに酔ったようであった。いつもは断乎たる個人主義者であり、精神的なアナーキストであるとさえ信じていた友人たちが、一夜にして狂信的な愛国者に変り、更に愛国者から飽くことのない併呑主義者に変っていった」

平和な世界を信じきっていたのは、ツヴァイクやオーストリア人だけではなかった。バーバラ・タックマンは『八月の砲声』で、第一次大戦の少し前、イギリス人ジャーナリストのノーマン・エンジェルが発表した『大いなる幻想』という著作が、ヨーロッパ中でブームを巻き起こしていたことを紹介している。この本は一一か国語に翻訳され、各地の大学では『大いなる幻想』研究会が合計四〇以上も生まれたという。

エンジェルはこの本で、戦争はいまや不可能になったと説いていた。財政、経済の面で各国が相互に依存し合うようになった状況下では、戦勝国も敗戦国も同じように苦境に陥るから、戦争は割に合わないものになったという見解を、彼は豊富な事例を挙げて明確に主張した。この本をきっかけに、多くの識者が

「国際関係が入り組んでいる今日、戦争を起こすことは非現実的になった」と、賛同の声を合わせた。

彼はのちにノーベル平和賞をもらったが、彼の予言とは逆に、戦争は起きた。それも、かつてない規模と残虐さで。戦争が勝者にも敗者にも割に合わなくなったというエンジェルの判断は合理的であり、また正しかったのだろうが、人間が必ずそのように合理的に判断すると考えたところに、彼の誤りがあった。誤算、野心、おごり、怠慢といった人間の非合理性、あるいは人心の動向や偶発的な事件が、合理的であるべき判断をあっけなく覆してしまうことは、歴史上いくつもの不幸な例がある。人間は合理的に考え、かつ行動するという判断こそが「幻想」だったといわなければならない。

経済の相互依存関係は、それだけでは決して平和を保障しない。それを証明したのが第一次大戦だった。その悲しい真実を身をもって体験したにもかかわらず、人類はわずか二〇年後に再び、しかもさらに大規模で残忍な大戦を経験する。

「歴史は、同時代人には、彼らの時代を規定している大きなさまざまな動きを、そのほんの始まりのうちに知らせることはしない、というのが、つねに歴史のくつがえしえぬ鉄則である」

ツヴァイクは、アドルフ・ヒトラーが一九二〇年代に入ってミュンヘンで過激な活動を始めたことを、当初はほとんど気にとめていなかったことを告白している。一九三三年一月、ヒトラーが首相の座に就いた時でも、「大衆の大多数は、……彼をただ一時的にその地位を保つ者であるとだけ見て、ナチスの支配をエピソードと見なした」と語る。

「一九三三年、また一九三四年においても、われわれはみな……それから後幾週間も経たぬうちに勃発することになったことの、百分の一をも千分の一をもありうるとは考えていなかった」

なぜなら彼を含め多くの人々は、「ドイツの、ヨーロッパの、そして世界の、良心の存在を信じ、或る程度の非人間性は存在しているけれども、それはいつでも人間性の前には自滅する、と確信していた」からだった。

良心を、そして人間性を信じる心を、私たちは失ってはならない。しかしそれと同時に、平和のもろさを認識し、たえず危機の芽に注意を払い、安全を保つ努力を怠らないようにすることも大切さなのだ。ところが日本では、国の防衛や安全保障の政策を論議することがまるで危険なことで、「戦争への道」「軍事優先路線」につながるといって不安を煽り、非難の声を上げる人たちがいる。そうやって国際情勢の危険な変化に目をつぶり、なすべきことをなさず、打つべき手を打たず、平和を唱えてさえいれば平和が保てると考えること自体が、平和を崩壊させる危険な要因にもなるのだ。

ノーマン・エンジェルが『大いなる幻想』で、経済の相互依存関係の深まりが戦争なき世界をもたらすという託宣を発表し、不幸な見込み違いをしてから、ちょうど一世紀になる。当時、産業資本主義の発展に伴って次第に顕著になり始めていた経済の相互依存関係は、いま、ヨーロッパ世界だけでなく、アジア、アフリカにまでおよぶ全地球規模の「グローバル時代」として、私たちの生活を覆い尽くしている。

ヒト、モノ、カネ、そして情報が国境を越えて自由に交流できるグローバル化は、先進国と途上国を近づけ、人々の生活水準を向上させ、自由や民主主義を世界共通の普遍的価値として広げ、深めることにつながると、一般にはイメージされがちである。戦後長く続いた冷戦が崩壊し、東西に分断されていた経済圏が一つに融合され、どの国も熱心に民主化に取り組み始めたように見えたのを見て、フランシス・フクヤマは「歴史の終わり」を著して、民主主義的世界の到来を称えた。

たしかに、経済関係が国境を越えて一体化したことは間違いない。しかしそれが豊かさの増進、平和の推進につながったかどうかは別である。二一世紀に入ってからの、アメリカの住宅バブルの崩壊、続くリーマンショック（二〇〇八年）の金融危機は、日本経済を「失われた二〇年」と呼ばれる長期デフレに陥れた。ギリシアの放漫財政はEU（欧州共同体）の単一通貨であるユーロ体制を揺るがせ、これまた日本経済に動揺を与えている。日本企業の多くは中国に生産拠点を移しているから、中国の経済成長率が少しでも下がると、日本の企業家の顔は青ざめることになる。

中国、東南アジア、南西アジアと、日本企業は安い人件費を求めて次々と生産拠点を移している。そうしなければ日本製品の生産コストが高すぎて国際競争に落ちこぼれてしまうからだが、それによって日本国内では雇用が縮小し、賃金水準の押し下げ圧力が強まる一方となる。経営体質のスリム化のためにリストラされた勤労者、中でも優れた技術を持った日本人研究者たちが韓国などに引き抜かれ、韓国製品の質の向上に寄与した結果、日本メーカーの製品が国際市場で駆逐されてしまうなどの現象も起きている。

相手国より安いコストで生産できる商品を集中的に生産・輸出し、コスト高の製品は国内生産をやめて輸入に切り替えるべきだというリカードの比較生産費説は、経済の相互依存関係を活用して自由貿易を推進することに説得力を与えた。しかし、そこで想定されていた相互依存は二国間、あるいは少数の複数国間の関係であって、資本主義の勃興期に生まれた古典経済学の世界であった。現代は、巨大な資金を操る投資ファンドが、どの国といわず、少しでも有利な投資先を探して世界中を駆け回る金融資本主義の時代である。ファンドの思惑で為替も株価も上下動を繰り返し、モノづくり産業はそのつど経営基盤を揺さぶられる。

グローバル時代とは、これまでのような、国民国家間の外交交渉を通じて世界秩序を形成することができた国際社会とは違って、国家の制御が困難な、カオス（混沌）と呼んでもよさそうな、不安定な世界なのだ。

いまから見ればまだスケールは小さかったかもしれないが、遠く離れた国や地域の動向が日本の経済社会の行方を左右することを私たちが実感したのは、一九七三年の石油ショックが最初だったのではないだろうか。第四次中東戦争でアラブ諸国は「石油を武器に」を合言葉に、アメリカをはじめとする先進諸国向け原油の輸出を禁止し、イスラエル支持政策を変更するよう、圧力をかける措置をとった。日本も禁輸対象国とされ、国内ではトイレットペーパーの買い占め騒動や、狂乱物価と呼ばれるほどの異常なインフレが発生し、戦後初めてともいえる深刻な社会不安に見舞われた。

たまりかねた日本は、中東政策をアラブ寄りに修正し、田中内閣の副総理だった三木武夫を特使として中東各国に派遣、何とか禁輸解除に持ち込んで事態を収拾することに成功したのだったが、当時、政治部の取材現場を走り回っていた私は、自民党の有力幹部がしみじみと、こう語るのを聞いたことを、いま改めて思い出す。

「これで本当に日本は、戦争をやれない国になったんだなあ」

武力を持っていても、国際社会との関係が悪化したりエネルギー源を止められてしまったら、国民生活は息の根をとめられてしまう。憲法第九条に「国際紛争を解決する手段」としての戦争を永久に放棄すると書いてあるが、これは単に、理念としてそうだということではなくて、現実の問題として武力で問題解決を図るのは無理なのだ、というのが彼の実感だったのだ。

のちに一九七九年の第二次石油ショックをへて、鈴木善幸内閣が経済協力などを含めた「総合安全保障」という考え方を強調するようになったのも、経済動向や国際的政治関係が安全保障の重要な要因となっていることを、政府として強く意識するようになったからだと思われる。ただし、鈴木の場合は安全保障問題の軍事的側面に関心が薄く、日米安保体制についても混乱した発言を重ねて「暗愚の帝王」と嘲笑されるような失態を演じたため、安全保障政策の議論が深まらなかったのは残念なことだった。

とはいえ、間違えてならないのは、日本のような資源に乏しい国にとって、問題解決の手段として戦争に訴えることが物理的に不可能になったのは事実だとしても、だから軍事力が不要になったというわけではないということだ。他国が日本に対して武力を行使したり、武力で威嚇することが、ないとはいえないからだ。日本としては政治力、経済力などあらゆる非軍事的手段を使って平和維持に努めなければならないにしても、他国が同じように平和的に行動してくれる保証はどこにもない。

現に今、中国は日本固有の領土である尖閣諸島を自分のものだと言い張って、漁船や中国の公船を日本の領海内あるいは周辺に乗り入れ、空軍力、海軍力で日本への圧迫を強めている。韓国は竹島を占拠し、北朝鮮は核実験とミサイル発射実験を繰り返している。万一の場合に反撃する手段を持っていなければ、領土、領海、経済水域を守ることは不可能になり、日本の主権が蹂躙されることになる。国の独立と尊厳を守るための、必要最小限にせよ一定の防衛力を持っていなければ、かえって力の空白を生み、侵略を誘発する危険さえある。

もとより、自分の国は自分で守るといっても、核兵器をはじめ強大な軍事力を保有している国々が多い現代世界では、どの国であれ、一国だけで自国の安全を確保することはほとんど不可能だ。信頼できる友好国と同盟を結び、互いに協力して脅威に立ち向かう体制を築くことが必要になる。日本がアメリカと安保条約に基づく協力関係を堅持していることは、日本の安全にとって死活的に重要である。それがまた、地域の安定に寄与することにもなっている。

戦後しばらくの間、日本では日米安保体制に反対する人たちが、「東洋のスイスをめざせ」と、中立論を熱心に唱えていた。しかし、スイスのような独特の地理的立場にある国を別にすれば、中立ほど難しく、また結果的に国民に大きな被害をもたらす政策はないともいえる。たとえば第一次世界大戦のベルギーだ。『八月の砲声』によると、ドイツは、対フランス攻撃に先立ってベルギーに対し、こう伝えた。

「われわれは戦闘を避けたいと望んでいる。それには障害のない、自由に通れる道路を得る必要がある。ベルギー国民が橋梁やトンネルや鉄道を破壊するようなことをすれば、われわれはこれをドイツに対する敵対行為と見なすであろう」

国土をドイツ軍に自由に使わせるということは、ベルギーがドイツによる占領を容認することを意味する。戦わずして国を明け渡すなど、国家として到底ありえない選択だ。しかし、戦うといっても、ベルギーの陸軍は歩兵師団六個と騎兵師団一個しかない。装備も訓練も不十分な状態だ。ベルギー進撃を計画しているドイツ軍の方は三四個師団。戦争になったらひとたまりもない。

ベルギーはなぜそれほど無防備だったのか。二つの理由があったといわれる。第一に、ベルギーはそれまでドイツを信頼し、ベルギーの中立を誠意をもって保証してくれると信じていた。第二に、中立を維持するためにはある一国だけと協調することはできず、そのため首尾一貫した防衛計画を作ることもできず、どの国であれベルギー国内に最初に侵入した国を敵国とみなす立場をとることにしていた。

ドイツの通告に対しベルギーは、英仏などに援助を要請したが、その回答が来るよりも早くドイツが侵入してきた。ベルギー政府は「ベルギーの権利にたいするいかなる攻撃をも、国力のゆるすかぎり、あらゆる手段を用いて撃退する決意を固めている」と宣言して徹底抗戦に出たが、戦闘でおびただしい死者の山となり、多くの民間人も狙撃兵とみなされたりして虐殺される悲劇となった。英仏がドイツに参戦したのは、ベルギーがドイツによって破壊されてからだった。

第二次世界大戦では、ヒトラーのドイツがチェコスロバキア攻撃の意図を示すと、チェコの安全を保証する立場にあったはずの英仏は、逆に、「平和の維持」を理由にチェコに圧力をかけて、ズデーテン地方のドイツへの割譲を認めさせてしまった。これがヒトラーの侵略にさらに弾みをつけ、世界を二度目の大戦に引きずり込む結果となった。中立が平和を保証する根拠はどこにもないのだ。

第二次大戦後は国連が創設され、平和を破壊する行為に対して国際社会が一致して対処することになった。しかし現実には、国際紛争が起きるたびごとに各国の利害が対立し、とくに拒否権を持つ安保理常任理事国で合意形成が困難なため、有効な共同行動をとることができない状態にある。それに加えて現代の国際社会は、国家間の対立だけでなく、テロやイスラム原理主義の暴走など、非国家組織の凶悪な行動が国境を超えて展開されている。チュニジアやエジプト、そして中東へと広がった二〇一三年の民主化運動は「アラブの春」と呼ばれ、新しい時代の到来という希望を抱かせたが、その後は一部を除いて政変が相次ぎ、国民生活の混乱が続いている。

冷戦崩壊でソ連が解体し、東欧諸国の民主化の動きや中央アジア諸国の誕生などで新しい秩序が生まれることが期待されていたが、二〇一四年のウクライナにおけるクリミアの分離・独立とロシアへの編入は、欧州全体の基本的枠組みを動揺させている。ロシアのプーチン大統領は、ソ連崩壊で失われた版図とロシアの権威の復活をめざしているともいわれるが、武力を背景に国境を変更しようとする試みは、少なくとも国際法が前提とする近代の国際秩序への挑戦というほかない。クリミア地方にロシア系住民が多数住み、ロシアへの編入を希望しているからロシアへの編入に正当性がある、というような論理は、一九三八年、チェコのズデーテン地方に多くのドイツ系住民が居住していることを理由にドイツへの割譲を英仏に認めさせた、ヒトラーのドイツの不吉な記憶を呼び覚ます。

中国の習近平国家主席は、「中華民族の偉大な復興」によって「中国の夢」を取り戻すことを目標に掲げ、東シナ海の尖閣諸島だけでなく南シナ海のスプラトリー（南沙）諸島などについても領有権を主張して石油の掘削などを進め、ベトナム、フィリピンなどとの紛争を引き起こしている。海軍、空軍を急ピッチで増強し、アジア・太平洋の安全保障体制を大きく揺さぶる中国の行動に、アメリカはアジア重視の「リバランス（再均衡）政策」を打ち出してけん制しているが、中国軍幹部は国際会議などの場でも「（問題の海域は）二千年以上前の漢の時代から中国の管轄化にあった」と主張して、勢力拡大の行動を正当化する発言を繰り返している。

世界はまるで近代以前に戻ってしまったかのようにも見えてくる。一七世紀、三〇年間におよぶ宗教戦争をへて一六四八年に締結されたウェストファリア条約によって、ヨーロッパ各地に独立主権を持った近代国家が誕生した。グロチウスによって体系化された国際法は、こうした近代主権国家から構成される国際社会の秩序が成熟する過程で、今日のような内容のものに形成されてきた。二〇世紀の世界は二つの大戦で大混乱に陥ったが、国際社会はその悲劇を通じて、国際関係を「法の支配」のもとに置く努力をこれまで、曲がりなりにも強化してきた。それがいま、力ずくで国境や既存の海空域秩序を変更しようとする行動が大手を振って展開されている。

加えて、イスラム過激派組織などによる残虐なテロ行為が、中東のみならず世界各地に活動範囲を広げている。その手段も高度化し、インターネットなど最先端の技術を駆使して悪質性を一段と強めている。

一世紀前、それまでの長く安定した世界が突然、第一次世界大戦によって根底から覆された時、ツヴァイクは、一方では「道徳面で千年も逆行した」かのような人類の野獣性が、そして他方では予想もされなかったような技術力の高まりが、同時に出現したことに驚愕した。「航空機による大気の征服、一瞬にして地球全体に言葉を伝達する能力、宇宙の克服」など、それまで不可能と思われていたことが次々に可能になっていく。

「人類が全体としてこれよりも悪魔のように振舞ったことはなく、このように神にも似たことをなしとげたこともなかった」

近年の中国の対外膨張行動については、その意図をめぐってさまざまな解釈が論じられている。国内の経済格差の拡大に伴って国民の不満が増大し、各地で暴動が起きている。そうした内政面の困難の中で、対外緊張を高めることによって関心をそらそうとしているという説。急激な経済発展からエネルギー不足が深刻化してきたため、中東やアフリカなどからの石油輸送ルートの確保が急務となってきたという見方。軍部を権力基盤にして習近平の支配体制を固めようという共産党内の権力闘争説。経済発展に自信を深め、アメリカに対抗して米中二大国による世界支配体制を築こうという戦略論。

どの分析も的はずれとは思えないし、またそのうちのどれか一つが正解というものでもなさそうだ。中国の言動の背景事情、あるいは、表情に乏しくハラのうちをのぞかせない習近平の真意を探ることは大事だろうが、しかしもっと大事なのは、現実に中国が行っている事柄に注意を向け、それが日本にとってどのような意味を持ち、どのような影響をおよぼすのかを、具体的に認識することであろう。

中国の軍事関係者らの発言や文献などで最近注目されている言葉に「三戦」がある。二〇〇三年の中国人民解放軍政治工作条例という文書で初めて登場した言葉だ。『日中海戦はあるか』（第二二代統幕会議議長・夏川和也監修、きずな出版）によると、「三戦」は、一九九九年に人民解放軍の現役大佐らが発表して世界的な注目を浴びた「超限戦」という戦略研究をもとに考案された構想だという。

「超限戦」は「21世紀の戦争はあらゆる手段が用いられ、あらゆる地域が戦場となり、戦争と非戦争、軍人と非軍人の境界もなくなる」という見解に基づいて、通常戦、外交戦、貿易戦、新テロ戦、諜報戦、金融戦など二五種類を挙げ、倫理基準や国際法などの制約を無視した戦争形態を論述している。「三戦」は、とくにそのうちの「世論戦」「心理戦」「法律戦」の三つを取り上げ、その意義を強調したものである。「世論戦」は、中国の軍事行動に対する内外の支持を獲得することを目的に、資金力で海外のメディアやロビイストを駆使する作戦。「心理戦」は、恫喝と懐柔を巧みに使い分けて、敵の軍人や文民の士気を低下させ、戦争・作戦を遂行する意思を弱めさせる工作。「法律戦」は、国際法や慣習法を自分につごうよく解釈して自己の行動を正当化するやり方をいうのだという。

二〇一〇年四月一〇日の人民解放軍機関誌「解放軍報」は、中国海軍の駆逐艦や潜水艦など一〇隻が沖縄本島と宮古島の間を抜けて西太平洋で外洋演習を行ったことについて、「多兵種連合艦隊を組織し、遠洋に赴き共同訓練を展開した」と述べると同時に、「世論戦、心理戦、法律戦の演習も実施した」と記述し、中国がすでに「三戦」を実施しつつあることを明らかにしている（毎日新聞、二〇一四年四月五日付け朝刊）。

グローバル時代は、このように、既存の秩序が土台から揺れ動き始めた不安定な時代だといわなければならない。「歴史問題」をめぐる韓国の強硬な反日的言動も、こうした文脈で考える必要があるだろう。

日本軍が韓国人女性を強制連行して従軍慰安婦にしたという朝日新聞のキャンペーンは、「自分が慰安婦狩りを実行した」という吉田清治なる男の証言を根拠にしたものだった。

朝日が二〇一四年八月、この証言が虚偽だったことを認め、三二年間にわたる関係記事を取り消したことで、「従軍慰安婦問題」は事実無根だったことがようやく確認された。ところが韓国内では、朝日の虚報に対する日本国内の批判を「日本の右傾化傾向」だとして反日のトーンを逆に強め、また戦前の韓国人労働者の徴用問題でも日本の賠償を求める訴訟が相次いでいる。損害賠償問題は、一九六五年、日韓正常化の際の基本条約付属文書（日韓請求権協定）で請求権放棄が確認されていて、条約上は「解決済み」の問題なのだが、韓国では司法当局も含めて賠償要求を正当化する動きが強まっている。

日本としては、こうした国際法秩序を無視するような韓国側の反日機運は理解に苦しむところだが、冷戦構造の崩壊という国際情勢の変化に伴って、日韓関係が「冷戦以前」の状態に逆戻りしたのだといえなくもない。山崎正和は、靖国神社や慰安婦問題など、「歴史問題」をめぐる中国、韓国と日本の最近の緊張関係について、「事ここに至ってみれば、冷戦とは日本にとって僥倖であったと言わねばならない」（『中央公論』二〇一四年三月号）と、冷戦構造崩壊の意味と影響を次のように述べている。

「（冷戦という）この極めて特殊な時期、日本とアメリカ、韓国は一つの陣営に属して、もう一つの陣営をつくるソ連や中国と対峙していた」

もしこの構造がなかったら、日本の旧植民地だった韓国が戦後、あからさまな反日行動に出ていたとしても不思議はなかったかもしれない。米ソ対立の激化が米中の接近をもたらさなかったら、日中関係は、満州事変以来の敵対関係を修復する機会がないままだったかもしれない。日本は、冷戦構造のもとで「西側の一員」となったことで、韓国や中国も親日に変わったと思い込んでいたのだが、きびしい対日機運は生き続けていたのかもしれない。冷戦が終わったことで、再び、その終戦直後の危うい状態が再び浮上してきた、というように見ることもできよう。

私たちは、「再びの戦後」の位置にいるのだろうか。もちろんそう単純ではない。時代は冷戦とその終焉を超えて、グローバル時代を迎えている。韓国も中国も大きく経済発展を遂げ、日本との相互依存関係は深まる一方だ。その一方で、中国の対外軍事行動は、日本だけを念頭に置いたものではなく、東アジア、さらに太平洋からインド洋へと勢力圏の拡大をめざす動きとして、国際社会の不安定要因ともなっている。

「戦後」への逆戻りというよりもむしろ、新たな変動の時代の入り口に、私たちはいるのだろう。だとすれば、冷戦時代の僥倖に感謝しながらも、それがいまも続いているかのような幻想は捨てて、冷静に、いま眼前にある現実を見つめることが必要となる。

グローバル化は、同時にローカル化への衝動も刺激する。イギリスからの独立をめざすスコットランドの住民投票は否決されたが、スペインのカタルーニャ地方など先進国内でも分離をめざす運動が活発化している。「アラブの春」の民主化要求は、既成の政治体制に対する不満が背景にあると指摘されているが、情報化の進展、経済格差の拡大といった社会的要因によって、先進国、途上国を問わず各地で、これまで見られなかったような大きな変化のうねりが見える。

変化はこのように、現れ方も背景事情もさまざまだ。したがってその変化の影響も、また日本がどう対応すべきかという行動のあり方も、一様ではありえない。しかし、多様で複雑な変化を通じて、いえることが一つある。経済の相互依存関係の深まりは平和と国際協調を最も強く必要としているにもかかわらず、相互依存は自動的に平和をもたらすわけではないという事実である。

大事なことは、何が起きつつあるのかという問題の発見であり、その問題の意味と性格を私たち自身が意識化することが第一、そのうえで政治、経済、外交、軍事などそれぞれの対策を総合的な見地から有機的に連携させ、事柄の態様に応じて展開していくことが第二である。時勢の流れや成り行きにまかせる「時運主義」は、もう通用しない時代にいることを、何よりもまず私たちは認識しなければならない。

5

イギリス在住の知人が久しぶりに帰国して、こんな話をしてくれた。二年ほど前のことである。

ロンドン空港へ向からタクシーの中で、運転手が「日本人か」と話しかけてきた。「そう。これから東京へ行くところだ」と答えると、「日本は中国の島を盗んだっていう話だが、本当かい」と言い出した。びっくりして「何のことですか」と聞くと、運転手はこう語ったという。

「百年以上昔のことらしいが、日本は中国から島を盗み取ったのだそうだ。中国は抗議したが、当時の中国は弱く貧しかったので、誰も聞いてくれなかった。でもいまや中国は経済成長を遂げ、大国になった。それで最近、日本に対してやっと島を返せという要求を始めたのだと。俺は聞いたんだがね」

どうやら尖閣諸島のことらしい。「とんでもない。その島はもともと日本の領土だ。だれがそんなでたらめを言っているんだ」と聞き返すと、運転手は「昨日乗せた中国人留学生たちがそういっていたよ」と答えたという。

中国は、尖閣諸島は自分たちのものだという主張を、海外にいる留学生たちまで動員して世界中に広めようとしている。それなのに、日本の主張はさっぱり聞こえてこない。日本政府は一体何をしているのだと、知人はいらだたしげに嘆いた。

早速、外務省の関係者に聞いてみた。すると彼は、「いやあ、日本の立場については、外国プレス向けの記者会見などでちゃんと説明していますよ」と、けげんそうな顔をする。外務省では報道官が毎週、東京駐在の外国特派員向けに英語でブリーフィングを行っている。ちゃんと対外発信はしているというのだ。

しかし、それにしては外国の新聞、放送などで日本側の立場や意見が報じられることはほとんどない。一方の中国に関しては、報道官の居丈高な対日批判や一方的な主張が、連日のように、ほぼリアルタイムで伝えられている。これは一体、どういうことなのか。

ふと思い出したことがある。数年前、私が所属する新聞社と提携関係にあったアメリカの有力紙が、東京支局を引き払ったことがあった。なぜだと聞いた私に、その支局長は、「経費節減に伴う海外支局網再編の一環で、アメリカの本社の指示だから、残念だがそうせざるをえない」と説明してくれた。

「しかし、それじゃあ東アジア関係のニュースはどこで取材するんだ」

「支局はソウルに移すからだいじょうぶ。ソウルなら家賃も物価も日本より安く、また北朝鮮と接しているから朝鮮半島情勢は日本にいるより早く入手できる。北京にも近い。それに日本の方は、最近たいしたニュースはないしね。経済は低迷続きで国際的影響はあまりないし、政治関係でも、記事になるのは、こともまた首相が変わりました、くらいだもの」

彼によると、他の外国有力紙もその多くは、東京支局にはアシスタントを残すだけで、支局長クラスはソウルや北京に本拠地を移しているという話だった。外務省が記者会見などで対外発信しているといっても、かんじんの在京外国特派員たちが減ってしまったのでは、期待のしようがない。

調べてみたら、事実、その通りだった。公益財団法人フォーリン・プレスセンターの調べによると、二〇一四年二月現在、日本外務省発行のプレスカードを申請した外国報道機関は三九か国・地域、二〇六報道機関、五六五人。しかも、その半数は日本人スタッフだった。

二〇〇一年には二八二機関、九一七人の外国特派員がいた。それに比べて、媒体数で二七パーセント、記者数で三八パーセントという激減ぶりである。それでも二〇一一年には記者数が五五一人まで落ち込んでいたから、最近はわずかに回復した形に見えるが、これは二〇一一年三月一一日の東日本大震災に伴う原発事故など、不幸な国際的大ニュースが発生したためのようだ。

国力が低下するということは、こういうことなのだ。世界が日本に関心を寄せてくれなくなる。「日本は大国ぶらず、つつましく、国際問題などにはかかわらないで、こじんまりとやっていけばよい」という人たちがいる。大国ぶらないのはよかろう。しかし、国力が落ち、対外的な影響力が弱くなってしまったら、誰も日本の声に耳を傾けてくれなくなるのだ。世界が静かで安定しているならそれでもよいだろうが、国際情勢が流動化し、各国・地域間の相互依存関係が深まり、関係諸国がみんなで力を合わせなければ安定を保てないような状況下で、ひとり日本だけが世界の波風と無縁でひっそりと安全に暮らしていけるわけがない。

まして北朝鮮が核・ミサイルの開発を続け、韓国が従軍慰安婦問題などで国際的に反日運動を展開し、中国が尖閣諸島の領有権を主張して日本に軍事的・政治的圧力をかけ続けている時代だ。経済が弱体化し、政治が混迷したままでいたら、国家の安全や尊厳を損ない、国の存立すら危うくなってしまう。そうなった時に、誰が責任を取ってくれるのか。何をされてもじっと耐えて相手の反省を待つという「絶対平和主義」は、平和を尊重しているように見えて、実はかえって平和の破壊をもたらしかねない危険を含んでいる。

北朝鮮の核、韓国の反日運動、中国の軍拡路線など、現在日本を脅かしている行動は、もちろん固定的にとらえるべきではなかろう。この先、状況次第で硬軟どちらにも、さまざまに変化するだろう。脅威を過大視して、自ら危機を招き寄せるような愚を犯してはならない。各国の動向や国際情勢を冷静に分析し、危機が現実化しないように注意深く、そのつど適切に対応していかなければなるまい。しかし、だからといって、かりそめにも他国に対し、日本の主権を侵害しても反撃を受けることはないなどと、誤った幻想を抱かせてはならない。

安倍晋三が二〇一二年末、首相の座に返り咲いて真っ先に「デフレ脱却」の経済最優先路線を打ち出したのは賢明だった。第一次政権当時の、先鋭な国家主義的イデオロギーとは対照的な、「アベノミクス」と呼ばれる成長重視の経済政策でイメージチェンジを図ることに成功したという政局運営上の効果は大きかったが、私が評価する理由はその点ではない。「空白の二〇年」と呼ばれる沈滞した日本経済を再生させ、国力を回復することは、国民生活にとっても国際経済から見ても現代日本の急務であるからだ。高い支持率も、そのことを国民の多くが感じていたからこその結果だったといえるだろう。

アベノミクスは、第一の矢とされる大胆な金融緩和政策以後は、さほどの効果を挙げていない。ふんだんに供給されたマネーも、期待されたような設備投資や消費に回らず、景気回復の足取りは重い。企業が安い労働力とマーケットを求めて海外に生産拠点を移しているグローバル時代の、一国単位の経済政策の困難さを浮き彫りにするもので、前途は楽観できない。しかし、日本がデフレ脱却に真剣に努力する姿勢を堅持することは、国際社会における日本の存在感をしっかりと固める上で不可欠の課題である。アベノミクスはスタート台であって、解決策のすべてではない。政策の問題点や効果を検証すると同時に、政府、経済界、国民全体が、経済の再生、国力の回復に向けてそれぞれの分野で取り組むことで、日本への期待と信頼につなげることが必要だろう。

国力とは、もちろん経済力だけではない。軍事力だけでもない。経済大国、軍事大国でも、その振る舞いが身勝手で危険であれば、世界は味方になってくれない。何よりも大事なのは信頼感であり、信頼されるための情報発信である。一方、情報発信が効果を挙げるためには、注目に値するだけの国力がその国になければならないが、国力が大きければ信頼度が増すわけでもない。国力と信頼感と情報発信はこのように、三つの要素が相互に関連し合っている。

世界から信頼されなくても構わない、という軍事大国もあるが、日本のように国際社会との協調が国家存立の大前提となっている国にとっては、この三つの要素をバランスよく総合的に機能させることが死活的に重要となる。ところが現実には、前述したような国力の低下だけでなく、情報発信の点でも他国に大きく後れをとっているのが実情だ。

中国が、すでに述べたように世論戦、心理戦、法律戦の「三戦」戦略に基づいて自国の主張を国際社会に宣伝する活動を展開していることは、尖閣諸島問題をめぐるロンドンの留学生たちの言動からも明らかと思われるが、アメリカはじめ各国の大学などに設置している「孔子学院」も、そうしたソフトパワー戦略の一環とされる。

孔子学院というのは、中国政府が海外で中国文化や中国語を普及するための活動拠点としているもので、二〇〇四年以降、世界一二三か国・地域の四六五か所に「孔子学院」、七一三か所に「孔子課堂」（中学、高校などの小規模施設）を設けている。アメリカ国内には孔子学院が約一〇〇か所あるといわれる。中国側が教員の派遣や教材の提供を行うため、受け入れる大学側は少ない予算で学問分野を拡充できるというメリットがあって、急速に広がったようだ。しかし、教科内容など運営に中国側が関与を強める傾向が目立ち、二〇一四年にはシカゴ大学やペンシルバニア大学が「学問や言論の自由が侵害される」などとして、契約更新を見送るなどの騒ぎにもなっている（二〇一四年一〇月六日、読売新聞朝刊）。日本でも私立有名大学など二〇か所に「孔子学院」が設置されている。

中国国営中央テレビ（CCTV）の英語ニュースは約一〇〇か国で放送され、約八五〇〇万人が視聴可能となっている。アメリカの主要テレビの元キャスターなどを使って、なめらかな英語で世界情勢や経済、政治などのニュースを発信している。英語だけでなくフランス、スペイン、ロシア、アラビアなど六か国の言語による国際放送も流している。インターネットテレビでは一二言語の放送を行っている。CCTVをはじめラジオ局、通信社、英字紙など海外向け媒体に、中国政府は年間約八七億ドル（約八八〇〇億円）を投じているともいわれる。

日本でもNHKワールドTVが海外放送を行っているが、総務省の調査によると、CCTVとNHKワールドの認知度は、アメリカ（ワシントン）で二〇パーセント対一三パーセント、イギリスで二二パーセント対一〇パーセントと、大きく水をあけられている（二〇一四年六月一〇日、同）。テレビ放送が具体的にどれだけのPR効果を挙げているかは確認しようがないが、欧米の一般社会にじわじわと、中国側の視点に立った見方や考え方が浸透していく可能性は強いと考えざるをえない。

アメリカにおける韓国の反日宣伝活動も、激しさを増している。二〇一四年七月にはカリフォルニア州グレンデール市の公園の一角に、「従軍慰安婦」を象徴する少女の記念碑が建てられた。韓国系民間団体の反日活動によるものだ。ニュージャージー州バーゲン郡でも三月、裁判所の前庭に「性奴隷になるよう強制された」と明記した記念碑が建立された。同じ場所にはナチス・ドイツのユダヤ人虐殺やアメリカの奴隷制に関する記念碑もあり、慰安婦問題をユダヤ人虐殺や奴隷制と同じような「歴史的蛮行」と印象づけることを意図した動きであることは明らかだ。この二体の慰安婦像のほか、慰安婦の石碑が六基、アメリカにある。

グレンデール市の記念碑には「一九三二年から四五年まで、日本軍に連行され、強制的に性奴隷にされた二〇万人以上のアジア人、オランダ人たちを記憶にとどめるため」と記されているという。「性奴隷」

「二〇万人以上」という表現が実態を歪曲し誇張しているだけではない。そもそも「日本軍が連行」し「強制」したという事実そのものが、ないのだ。吉田清治という人物が一九八二年九月、「自分が慰安婦狩りをした」と発言したことが問題の発端だが、これがでたらめな虚言であったことは間もなく明らかになり、ほとんどの日本の新聞は彼の発言をその後無視していた。

ところが朝日新聞は、吉田証言に依拠してその後も三二年間にわたって「日本軍の強制連行による従軍慰安婦」問題を追及するキャンペーンを展開し続けた。吉田証言を真実だと思い込んだのか、それとも吉田のウソを知りながら何らかの意図でそうしたのかは不明だが、朝日の一連の報道が韓国の反日活動に有力な根拠を提供してきたことは間違いない。朝日は二〇一四年八月五日になって、ようやく「吉田証言は虚偽」であったと認めたうえで一部の記事取り消しを公表したが、それでも「広義の強制性はあった」として、キャンペーンの正当性を主張している。

「軍による強制」があったのかどうかが最大のポイントであり、「あった」とする唯一の証言だった吉田の発言内容が虚偽である以上、この問題を日本の国家犯罪だとみなして糾弾するのは明らかに筋違いである。にもかかわらず、朝日が三〇年余にわたって吉田証言に基づくキャンペーンを続け、これを踏まえて韓国の反日団体だけでなく、日本国内でこれに呼応する一部市民運動家などが参加して対外活動を展開した結果、従軍慰安婦問題は国際的に「日本の国家的性暴力」というイメージを定着させる結果を生んでしまった。

外国メディアの報道に加えて、一九九六年、国連の人権委員会が慰安婦を「military sexual slavery（軍の性奴隷）」と断定し、日本政府による国家賠償、関係者の処罰などを勧告する「クマラスワミ報告」を採択したことも、国際的な誤解を増幅させる結果を生んだ。アメリカでも二〇〇七年七月三〇日、米下院が日本に公式謝罪を求める決議案を採択したほか、知日派とされる米知識人たちもこの問題では「反省しない日本」を厳しく批判するものが多く、日米関係に不快な心理的ミゾを生じさせている。

なぜ日本政府は、こんな事態になるまで明確な反論をせずに手を拱いていたのだろうか。「戦場の性」という、公開の場でおおっぴらに論ずることがはばかられるような事柄だけに、正面切った論争は避けたいという配慮が働いたのかもしれない。しかし、一九九三年、宮沢内閣の河野洋平官房長官が「おわびと反省」の談話を発表し、記者会見で「強制連行」を示唆するような発言をしたことが、あたかも日本自身が公式に「強制連行」を認めた証拠であるかのように受け取られたことは否定できない。真実の究明よりも、韓国側をなだめることを優先するという「ことなかれ主義」が、国際的に国家の尊厳や国民の名誉を傷つける結果を、自ら招き寄せてしまった。

しかも、スリランカの女性法律家ラディカ・クマラスワミ女史による国連人権委員会の報告書は、戸塚悦朗という日本人弁護士の働きかけによるところが大きいとされる（秦郁彦『慰安婦と戦場の性』新潮選書）。慰安婦を最初に「性奴隷」という言葉で表現したのも戸塚弁護士だったと伝えられている（読売新聞、二〇一四年八月三一日付け朝刊）。もともと、金銭の授受を前提とした公娼の存在は広く知られていたが、彼女らを、勤労動員を意味する「女子挺身隊」と混同するような用法で「従軍慰安婦」と呼び、さらに「性奴隷」というネーミングを使うことによって、一気に、女性に対する軍（国家）の強制的な人権侵害行為という意味変換が行われ、欧米メディアで広く流布されて独り歩きするようになってしまったのだった。

こうしてみると慰安婦問題は、日本人の虚言、日本の新聞報道、日本人活動家らの運動による、日本の自作自演シナリオという様相も見えてくる。もちろん、事態がここまで悪化した裏には、日本が戦前行った植民地化政策が韓国に消えがたい屈辱を与え、根強い反日感情を植えつけてしまったという歴史的背景があったからには違いないが、虚言の独り歩きを許してしまった点は、日本政府の対外的情報発信に関する無策ぶりにも一因があるといわねばならない。

メディアの世界に「バズワード」というキーワードがある。バズ（buzz）というのは蜂がぶんぶん飛び回る時のような擬声語で、うるさいほどメディアを騒がす流行り言葉を指すようだ。短い単語で、一瞬のうちに、それが言い表そうとしているイメージを鮮やかに表現する言葉で、たとえばボスニア戦争などで使われた「民族浄化」などがその典型といわれる（『国際メディア情報戦』高木徹、講談社現代新書）。「性奴隷」はまさに、いまわしい行為を国家ぐるみで女性に強いるというイメージにぴったりのバズワードとなってしまった。グレンデール市などの慰安婦記念碑や米下院の対日決議の「性奴隷」非難の文言は、ほとんどすべてクマラスワミ報告がもとになっている。

日本政府も一九九六年当時、この報告書に対する反論文書をまとめていた。ところがいったん国連人権委に提出したにもかかわらず、間もなく自分から撤回し、以後、内容を不公表にしてしまった。二〇一四年秋になって政府は、「（他国から）詳細すぎるという指摘があって、簡潔な文書に改めて提出し直した」（岸田文雄外相）と説明し、当時の原資料の公表を検討する方針を明らかにしたが、国際的にすっかり定着してしまった「性奴隷」イメージを変えさせるのは容易なことではない。

法的な観点から詳細な説明を行うことはもちろん必要だろうが、大学の授業や法廷の弁論と違って外交戦、情報戦の場では、受け手の直感に訴えるような、インパクトのある言葉でなければ効果は薄い。「賠償問題は日韓基本条約で解決ずみ」といった抽象的な主張に終始していたのでは、いくら法的、論理的に正しくても、「性奴隷」というような、俗耳に入りやすく、また生々しいキーワードの連呼の前に、ひとたまりもなくかき消されてしまうのも当然だったといえよう。

尖閣諸島をめぐる日中間の応酬でも、同じようなことがいえる。中国側の領有権の主張に対し、日本政府はひたすら「日中間に領土問題は存在しない」と繰り返すばかり。「領土問題が存在する」ということになると尖閣諸島が外交上の「係争地」とみなされ、本来は争いの余地のない日本固有の領土について、中国側の領有権の主張を一部認めるような結果に引きずり込まれかねない、という配慮からといわれる。これも法律論的には正しい見解であろう。しかし、「領土問題は存在しない」という言葉自体が一般の人にはわかりにくいし、まして尖閣問題について予備知識のない外国の人々には、何のことやらさっぱりわからないだろう。

これに対する中国側報道官の「尖閣は中国の領土」「日本は尖閣を窃取した」という断定的な主張は、ウソか本当かを抜きにして、まず聞く人をびっくりさせる。

「およそ推理や論証をまぬかれた無条件的な断言こそ、群衆の精神にある思想を沁みこませる確実な手段となる。断言は、証拠や論証を伴わない、簡潔なものであればあるほど、ますます威力を持つ」

これは、一九世紀末、フランス革命後のフランス大衆社会における心理状況を分析したギュスターヴ・ル・ボン（『群衆心理』講談社学術文庫）の指摘だが、現代の国際社会についても同様のことがいえそうだ。ル・ボンはまた、「断言」に加えて「反復」「感染」が、群集だけでなく見識ある人々も含めて、人を動かす主要な方法だと述べる。

「断言された事柄は、反復によって、人々の頭のなかに固定して、遂にはあたかも論証ずみの真理のように、承認されるにいたる」

「感染は、庶民層に作用したのち、ついで社会の上層にも及ぶのである。……その有力な意見の不条理なことが、どんなに明白な場合であっても、そうである」

「従軍慰安婦」「性奴隷」が、韓国だけでなく国連やアメリカの知識人の中にまで浸透してしまったのと同じように、「日本が尖閣を盗んだ」という中国政府の断言、反復は、ロンドンの中国人留学生らの会話を通じてイギリス人タクシー運転手にも感染しつつあることは、本節の冒頭で紹介したエピソードからも明らかだろう。さすがにイギリスもアメリカも、中国の主張に無理があることを知っているからか、政府レベルでは慎重に論評を避けているが、放置していれば国民レベルで誤解が定着しかねない状態にある。

中国が根拠としているのは、米英中（蔣介石政権）などが当事者となった第二次世界大戦中のカイロ宣言（一九四三年一一月）、および大戦末期のポツダム宣言（一九四五年七月）である。

カイロ宣言では、「（第一次世界大戦で）日本国が奪取し又は占領した太平洋におけるすべての島を日本国からはく奪すること、並びに満州、台湾及び澎湖島のような日本国が清国人から窃取したすべての地域を中華民国に返還すること」を明記し、ポツダム宣言は「カイロ宣言の条項は履行せらるべく、又日本国の主権は、本州、北海道、九州及四国並に吾等の決定する諸小島に局限せらるべし」と述べている。

カイロ宣言に「奪取」や「窃取」という言葉があり、この宣言の履行を条件とするポツダム宣言を日本が受諾したのだから、尖閣は中国に返還すべきだというのが中国側の主張だ。一見すると正当性があるように見えるが、実は両宣言に「尖閣」は含まれていない。このことは、明治政府が尖閣の現地調査を始めたのが一八八五年、他のどの国にも帰属していないことを確認して沖縄県に編入したのが一八九五年一月で、日清戦争終結（同年四月）以前だったことからも、明らかだ。

日清講和条約（下田条約）で日本は清国に領土の割譲を約束させ、これが三国干渉を招くなどの事態ともなったが、この時の割譲にも尖閣諸島は含まれていない。もともと日本の領土であることを、当時の中国が認識していたからにほかならない。

このように、条約をちゃんと読めば中国の主張が誤りであることは明白なのだが、カイロ宣言、ポツダム宣言などの文言をもとに、法的根拠めいた論理を使って一方的に「日本が窃取した」と断言されると、多くの人は本当なのかと錯覚してしまう。中国の「法律戦」とは、法律を尊重するという意味ではなく、逆に、自国につごうのよいように法律や条約を解釈して自国の主張に正当性を持たせる、という戦術を意味していることをしっかり認識する必要があろう。

ここでは中国の主張の当否を論ずるよりも、この戦術に見られるように、中国が国際世論をどう動かすかを周到に考えて実行している点に注目したい。

日本は、二〇一〇年九月の尖閣周辺海域における中国漁船体当たり事件の際、証拠となるビデオ映像を非公開にする大失態を犯した。その顚末を見ていたのだろう。ベトナムは二〇一四年五月、南シナ海で中国艦船がベトナム艦船に体当たりしてくる事件が起きると、すぐさまその模様を撮影した現場映像を世界中に公開した。最初は衝突の事実すら確認を避け、紛争はベトナム側に非があるような主張を繰り返していた中国外務省も、次第に不利をさとったのか、七月には紛争のもとになっていたパラセル（西沙）諸島での石油掘削作業を予定より早く終了し、撤収した。

中国は、別の島での滑走路拡張の建設工事は着々と継続し、一〇月には完成させてしまったから、領土拡大をめざす中国の野心に変更はないと見るべきだろう。国際世論の動向に対する中国の関心は、国際世論を尊重するということではなくて、国際世論をいかに自国にとって有利な方向に動かすかというところに重点があると思える。ただ、そうであればなおさら、日本をはじめ、中国から圧迫を受けている諸国は、国際法を無視したような中国の軍事的拡大行動の非道理さと危険性を、そのつど素早く、臨機応変に、説得力ある形で国際社会に訴えていかねばなるまい。

第二次安倍内閣が、国際的な広報活動に真剣に取り組み始めたことは評価すべきだろう。民主党政権時代に大幅に削減した国際広報予算を、二〇一三年度は八・五億円、一四年度は一八億円に拡充し、一五年度は約五〇億円にふやす計画とされる。それでも中国の海外向け放送予算八八〇〇億円とは比較にならないくらい小規模だが、対外的な情報発信の重要性を認識したのは大事なことだ。「地球儀外交」と称して世界各国を歴訪し、日本の外交方針や経済政策などのアピールに努めていることも評価したい。

しかし、その一方で、二〇一三年末の靖国神社参拝のように、理念先行的な安倍首相自身の言動が国内外に不安感を与えていることにも、留意する必要があろう。安倍の立場からすれば靖国参拝は個人の信条の問題で、他人、まして他国から、とやかくいわれる筋合いではないということだろう。ただ、靖国神社がA級戦犯を合祀した時以来、昭和天皇が参拝を取り止めたことに象徴されるように、この問題は、一九四五年八月、戦争終結の際に受諾したポツダム宣言、および一九五一年九月に締結したサンフランシスコ平和条約で、東京裁判による戦争責任者の処罰を受け入れたという歴史的経緯と深い関係がある。

このため、総理大臣としての参拝は、単なる個人の信条という次元を超えて、ポツダム宣言から始まる日本の戦後体制を修正する試み、という疑念をアメリカにも抱かせる恐れがある。安倍の参拝に対して米政府が「失望」という異例の表現を使って論評したのも、そうした背景によるもののようだ。

日米は同盟関係にあるから、日本の誠実な行動によっていずれ疑心や誤解を解くことは可能だろうが、中国や韓国のように、「歴史認識」を対日批判の武器として意図的に利用しようとしている国から見れば、安倍の靖国参拝は「歴史の反省なき日本」のイメージを国際的にアピールし、自分たちの反日的言動を正当化する格好の口実になる。ことの当否は別として、国際世論作りという面で、日本にとって決してプラスにならないことは明らかだ。

政治に理念が必要であることはいうまでもないが、その理念を実現していくためにも、アート（技術）の巧拙が大事な要素となる。アートとしての政治には、①政府・与党内の根回し、あるいは野党対策といった政界の内輪における、舞台裏での、特定の対象に対する個別的な交渉術と、②選挙の際の有権者の支持、あるいは国際社会における他国の協力を獲得するための、公開の場における、不特定多数を対象とする説得工作という、大別して二つの活動がある。後者は一般にＰＲ（public relations：広報宣伝）活動、あるいはプロパガンダ戦術と呼ばれ、とくに大衆社会と呼ばれる政治状況の中では、イメージ戦略が大きな影響力を持つことから、どの指導者も政党もこの分野の活動に力を入れている。

プロパガンダ（propaganda）は、一六二二年にローマ法王グレゴリウス一五世が反宗教改革運動推進のために使った「布教」を意味する言葉で、情報を抵抗なく受け手に受容させることを目的とする行動だったが、それを近代大衆社会で意識的に、最も効果的に活用したのはヒトラーといわれる（高田博行『ヒトラー演説』中公新書）。彼は二〇世紀に入って普及し始めたラジオ、映画といったマスメディアを最大限に使って、熱狂的な支持を獲得することに成功したが、そのために彼は演説のレトリック、身振り手振りを、オペラ歌手を雇って自ら熱心に訓練していたという。

しかし、興味深いのは、ヒトラーの天才的とも称される演説が、ある段階から次第に効果を失っていったことである。「（一九三三年の）政権獲得の一年半後にはすでに、国民に飽きられはじめていた」と、前掲書で高田はいう。

ヒトラーが一九二〇年代半ば、急速にドイツ民衆の熱狂的な支持を集めたのは、「自由、平和、ドイツの栄誉、高次の民主主義」といったスローガンが、第一次世界大戦の敗北、それに続くワイマール体制下の経済混乱などで閉塞感にさいなまれていた民衆に、力強い希望を感じさせたからだった。ところが政権獲得後の演説は、独裁体制を強化するための手段に変わり、ラジオの聴取を義務化するなど、演説者と国民は「管理者と管理される者」の関係となってしまっていた。

短期決戦に終わると思われた第二次世界大戦が予想に反して長引くと、国民の関心はもっぱら「戦争はいつ終わるのか」に変わる。国民を鼓舞しようとするヒトラー演説は、聴衆の耳をむなしく素通りしていくだけとなった。

「ラジオを通してヒトラー演説を聴く国民に今や信頼感がまったく欠けていた。……弁論術はそれ自体いくら巧みで高度なものであったにしても機能せず、国民の心のなかに入っていくことはできなくなっていた」

「受け手側に聞きたいという強い気持ちがなければ、その（心を動かす）潜在力は顕在化しえず、受け手を熱くできなかった」

広報宣伝活動は政治に不可欠の機能である。しかしそれが効果を挙げるためには、受け手の関心に応えるだけの内容と、情報発信のタイミングの一致がなければならない。一方的な主張だけでは効果はない。意見や主張を発信する前に、まず受信してもらう聴衆側の関心の動向や、発信された情報に対する聴衆の反応の可能性を、あらかじめ敏感に読み取るだけの感受性が必要なのだ。

吉田茂は著書『回想十年』の冒頭で、若き外交官としてニューヨークを訪れた際、第一次世界大戦の前後にウイルソン米大統領の顧問として活躍したエドワード・ハウス大佐との会話から、「ディプロマチック・センス」の大切さを外交の基本として教えられたことを強調している。

ディプロマティック・センスとは、直訳すれば「外交的感覚」だろうが、「国際的な勘」のようなものだと、吉田は解説する。ハウス大佐は大統領の命を受けてドイツ皇帝ヴィルヘルム二世と会談し、ドイツの主戦的傾向に警告したにもかかわらずドイツが無謀な戦争に突入して国を誤ってしまったという体験を語り、日清、日露戦争以後、「第二のドイツ」を気取って浮かれていた日本に対し、ドイツの轍を踏まないよう訴えたという。帰国後の吉田は対米、対英関係重視を説いたが、時の政治家、軍人たちには受け入れられず、結局、日本はドイツの轍を踏むことになった。吉田はその経験から、こう述べる。

「一国の外交は何よりも国際信用を基礎とすべきものである。……国際信用に関連して重要なことは、『正義に則って外交を行なう』ということである。外交が自国の利益を直接対象とするのは、いうまでもないが、同じ自国の利益といっても、目先の利益と、長い先々までを見通した利益とがある。……正をとって動かざる大丈夫の態度こそ、外交を行なうものの堅持すべきところであろう」

吉田の言う正義、信義は、国際的に理解され共感を得られるような道理、と言い換えてもよいだろう。自国の利益増進を図るにしても、どんな方法をとればどんな反応を呼び起こすか、それをあらかじめ感じ取ったうえで、国際社会に受容され、信頼と尊敬を確保できるような、筋の通った論理のもとに行動することが大切だということだ。それがディプロマティック・センスなのであり、正義、信義に即した行動となる。

七〇年前、戦争終結の決断にあたり、終戦詔書の原案に安岡正篤が書き入れようとして幻に終わった「義命の存するところ」という言葉も、ほぼ同様の意味合いといえよう。「義命」の出典である春秋左氏伝・成公八年に「信ハ以テ義ヲ行イ、義ハ以テ命ヲ成ス」とあったことを、改めて思い起こしたい。

グローバル化が進行した二一世紀の世界は、政治の秩序も経済活動のシステムも大きく動揺し、不安定化を深めている。既存の枠組みに寄りかかって、成り行きにまかせていける時代はすぎた。「時運の赴く所」ではなく、進むべき進路、行動のあり方を自分自身で考え、国際的な説得力を持って自国の立場を堂々と主張し、行動しなければ、国家の安全も尊厳も守れない。為政者だけでなく、彼らを選ぶ国民自身の見識もまた問われているのが、戦後七〇年、日本の今、である。

年表

年	月日	記事
1889（明治22）	2・11	大日本帝国憲法（明治憲法）公布
1894（明治27）	8・1	日清戦争
1895（明治28）	4・17	下関条約（日清講和条約）調印
1904（明治37）	2	日露戦争
1905（明治38）	9・5	ポーツマス条約（日露講和条約）調印
1914（大正3）	8	第一次世界大戦、日本がドイツに対し宣戦（8・23）
1918（大正7）	11・11	世界大戦休戦条約
1925（大正14）	3	普通選挙法、治安維持法公布
1928（昭和3）	6・4	張作霖爆死事件
1930（昭和5）	4	ロンドン軍縮会議
1931（昭和6）	9・18	満州事変
1932（昭和7）	5・15	五・一五事件
1936（昭和11）	2・26	二・二六事件
1937（昭和12）	7・7	盧溝橋事件、日中戦争へ
1938（昭和13）	3・24	国家総動員法成立
1939（昭和14）	9・1	ドイツがポーランド侵攻、第二次世界大戦
1940（昭和15）	9・27	日独伊三国軍事同盟
1941（昭和16）	12・8	真珠湾攻撃、太平洋戦争
1945（昭和20）	8・6	広島に原爆投下
	8・9	長崎に原爆投下、第一回御前会議
	8・10	ポツダム宣言受諾通告

年	月日	記事
	8・14	第二回御前会議
	8・15	終戦詔書の玉音放送
	9・2	降伏文書に調印
1946（昭和21）	11・3	日本国憲法公布
1948（昭和23）	11	極東国際軍事裁判最終判決、東条英機ら7人死刑執行（12・23）
1951（昭和26）	9・8	サンフランシスコ講和会議、平和条約、日米安保条約調印（吉田茂全権）
1955（昭和30）	10・13	左右社会党が統一
	11・15	自由、民主両党が合同
1956（昭和31）	10・19	日ソ共同宣言で国交回復
	12	国連に日本加盟
1960（昭和35）	6・19	日米新安保条約が自然承認
1964（昭和39）	10・10	東京オリンピック開催
1965（昭和40）	6・22	日韓基本条約に調印
1971（昭和46）	6・17	沖縄返還協定に調印
1972（昭和47）	9・29	日中国交正常化
1973（昭和48）	10	第四次中東戦争、石油危機と狂乱物価
1976（昭和51）	2・4	ロッキード事件発覚
	7・27	田中角栄前首相逮捕
1979（昭和54）	6・28	東京で第五回先進国首脳会議（サミット）開催
1980（昭和55）	5・16	大平内閣不信任案が自民党反主流派の造反で可決
	5・19	衆院解散、初の衆参同日選挙
	6・12	大平正芳首相が急死
	6・22	衆参両院で自民党が安定多数を確保
1985（昭和60）	2・7	竹下登蔵相の「創政会」旗揚げで田中派の内紛激化
	2・27	田中元首相が脳梗塞で入院
1988（昭和63）	6・18	リクルートコスモスの未公開株譲渡事件発覚

年	月日	事項
1989（平成1）	1・7	昭和天皇崩御
	1・8	平成と改元
	6・3	中国で天安門事件
	7・23	参院選で自民党惨敗、宇野宗佑首相が辞任
	11	ベルリンの壁崩壊
1990（平成2）	2	株価暴落、バブル崩壊
	8・2	イラクがクウェート侵攻
	10・3	東西ドイツが統一
1991（平成3）	1・17	多国籍軍がイラク空爆、湾岸戦争
	12・26	ソ連邦が崩壊、冷戦終結
1992（平成4）	8・27	東京佐川急便事件で金丸信自民党副総裁への五億円献金問題表面化
1993（平成5）	3・6	金丸前副総裁逮捕
	6・18	政治改革法案不成立で宮沢内閣不信任案が自民党内の造反により可決、衆院解散
	7・18	衆院選で自民党が過半数割れ、自社55年体制崩壊
	8・4	河野洋平官房長官が慰安婦問題で「お詫びと反省」の談話発表
	8・9	非自民七党一会派の連立による細川護煕内閣成立
1994（平成6）	1・28	政治改革法案の修正で細川首相と河野自民党総裁が合意、小選挙区比例代表並立制の衆院新選挙制度導入が決まる
	6・30	村山富市を首相とする自社さ三党連立政権成立
1995（平成7）	1・17	阪神・淡路大震災
	3・20	オウム真理教による地下鉄サリン事件
2001（平成13）	9・11	アメリカで同時多発テロ
2002（平成14）	9・17	小泉純一郎首相が訪朝、初の日朝首脳会談
2003（平成15）	3・19	ブッシュ米大統領、イラク攻撃開始を宣言
2005（平成17）	8・8	郵政民営化問題で小泉首相が衆院を解散
	9・11	衆院で自民党が圧勝
2006（平成18）	7・5	北朝鮮がテポドン発射

年	月日	記事
	10・9	北朝鮮が地下核実験
2007（平成19）	1・9	防衛庁が省に昇格
	7・30	米下院が慰安婦問題で日本に公式謝罪を求める決議
	11・2	福田康夫首相と民主党の小沢一郎代表が自民・民主両党の連立構想で合意したが、民主党内の反対で挫折
2008（平成20）	9・15	米証券大手のリーマン・ブラザーズが経営破綻
	10・6	世界同時株安
2009（平成21）	7・21	衆院解散
	8・30	衆院選で民主党が308議席を獲得し、政権交代
	9・16	民主党の鳩山由紀夫を首相とする民主、社民、国民新党の連立政権成立
	11・11	行政刷新のための事業仕分けがスタート
2010（平成22）	1・15、16	小沢一郎民主党幹事長の資金管理団体による土地購入問題で元秘書ら逮捕
	4・22	鳩山首相の資金管理団体による偽装献金事件で元秘書らに判決、鳩山首相は辞任（6・8）
	7・11	参院選で民主党が大幅議席減
	9・7	尖閣諸島沖で中国漁船が海上保安庁の巡視船に体当たり、船長を公務執行妨害で逮捕
2011（平成23）	3・11	東日本大震災、大津波の被害。福島第一原発事故の大混乱
2012（平成24）	7・3	ロシアのメドベージェフ首相が北方領土の国後島訪問
	8・10	韓国の李明博大統領が島根県・竹島に上陸
	9・11	野田佳彦内閣が尖閣諸島の国有化を閣議決定
	9・14	尖閣諸島周辺領海内に中国の監視船6隻が侵入、北京など中国各地で反日デモ
	11・16	野田首相と安倍晋三自民党総裁の党首討論をへて衆院解散
	12・16	衆院選で自民党が圧勝
	12・26	第二次安倍内閣が発足、3年3か月ぶりに自民・公明の連立政権が復活
2013（平成25）	1・22	政府・日銀が2パーセントのインフレ目標を明記した異例の共同声明を発表、デフレ脱却をめざすアベノミクス政策スタート
	7・21	参院選で自民党が過半数を獲得、衆参のねじれ状態が解消

	7・30	米カリフォルニア州グレンデール市に「従軍慰安婦」像
	11・23	中国が尖閣諸島を含む東シナ海上に防空識別圏を設定
	12・6	特定秘密保護法が成立
	12・16	安倍首相が靖国神社を参拝、米政府は「失望」を表明
	12・17	「国防の基本方針」に代わる「国家安全保障戦略」を閣議決定、積極的平和主義が柱
2014（平成26）	3・18	ウクライナのクリミア自治共和国が住民投票でロシアへの編入に賛成、ロシアが編入宣言
	6・29	イスラム教スンニ派の過激派組織が「イスラム国」を宣言
	7・1	集団的自衛権を限定容認する新政府見解を閣議決定
	7・18	ウクライナ上空でマレーシア航空機撃墜、ウクライナ政府は親ロシア武装集団の関与を主張
	8・5	朝日新聞社が従軍慰安婦報道のもとになった吉田清治の「強制連行」証言を「虚偽」と認定、一部記事の取り消しを発表
	8・6	米軍が「イスラム国」に空爆開始
	8・19	「イスラム国」に拘束されていた米ジャーナリストが処刑
	9・11	朝日新聞社が福島第一原発事故の調査報告書誤報問題で記事を撤回、社長が謝罪会見
	12・14	衆院選で自民・公明の与党が衆院の三分の二超の圧勝、第三次安倍内閣発足（12・24）
2015（平成27）	1・7	パリでイスラム過激派の武装グループが政治週刊紙「シャルリー・エブド」本社を襲撃、編集長ら12人死亡
	1・20	安倍首相が中東歴訪中に、「イスラム国」がインターネットで日本人ジャーナリストら二人の殺害予告、身代金2億ドルを要求
	1・25	人質の一人、湯川遥菜さん殺害のインターネット映像
	2・1	人質のジャーナリスト、後藤健二さん殺害のインターネット映像
	2・3	「イスラム国」が拘束していたヨルダン人パイロットを焼殺のインターネット映像

＊日本史年表（吉川弘文館）、世界史年表（同）、世界史小辞典（山川出版社）、および各種文献、新聞記事などを参照して著者が作成。

終戦の詔書成立過程表

A	B	C	D	E
1	1	①	朕　　　　　　　　　　　　　茲ニ忠良ナ	1
		②〜⑧	朕深ク世界ノ大勢ト帝国ノ現状トニ鑑ミ非常ノ措置ヲ以テ時局ヲ収拾セムト欲シ茲ニ忠良ナ	2
			朕深ク世界ノ大勢ト帝國ノ現狀トニ鑑ミ非常ノ措置ヲ以テ時局ヲ收拾セムト欲シ茲ニ忠良ナ	3
3	2	①〜⑧	ル爾臣民ニ告ク	4
			ル爾臣民ニ告ク　［第一段落］	5
4	3	①	朕ハ帝国政府ヲシテ米英　　重慶　並ソヴィエート政府ニ対シ各国共同宣言ヲ受諾スル	6
		②〜⑤	朕ハ帝国政府ヲシテ米英二国並ニ重慶政権ソヴィエート聯邦ニ対シ各国共同宣言ヲ受諾スル	7
		⑥〜⑧	朕ハ帝国政府ヲシテ米英――支蘇――四国ニ対シ其ノ共同宣言ヲ受諾スル	8
			朕ハ帝國政府ヲシテ米英　支蘇　四國ニ對シ其ノ共同宣言ヲ受諾スル	9
5	4	①〜⑧	旨通告セシメタリ	10
			旨通告セシメタリ　［第二段落］	11
7	5	①〜⑤	世界人類ノ和平ト帝国臣民ノ康寧トヲ冀求　スルハ皇祖皇宗ノ遺範ニシテ	12
		⑥〜⑧	――抑ゝ帝国臣民ノ康寧――ヲ図リ万邦共栄ノ楽ヲ偕ニスルハ皇祖皇宗ノ遺範ニシテ	13
			抑ゝ帝國臣民ノ康寧　ヲ圖リ萬邦共榮ノ樂ヲ偕ニスルハ皇祖皇宗ノ遺範ニシテ	14
8	6	①	朕ノ拳々措カサル所曩ニ米英二国ニ対スル宣戦ヲ敢テセル所以モ亦実ニ帝国ノ自存ト東亜ノ	15
		②〜⑧	朕ノ拳々措カサル所曩ニ米英二国ニ――宣戦――セル所以モ亦実ニ帝国ノ自存ト東亜ノ	16
			朕ノ拳々措カサル所曩ニ米英二國ニ　宣戰　セル所以モ亦實ニ帝國ノ自存ト東亞ノ	17

10	7	①②	安定ヲ庶幾スルニ出テ他国 主権ノ毀損ト領土ノ侵畧 トハ固ヨリ朕カ素志ニアラス	18
		③	安定ヲ庶幾スルニ出テ他国 主権ヲ排シ―領土ヲ侵ス ―ハ固ヨリ朕カ素志ニアラス	19
		④⑤	安定ヲ庶幾スルニ出テ他国ノ主権ヲ排シ 領土ヲ侵ス ハ固ヨリ朕カ素志ニアラス	20
		⑥～⑧	安定ヲ庶幾スルニ出テ他国ノ主権ヲ排シ 領土ヲ侵スカ如キハ固ヨリ朕カ―志ニアラス	21
			安定ヲ庶幾スルニ出テ他國ノ主權ヲ排シ領土ヲ侵スカ如キハ固ヨリ朕カ志ニアラス	22
12	8	①	然ルニ交戦已ニ四歳ヲ閲シ朕カ陸海将兵ノ健闘朕カ百僚有司ノ励精朕カ一億衆庶ノ刻苦其ノ	23
		②	然ルニ交戦已ニ四歳ヲ閲シ朕カ陸海将兵ノ敢闘朕カ百僚有司ノ励精朕カ一億衆庶ノ奉公各々	24
		③～⑧	然ルニ交戦已ニ四歳ヲ閲シ朕カ陸海将兵ノ勇戦朕カ百僚有司ノ励精朕カ一億衆庶ノ奉公各々	25
			然ルニ交戰已ニ四歳ヲ閲シ朕カ陸海將兵ノ勇戰朕カ百僚有司ノ勵精朕カ一億衆庶ノ奉公各々	26
14	10	①	極ニ達スルモ 未タ 戦争ノ局ヲ結フニ至ラス 此ノ間欧洲ニ於テハ反テ戦火	27
		②	最善ヲ尽セルニ拘ラス 未タ 戦争ノ局ヲ結フニ至ラス 此ノ間欧洲ニ於テハ反テ戦火	28
		③	最善ヲ尽セルニ拘ラス―（未タ）―戦―局次第ニ不利ニ陥リ―	29
		④～⑦	最善ヲ尽セルニ拘ラス 戦 局日ニ非ニシテ―	30
		⑧	最善ヲ尽セルニ拘ラス 戦 局必スシモ好転セス	31
			最善ヲ盡セルニ拘ラス戰局必スシモ好轉セス	32
15	11	①②	ノ終熄ヲ見世界ノ大勢ハ新ナル国際秩序ノ実現ヲ促スノ機運ヲ示セリ 是ノ秋ニ当リ―― ［44・45に接続］	33
		③	―世界ノ大勢ハ悉ク我ニ―非ト為ルニ至レ―リ 是ノ秋ニ当リ敵ハ更	34
		④～⑥	世界ノ大勢ハ悉ク我ニ利アラサルニ至レ リ 之ニ加フルニ敵ハ―	35
		⑦⑧	世界ノ大勢―亦我ニ利アラス― ― ―加之―敵ハ	36
			世界ノ大勢亦我ニ利アラス 加之敵ハ	37
16	11	③	ニ人道ヲ無視シテ新ニ惨虐ナル兵器ヲ使用シ	38
		④⑤	―人道ヲ無視シテ新ニ残虐ナル兵器ヲ使用シ目的ノ為ニ手段ヲ択ハス	39
		⑥	―新ニ残虐ナル兵器ヲ使用シ―禍害ノ及フ所真ニ測ル	40
		⑦	新ニ残虐ナル爆弾ヲ使用シ 惨害ノ及フ所真ニ測ル	41
		⑧	新ニ残虐ナル爆弾ヲ使用シテ頻ニ無辜ヲ殺傷シ 惨害ノ及フ所真ニ測ル	42
			新ニ殘虐ナル爆彈ヲ使用シテ頻ニ無辜ヲ殺傷シ慘害ノ及フ所眞ニ測ル	43

A	B	C	D	E
17	12	①	［33から］ 尚交戦ヲ継続セムカ激烈ナル破壊ト惨酷ナル殺戮トノ 極マル所	44
		②	［33から］ 尚交戦ヲ継続セムカ激烈ナル破壊ト惨酷ナル殺戮トノ究極スル所	45
		③	尚交戦ヲ継続セムカ——	46
		④⑤	今後尚交戦ヲ継続セムカ	47
		⑥	ヘカラス 而モ尚交戦ヲ継続セムカ	48
		⑦	ヘカラサルモノアリ 而モ尚交戦ヲ継続セムカ	49
		⑧	ヘカラサルニ至ル—— 而モ尚交戦ヲ継続セムカ	50
			ヘカラサルニ至ル 而モ尚交戦ヲ継續セムカ	51
18	13	①	遂ニ 民族生存ノ根拠ヲ奪フ ノミナラス延テハ人類 文明ノ大本ヲ 滅却スルヤ必セ	52
		②	単ニ 民族生存ノ根拠ヲ奪フ ノミナラス延テ—人類 文明ノ大本ヲ 滅却スルヤ必セ	53
		③	終ニ日本民族——ノ滅亡ヲ将来スルノミナラス延テ 人類ノ文明——ヲ 滅却スヘシ——	54
		④⑤	終ニ日本民族 ノ敗亡ヲ招来スルノミナラス延テ 人類ノ文明 ヲ 滅却スヘシ	55
		⑥	終ニ日本民族 ノ敗亡ヲ招来スルノミナラス延テ 人類ノ文明 ヲモ滅却スヘシ	56
		⑦⑧	終ニ我カ民族 ノ滅亡ヲ招来スルノミナラス延テ 人類ノ文明 ヲモ破却スヘシ	57
			終ニ我カ民族 ノ滅亡ヲ招來スルノミナラス延テ 人類ノ文明 ヲモ破却スヘシ	58
19	14	①	リ 朕ハ 戦局益〻不利ニシテ敵国ノ人道ヲ無視セル爆撃ノ日ニ月ニ苛烈ヲ極メ朕カ赤子	59
		②	リ 朕ハ此ノ戦局ノ—危急ニシテ——人道ヲ無視セル敵襲ノ今後益〻苛烈ヲ加ヘ—国家	60
		①	ノ犠牲愈〻多ク 人倫ノ大変所在並起ルヲ見ルニ忍ヒス 特ニ戦火	61
		②	ノ犠牲愈〻多ク朕ノ赤子ノ非命ニ斃ルル者日ニ月ニ其ノ数ヲ増スヲ見ルニ忍ヒス 特ニ戦火	62
		①②	ノ及フ所人類共存ノ本義ヲ否定スルニ至ラムコトヲ懼ル	63
		③	——是ノ如クムハ朕—（ノ不徳）—何ヲ	64
		④⑤	斯ノ如クムハ朕ハ——何ヲ	65
		⑥〜⑧	斯ノ如クムハ朕— 何ヲ	66
			斯ノ如クムハ朕 何ヲ	67
		①②	是レ朕カ先ニ帝国政府ヲシテ第三国ノ	68
		③〜⑥	以テカ億兆ノ赤子ヲ保シ皇祖皇宗ノ神霊ニ謝セムヤ 是レ朕カ先ニ帝国政府ヲシテ第三国ノ	69
		⑦⑧	以テカ億兆ノ赤子ヲ保シ皇祖皇宗ノ神霊ニ謝セムヤ 是レ朕カ——帝国政府ヲシテ——	70

71	20	14		以テカ億兆ノ赤子ヲ保シ皇祖皇宗ノ神靈ニ謝セムヤ　是レ朕カ　帝國政府ヲシテ
72	22	16	①〜③	調停ヲ求メシメタル所以ナルモ不幸其ノ容ルル所トナラス遂ニ各国共同ノ宣言ニ応セシムル
73			④⑤	斡旋ヲ求メシメタル所以ナルモ不幸其ノ容ルル所トナラス遂ニ各国共同ノ宣言ニ応セシムル
74			⑥	斡旋ヲ求メシメテ――不幸其ノ容ルル所トナラス遂ニ各国共同―宣言ニ応セシムル
75			⑦⑧	―――――共同　宣言ニ応セシムル
76				共同　宣言ニ應セシムル
77	22	16	①〜⑤	ニ至レル理由ナリ［99・100・101に接続］
78			⑥	ニ至レル所以ナリ［102に接続］
79			⑦⑧	ニ至レル所以ナリ
80				ニ至レル所以ナリ［第三段落］
81	24	17	①	［105から］且夫レ帝国ト共ニ東亜新秩序ノ建設ニ協力セル東亜ノ諸盟邦ニ対シテモ事遂ニ志ト
82			②	［106から］且又―帝国ト共ニ終始新秩序ノ建設ニ協力セル東亜ノ諸盟邦ニ対シテモ事遂ニ志ト
83			③〜⑤	［107から］且又　帝国ト共ニ終始新秩序ノ建設ニ協力セル東亜ノ諸盟邦ニ対シ――――
84			⑥	［96から］且又　帝国ト共ニ終始―東亜ノ解放ニ協力セル――諸盟邦ニ対シ
85			⑦⑧	朕ハ　帝国ト共ニ終始　東亜ノ解放ニ協力セル　諸盟邦ニ対シ
86				朕ハ　帝國ト共ニ終始　東亞ノ解放ニ協力セル　諸盟邦ニ對シ
87	25	17	①	違ヘルコトヲ謝セサルヘカラス　然レトモ事態ハ今ヤ此ノ一途ヲ余スニ過キス［111に接続］
88			②	違ヘルコトヲ謝セサルヘカラス　然レトモ事態ハ今ヤ此ノ一途ヲ余スノミ――［112に接続］
89			③	――実ニ感愧ニ堪ヘス　然レトモ――（羞ヲ包ミ恥ヲ忍ヒ）――［113に接続］
90			④〜⑥	実ニ感愧ニ堪ヘス　然レトモ［114に接続］
91			⑦⑧	遺憾ノ意ヲ表セサルヲ得ス――
92				遺憾ノ意ヲ表セサルヲ得ス
93	26	18	⑥	［108から］殊ニ戦陣ニ死シ職域ニ殉シ非命ニ斃レタル将兵赤子及其ノ遺族ニ想ヲ致セハ寝食
94			⑦⑧	帝国臣民ニシテ戦陣ニ死シ職域ニ殉シ非命ニ斃レタル者――及其ノ遺族ニ想ヲ致セハ五内
95				帝國臣民ニシテ戦陣ニ死シ職域ニ殉シ非命ニ斃レタル者　及其ノ遺族ニ想ヲ致セハ五内
96			⑥	安カラス　戦傷ヲ負ヒ災禍ヲ蒙リ家業ヲ失ヒタル者ノ厚生ニ至リテハ朕　深ク之ヲ念トス［84に接続］
97			⑦⑧	為ニ裂ク且戦傷ヲ負ヒ災禍ヲ蒙リ家業ヲ失ヒタル者ノ厚生ニ至リテハ朕ノ深ク軫念スル所ナ

A	B	C	D	E
28	19		爲ニ裂ク且戰傷ヲ負ヒ災禍ヲ蒙リ家業ヲ失ヒタル者ノ厚生ニ至リテハ朕ノ深ク軫念スル所ナ	98
30	21	①	[77から] 斯ノ如キ非常ノ措置ニヨリ戦争ノ終結ヲ求ム　今後帝国ノ受クヘキ苦難ハ固	99
		②③	[77から] 斯ノ如キ非常ノ措置ニヨリ戦争ノ終結ヲ求ム　惟フニ――帝国ノ受クヘキ苦難ハ固	100
		④⑤	[77から] 此ノ如キ非常ノ措置ニヨリ戦争ノ終結ヲ求ム　惟フニ　帝国ノ受クヘキ苦難ハ固	101
		⑥	[78から] ―――――――――― 惟フニ今後帝国ノ受クヘキ苦難ハ固	102
		⑦⑧	リ　惟フニ今後帝国ノ受クヘキ苦難ハ固	103
			リ　惟フニ今後帝國ノ受クヘキ苦難ハ固	104
31	21	①	ヨリ尋常ニアラサルヘク爾臣民ノ衷情ハ朕最能ク之ヲ知レリ　(且夫レ)　[81に接続]	105
		②	ヨリ尋常ニアラサルヘク爾臣民ノ衷情モ朕―能ク之ヲ知レリ　(且又)　[82に接続]	106
		③〜⑤	ヨリ尋常ニ―非ス―――爾臣民ノ衷情ハ朕　善ク之ヲ知ル―　(且又)　[83に接続]	107
		⑥	ヨリ尋常ニ　非ス　爾臣民ノ衷情モ朕　善ク之ヲ知ル　(殊ニ)　[93に接続]	108
		⑦⑧	ヨリ尋常ニアラス　爾臣民ノ衷情モ朕　善ク之ヲ知ル　――	109
			ヨリ尋常ニアラス　爾臣民ノ衷情モ朕　善ク之ヲ知ル	110
32	22	①	[87から] 朕ハ　実ニ堪ヘ難キヲ堪ヘ忍ヒ難キヲ忍ヒ	111
		②	[88から] 朕ハ　実ニ堪ヘ難キヲ堪ヘ忍ヒ難キヲ忍ヒ臥薪嘗胆為ス有ルノ日ヲ将来ニ	112
		③	[89から] 朕ハ義命ノ存スル所堪ヘ難キヲ堪ヘ忍ヒ難キヲ忍ヒ―(天下ノ為ニ聖精誠ヲ致シ)―	113
		④〜⑥	[90から] 朕ハ時運ノ命スル所堪ヘ難キヲ堪ヘ忍ヒ難キヲ忍ヒ	114
		⑦	然レトモ朕ハ時運ノ命スル所堪ヘ難キヲ堪ヘ忍ヒ難キヲ忍ヒ	115
		⑧	然レトモ朕ハ時運ノ―趨ク所堪ヘ難キヲ堪ヘ忍ヒ難キヲ忍ヒ	116
			然レトモ朕ハ時運ノ　趨ク所堪ヘ難キヲ堪ヘ忍ヒ難キヲ忍ヒ	117
33	23	①	爾臣民ト共ニ黽勉努力以テ　社稷ヲ保衛セムト欲ス	118
		②	期シ爾臣民ノ協翼ヲ得テ――　永ク社稷ヲ保衛セムト欲ス	119
		③〜⑤	――――――　万世ノ為ニ太平ヲ―開カムト欲ス	120
		⑥〜⑧	以テ万世ノ為ニ太平ヲ　開カムト欲ス	121
			以テ萬世ノ爲ニ太平ヲ　開カムト欲ス　[第四段落]	122
		①	忠良ナル爾臣民　朕ハ常ニ　爾臣民ノ赤誠ニ信倚シ神	123
		②③	――――　朕ハ常ニ　忠良ナル爾臣民ノ赤誠ニ信倚シ神	124

頁	行	案	本文	番号
35	25	④⑤	朕ハ——　国体ヲ護持シ得タルヲ欣ヒ忠良ナル爾臣民ノ赤誠ニ信倚シ神	125
		⑥	朕ハ　茲ニ国体ヲ護持シ得——ルヲ欣ヒ忠良ナル爾臣民ノ赤誠ニ信倚シ神	126
		⑦⑧	朕ハ　茲ニ国体ヲ護持シ得テ——忠良ナル爾臣民ノ赤誠ニ信倚シ——	127
			朕ハ　茲ニ國體ヲ護持シ得テ　忠良ナル爾臣民ノ赤誠ニ信倚シ	128
36	25	①	器ヲ奉シテ　爾臣民ト共ニ在リ　苟モ　激情　軽挙　益〻事端ヲ滋クシ	129
		②	器ヲ奉シテ　爾臣民ト共ニ在リ　若シ夫レ情熱ノ激スル所軽挙妄動濫ニ事端ヲ滋クシ或ハ	130
		③	器ヲ奉シテ　爾臣民ト共ニ在リ　若シ夫レ情——ノ激スル所軽挙妄動濫ニ事端ヲ滋クシ或ハ	131
		④⑤	器ヲ奉シテ常ニ爾臣民ト共ニ在リ　若シ夫レ情　ノ激スル所軽挙妄動濫ニ事端ヲ滋クシ或ハ	132
		⑥	器ヲ奉シテ常ニ爾臣民ト共ニ在リ　若シ夫レ情　ノ激スル所——濫ニ事端ヲ滋クシ或ハ	133
		⑦⑧	——常ニ爾臣民ト共ニ在リ　若シ夫レ情　ノ激スル所　濫ニ事端ヲ滋クシ或ハ	134
			常ニ爾臣民ト共ニ在リ　若シ夫レ情　ノ激スル所　濫ニ事端ヲ滋クシ或ハ	135
38	27	①	同胞排擠愈〻時局ヲ乱リ為ニ　世界ニ信ヲ失フカ如キハ朕ノ最　戒ムル	136
		②	同胞排擠互ニ時局ヲ乱リ為ニ　信義ヲ世界ニ——失フカ如キハ朕ノ最　戒ムル	137
		③	同胞排擠互ニ時局ヲ乱リ為ニ大道ヲ誤リ信義ヲ世界ニ　失フカ如キハ朕ノ最　戒ムル	138
		④	同胞排擠互ニ時局ヲ乱リ為ニ大道ヲ誤リ信義ヲ世界ニ　失フカ如キハ朕ノ最モ之ヲ戒ム——	139
		⑤〜⑥	同胞排擠互ニ時局ヲ乱リ為ニ大道ヲ誤リ信義ヲ世界ニ　失フカ如キハ朕——最モ之ヲ戒ム	140
			同胞排擠互ニ時局ヲ亂リ爲ニ大道ヲ誤リ信義ヲ世界ニ　失フカ如キハ朕　最モ之ヲ戒ム	141
40	28	①	所ナリ［158に接続］	142
		②	所宜シク冷静沈着刻苦自励益〻国体ヲ明カニシ弥名分ヲ正シ	143
		③	所——官民一致——任重クシテ道遠キヲ念ヒ弘毅ノ	144
		④⑤	——宣シク官民一致　任重クシテ道遠キヲ念ヒ弘毅ノ	145
		⑥〜⑧	宣シク挙国一家子孫相伝ヘ	146
			宣シク擧國一家子孫相傳ヘ	147
40	28	②	確ク神州ノ不滅ヲ信シ	148
		③	志ヲ失ハス確ク神州ノ不滅ヲ信シ　国体ヲ護持シ	149
		④⑤	志ヲ失ハス確ク神州ノ不滅ヲ信シ弥〻国体ヲ明徴ニシ戦争遂行ニ尽シタル　力ヲ	150
		⑥〜⑧	——確ク神州ノ不滅ヲ信シ——任重クシテ道遠キヲ念ヒ総力ヲ	151
			確ク神州ノ不滅ヲ信シ　任重クシテ道遠キヲ念ヒ總力ヲ	152

A	B	C	D	E
41	29	②③	誓テ禍ヲ転シテ福ト為スノ基ヲ開ク	153
		④⑤	移シテ之ヲ戦後ノ建設ニ傾ケ　誓テ禍ヲ転シテ福ト為スノ基ヲ立ツ	154
		⑥	——将来ノ建設ニ傾ケ道義ヲ篤クシ志操ヲ尚クシ誓テ国体ノ精華ヲ発揚シ世界ノ進運	155
		⑦⑧	将来ノ建設ニ傾ケ道義ヲ篤クシ志操ヲ鞏クシ誓テ国体ノ精華ヲ発揚シ世界ノ進運	156
			將来ノ建設ニ傾ケ道義ヲ篤クシ志操ヲ鞏クシ誓テ國體ノ精華ヲ發揚シ世界ノ進運	157
43	30	①	〔142から〕　爾臣民其レ克ク朕カ意ヲ体セヨ	158
		②〜⑤	ヘキナリ　爾臣民其レ克ク朕カ意ヲ体セヨ	159
		⑥〜⑧	ニ後レサラムコトヲ期スヘシ　爾臣民其レ克ク朕カ意ヲ体セヨ	160
			ニ後レサラムコトヲ期スヘシ　爾臣民其レ克ク朕カ意ヲ體セヨ	161

御名御璽

昭和二十年八月十四日

内閣総理大臣以下
各国務大臣副署

石渡隆之「終戦の詔書成立過程」、『北の丸』（国立公文書館報、第28号、平成八年三月）所収

参考文献

◉アレント、ハンナ『責任と判断』ジェローム・コーン編、中山元訳、筑摩書房、二〇〇七年

◉池田純久『陸軍葬儀委員長——支那事変から東京裁判まで』日本出版共同、一九五三年

◉石川真澄『戦後政治史』岩波新書、一九九五年

◉市川安司『近思録』明治書院、一九七五年

◉一ノ瀬俊也『日本軍と日本兵——米軍報告書は語る』講談社現代新書、二〇一四年

◉猪瀬直樹、菊澤研宗、小谷賢、戸髙一成、戸部良一、長谷川毅、原剛、別宮暖朗、伊藤隆他『語りつぐ昭和史——激動の半世紀』第5巻、朝日新聞社、一九七五—七七年

◉ウェーバー、マックス『権力と支配』浜島朗訳、みすず書房、一九五四年、講談社学術文庫、二〇一二年

◉永六輔『永六輔のお話し供養』小学館、二〇一二年

◉老川祥一『やさしい行政と官僚のはなし』法学書院、一九九五年

◉老川祥一『政治家の胸中——肉声でたどる政治史の現場』藤原書店、二〇一二年

◉偕行社『統帥綱領・統帥参考』偕行社、一九六二年

◉外務省編『終戦史録』上・下、新聞月鑑社、一九五二年

◉片山杜秀『未完のファシズム——「持たざる国」日本の運命』新潮選書、二〇一二年

◉勝海舟『氷川清話』勝部真長編、角川書店、一九九三年、角川文庫、一九七二年

◉鎌田正『春秋左氏伝』明徳出版社、一九六八年

◉岸信介、矢次一夫、伊藤隆『岸信介の回想』文春学藝ライブラリー、二〇一四年

◉北岡伸一『官僚制としての日本陸軍』筑摩書房、二〇一二年

◉木村靖二『第一次世界大戦』ちくま新書、二〇一四年

◉ギュスターヴ、ル・ボン『群衆心理』桜井成夫訳、岡倉書房、一九四七年、講談社学術文庫、一九九三年

◉クノップ、グイド『ヒトラー・権力掌握の二〇ヵ月』高木玲訳、中央公論新社、二〇一〇年
◉幸田露伴『努力論』東亜堂書房、一九一三年、岩波文庫、一九四〇年
◉国会事故調、福島原発事故独立検証委員会『国会事故調　東京電力福島原子力発電所事故調査委員会報告書』徳間書店、二〇一二年
◉コント、オーギュスト『ソシオロジーの起源へ』杉本隆司訳、白水社、二〇一三年
◉坂口安吾『堕落論』銀座出版社、一九四七年、新潮文庫、二〇〇〇年
◉迫水久常『機関銃下の首相官邸——二・二六事件から終戦まで』恒文社、一九八二年、ちくま学芸文庫、二〇一一年
◉佐々木毅編『政治改革1800日の真実』講談社、一九九九年
◉佐道明広『「改革」政治の混迷——1989～』吉川弘文館、二〇一二年
◉シエイエス、エマニュエル『第三身分とは何か』稲本洋之助、伊藤洋一、川出良枝、松本英実訳、岩波文庫、二〇一一年
◉司馬遼太郎『この国のかたち』1・4文藝春秋、一九九〇—九六年、文春文庫、一九九三—二〇〇〇年
◉下村海南『終戦秘史』講談社、一九五〇年、講談社学術文庫、一九八五年
◉新藤宗幸『政治主導——官僚制を問いなおす』ちくま新書、二〇一二年
◉鈴木多聞『「終戦」の政治史　一九四三—一九四五』東京大学出版会、二〇一一年
◉高木徹『国際メディア情報戦』講談社現代新書、二〇一四年
◉高田博行『ヒトラー演説——熱狂の真実』中公新書、二〇一四年
◉高宮太平『天皇陛下』酣燈社、一九五一年
◉武村正義、御厨貴『武村正義回顧録』牧原出編、岩波書店、二〇一一年
◉タックマン、バーバラ・W『八月の砲声』上・下、山室まりや訳、筑摩書房、一九六五年、ちくま学芸文庫、二〇〇四年
◉田辺聖子『私の大阪八景』文藝春秋新社、一九六五年、岩波現代文庫、二〇〇〇年
◉茶園義男『密室の終戦詔勅』雄松堂出版、一九八九年
◉ツヴァイク『昨日の世界』Ⅰ・Ⅱ、原田義人訳、みすずライブラリー、一九九九年
◉塚本素山『あゝ皇軍最後の日——陸軍大将田中静壱伝』非売品、一九七八年

◉テイラー、A・J・P・『第二次世界大戦の起源』吉田輝夫訳、中央公論社、一九七七年、講談社学術文庫、二〇一一年
◉寺崎英成、マリコ・テラサキ・ミラー『昭和天皇独白録――寺崎英成・御用掛日記』文藝春秋、一九九一年、文春文庫、一九九五年
◉東京電力福島原子力発電所における事故調査・検証委員会『最終報告』東京電力福島原子力発電所における事故調査・検証委員会、二〇一二年
◉童門冬二『山田方谷――河井継之助が学んだ藩政改革の師』人物文庫、二〇〇二年
◉遠山敦『丸山眞男-理念への信』講談社、二〇一〇年
◉戸部良一他『失敗の本質――日本軍の組織論的研究』ダイヤモンド社、一九八四年、中公文庫、一九九一年
◉富森叡児『戦後保守党史』日本評論新社、一九七七、岩波現代文庫、二〇〇六年
◉中村隆英、宮崎正康『史料・太平洋戦争被害調査報告』東京大学出版会、一九九五年
◉夏川和也監修『日中海戦はあるか――拡大する中国の海洋進出と、日本の対応』きずな出版、二〇一三年
◉成沢光『政治のことば――意味の歴史をめぐって』平凡社、一九八四年、講談社学術文庫、二〇一二年
◉成瀬治他『ドイツ現代史』山川出版社、一九八七年
◉ニクソン、リチャード『指導者とは』徳岡孝夫訳、文春学藝ライブラリー、二〇一三年
◉日本再建イニシアティブ『民主党政権　失敗の検証――日本政治は何を活かすか』中公新書、二〇一三年
◉野中郁次郎、杉之尾宜生、戸部良一、土居征夫、河野仁、山内昌之、菊澤研宗『失敗の本質　戦場のリーダーシップ篇』ダイヤモンド社、二〇一二年
◉バーク、エドマンド『新訳・フランス革命の省察』佐藤健志編訳、PHP研究所、二〇一一年
◉橋下徹『最後に思わずYESと言わせる最強の交渉術――かけひきで絶対負けない実戦テクニック72』日本文芸社、二〇〇三年
◉バジョット、ウォルター『イギリス憲政論』小松春雄訳、中公クラシックス、二〇一一年
◉秦郁彦『慰安婦と戦場の性』新潮選書、一九九九年
◉半藤一利『あの戦争と日本人』文藝春秋、二〇一一年、文春文庫、二〇一三年
◉バルザック、オノレ・ド『役人の生理学』鹿島茂編訳、新評論、一九八七年、講談社学術文庫、二〇一三年
◉坂野潤治『日本政治「失敗」の研究』光芒社、二〇〇一年

◉坂野潤治『日本近代史』ちくま新書、二〇一二年
◉福島原発事故独立検証委員会『福島原発事故独立検証委員会調査・検証報告書』ディスカヴァー・トゥエンティワン、二〇一二年
◉古川隆久『昭和天皇――「理性の君主」の孤独』中公新書、二〇一一年
◉升味準之輔『昭和天皇とその時代』山川出版社、一九九八年
◉升味準之輔『日本政治史』3・4、東京大学出版会、一九八八年
◉松本健一『官邸危機――内閣官房参与として見た民主党政権』ちくま新書、二〇一四年
◉丸山眞男『現代政治の思想と行動』未来社、一九六四年
◉丸山眞男『丸山眞男講義録』第7冊、東京大学出版会、一九九八年
◉丸山眞男『丸山眞男集』第12巻、松沢弘陽、植手通有編、岩波書店、一九九六年
◉水島吉隆、村井友秀『日本と日本軍の失敗のメカニズム――事例研究』中央公論新社、二〇一三年
◉森正蔵『旋風二十年――解禁昭和裏面史』鱒書房、一九四七年、ちくま学芸文庫、二〇〇九年
◉モーロワ、アンドレ『フランス敗れたり』高野彌一郎訳、ウェッジ、二〇〇五年
◉モンゴメリー、ルーシー・モンド『赤毛のアン』前田三恵子訳学習研究社、一九七〇年
◉安岡正篤『運命を創る――人間学講話』プレジデント社、一九七一年
◉安岡正篤先生年譜編纂委員会記念館『安岡正篤先生年譜』郷学研究所、一九九七年
◉矢野久美子『ハンナ・アーレント――「戦争の世紀」を生きた政治哲学者』中公新書、二〇一四年
◉矢部貞治『政治学』勁草書房、一九四九年
◉山本智之『日本陸軍戦争終結過程の研究』芙蓉書房出版、二〇一〇年
◉吉見直人『終戦史――なぜ決断できなかったのか』NHK出版、二〇一三年
◉吉田茂『回想十年』新潮社、一九五七年、中公文庫、二〇一五年
◉読売新聞社『昭和史の天皇』3、30、読売新聞社、一九六七年―七〇年、中公文庫、二〇一一―一二年
◉読売新聞昭和時代プロジェクト『昭和時代　戦前・戦中期』中央公論新社、二〇一二年
◉読売新聞政治部『亡国の宰相　官邸機能停止の180日』新潮社、二〇一一年
◉読売新聞政治部『検証　国家戦略なき日本』新潮社、二〇〇六年、新潮文庫、二〇〇九年

◉読売新聞戦争責任検証委員会『戦争責任』1・2中央公論新社、二〇〇六年、中公文庫、二〇〇九年
◉読売新聞編集局『徹底検証朝日「慰安婦」報道』中公新書ラクレ、二〇一四年
◉ルース、ジョン・G『スガモ尋問調書』山田寛訳、読売新聞社、一九九五年
◉渡邊啓貴『シャルル・ドゴール――民主主義の中のリーダーシップへの苦闘』慶応義塾大学出版会、二〇一三年
◉渡邉恒雄『派閥――保守党の解剖』弘文堂、一九五八年

あとがき

本書は、いくつもの幸運な、偶然の連鎖が実らせてくれた果実というほかはない。まるで何かに導かれるようにしてここまで辿りついた、というのがペンを置くにあたっての私の実感である。

最初のきっかけは写真家の久保田富弘さんとの縁だ。久保田さんは私が政治部記者として首相官邸の現場を走り回っていたころ、官邸の公式カメラマンとして歴代首相の写真を撮影していた方で、前著『政治家の胸中』（藤原書店）を発刊する際、写真提供などの協力をしてくれた。前著の出版後、しばらくたって雑談をしていたところ、「実はこんな写真もあるのだが」と見せてくれたのが、官邸玄関わきのガラス窓の、弾痕の写真だった。

この写真との出会いがなければ、本書執筆への一歩を踏み出す機会はなかったかもしれない。かねて、首相官邸を舞台にした政治史の、いくつかの悲劇を含めたドラマを自分の手で洗い直してみたいと考えていた私ではあったが、この写真に触発されたことで、それが官邸の取材を長年にわたって経験した私の責務だと思い立ったのだった。

そんな折り、中堅政治家と懇談していた時に、彼が父親の故自民党実力者から聞いたという、終戦詔書の「時運の赴く所」という言葉の背景に驚かされた。安岡正篤が手を入れた原案では「義命の存する所」だったのを、当時の閣僚達が異論を唱えて修正してしまった結果だというのだ。私がそれまでに読んだ現代史の本では目にしたことのない話である。早速、それらしき話に触れた本がないかと探し回り、当時の関係者らの証言を記述した何冊かの中古書を見つけたが、いずれも断片的で、また内容に食い違いもある。真相がいまひとつはっきりつかめず困っていたところ、それなら安岡記念館にあたってみたら、とアドバイスしてくれたのが、旧知の吉田弘さん（国策研究会事務局長）だった。吉田さんには中古書探しでもずいぶん助けてもらった。

当時、読売新聞社は大手町の本社ビルを建て替え工事中で、私は東銀座の仮社屋に勤務していた。聞けば安岡記念館の東京事務所はそこからすぐそばの東銀座にあるという。仕事の合間を見て、無駄を覚悟でそのビルをのぞいてみた。事務所の人に聞いてみると、なんとあっさり、「その通りですよ」というではないか。しかも、終戦詔書原案の、安岡がエンピツで書き入れた部分のコピーが、不鮮明ながら展示してある。詔書案の書き直しは本当だったのだ。茶園義男という研究者がその件について著作を発表していることも、そこで知った。

東京事務所の紹介で、埼玉県嵐山町の「郷学研修所・安岡正篤記念館」の常務理事・田中一三さんには、安岡が引用した漢籍の出典や安岡と詔書との関わりなどについて、貴重な教示を受けることができた。東銀座の事務所はしばらくのちに閉鎖されてしまったし、私の本社ビルも大手町に戻ったから、もしあの時、私が東銀座の事務所をふらりと訪ねていなかったら、詔書の作成過程を本格的に調べるきっかけは、多分ないままに終わっていたに違いない。

偶然はまだ続く。そんなある日、福田康夫元首相が当社の渡辺恒雄代表取締役会長・主筆に、国立公文書館のリニューアルを検討する研究会への参加について相談にきて、私がその会にメンバーとして加わることになった。公文書館の拡充について、福田さんは首相在任中から実現をめざしていて、彼の呼びかけで国会に谷垣禎一法相（当時）を中心とする超党派議員連盟ができ、具体案を検討するため民間有識者による研究会を作ることになったというのだ。

安倍内閣も政府として取り組む意向を示して、研究会とは別に内閣府が所管する「国立公文書館の機能・設備の在り方等に関する調査検討会議」という諮問機関が設置され、私はそこの座長もつとめることになった。こうした縁で国立公文書館の加藤丈夫館長らと会う機会ができた。そこである時、思い切って「終戦詔書も原案類があるそうですが、見せてもらうことは可能でしょうか」と聞いてみた。多分、原史料の閲覧は無理だろうなと思っていると、加藤さんはなんとも気軽に「ああ、いいですよ」。

やがて公文書専門官室の大賀妙子専門官と水野京子さんが白い手袋で、ずっしりと重そうな茶色の表紙の文書の束を運んできてくれた。これが終戦詔書の原案か。胸が高まる思いでページをめくってもらった。複製された淡黄色のご署名原本の、書き直しの跡や小さな文字の書き込みも、この目で確認することができた。加藤館長や大賀さん、水野さんにはその後、修正部分の点検、分析などにも懇切な協力をいただいた。また業務課の梅原康嗣さんは、本書への転載のための文書の複写に尽力してくれた。

こんな偶然が重なった結果生まれたのが本書であって、ここまで縁をつないでくださった上記の方々に、心から感謝を捧げたい。

実は、もう一つの偶然がある。私の遅筆のせいで、本書の発刊が戦後七〇年という節目の年になったことである。はじめは半年間程度で完成させるつもりで着手したのだが、日常業務の合間に資料を探したり執筆したりという作業のため、一向にはかどらない。そうこうしているうちに、あっという間に二年近い時間がすぎて、やっと脱稿できたのが二〇一五年の年明けとなってしまった。この間、辛抱強く待ってくれた中央公論新社学芸局長の郡司典夫さんには、感謝と合わせてお詫びを申し上げなければならない。

もっとも、こうした紆余曲折の過程で、私自身、多くを学ぶことができたのは幸いだった。資料や関連書籍を探し回っているうちに、通説を覆すような「最新研究」の新説にぶつかって驚かされたことがある。終戦前夜の御前会議における、よく知られている昭和天皇の発言の一部が事実ではなく、フィクションだったというのだ。その真偽を確かめるためだけでも、改めて資料や書籍類の再点検、古書店回りなどで、数週間を費やした。

その結果は、本書で述べたとおり、新説の方が誤りだと確信することができた。新説には気をつけろ、というショーペンハウエルの警句を、実感をもって思い起こしたが、事実関係をきちんと確認することの大切さ、またそのための労を惜しんではならないことを痛感した。報道を使命とする新聞記者として、取材の初心を確認する機会でもあった。

こうしてはからずも、終戦からちょうど七〇年という節目の年に、終戦詔書の知られざるドラマを世に送り出すことになった次第だ。戦前戦後の歴史過程に読者の関心が高まっている時機に発刊の運びとなったことで、一人でも多くの方に本書を読んでもらえるとすれば、著者として大きな喜びである。

節目という意味では、一九九五年の戦後五〇年（村山内閣）、二〇〇五年の戦後六〇年（小泉内閣）も、大きな節目であったことに変わりはない。しかし、戦後七〇年の今年ほど緊迫した空気に包まれた節目を、私たちは戦後これまで体験したことがなかったのではなかろうか。日本を取り巻く国際情勢も、また日本の社会全体も、不気味な変動を始めている。その中での戦後七〇年の節目である。

年明け早々に起きた、「イスラム国」と称するテロ集団による日本人人質・殺害事件は、まさにその不幸な象徴ともいえる。それまでも中東や北アフリカなどで日本人が人質となり、殺害される事件はいくつかあったが、偶発的、散発的なケースと違って「イスラム国」事件は、日本人および日本という国家自体を直接の標的として脅迫し、残虐な手段で攻撃してきた点で、過去に例がない。日本は、そして日本人はいまや、激変する国際情勢の最前線に立っているのだ。そのことをはっきりと認識しなければならないだろう。

この事件も、冷戦構造の崩壊と経済のグローバル化に伴って進行している国際秩序の変容過程の、一つの現れといえるだろう。一国単位の解決能力を超えたさまざまな課題の噴出で、「国家の衰退」や「国家のゆらぎ」を指摘する議論も多いが、さりとて国家に代わって困難な課題の解決にあたれる機関は存在しない。主権の担い手としての国家は不可欠の存在である。「イスラム国」なるテロ組織すら「国」を名乗り、国家への羨望をのぞかせているではないか。

元フランス外相のユベール・ヴェドリーヌは『「国家」の復権』(草思社)で、「国際的な取り組みを実行する主体は国家しかない」と語り、「世界政府」といった幻想に救いを求めようとすることはかえって危険であると警告している。たとえ不十分であっても、国家の機能を回復させ、多国間の協力体制を構築することに注力すべきだろう。日本も責任ある当事者として、その先頭に立たなければならない。

政治機能の回復、強化には、すでに述べたような国会の仕組みや選挙制度の見直し、政策体系の整備などが必要だが、それだけにとどまるものでもない。フェルナン・ブローデルが『歴史入門』(中公文庫)で経済や経済史について述べた言葉を、政治についてそのままなぞっていえば、「政治はそれ自体として存在することはない。……政治史は、ある一つの観点から見た人間の全体史である」といえよう。

政治は人間社会の縮図でもあるわけだから、国民や社会が劣化した状況にある場合、政治だけが賢明であることはできない。だからといって決断し指導する立場にある政治が劣化していてよいはずはないが、国民自身も、自分を含めた社会の状況について、絶えず目覚めている必要がある。

大勢の流れるまま、「時運の赴く所」にまかせた政治がどれほど国民生活に悲惨な結果を招くことになるかは、終戦詔書をめぐる苦闘が語ってくれた。七〇年前にも似た、いやそれ以上に混沌とした新しい時代の波頭に立って、その教訓が少しでも生かされることを願うばかりである。

老川祥一

二〇一五年一月末

や行

ら行

わ行

な行

は行

ま行

さ行

た行

人名索引

あ行

か行

老川祥一
おいかわしょういち

読売新聞グループ本社取締役最高顧問・主筆代理、The Japan News主筆。1941年、東京生まれ。早稲田大学政治経済学部政治学科卒業。64年読売新聞社（東京本社）に入社し、盛岡支局に配属。70年政治部、76年ワシントン支局。論説委員、政治部長などを経て、取締役編集局長、大阪本社代表取締役社長、東京本社代表取締役社長・編集主幹等を歴任。2011年より現職。
著書に『政治家の胸中――肉声でたどる政治史の現場』（藤原書店、2012年）などがある。

デザイン＆DTP　山田信也（スタジオ・ポット）

終戦詔書と日本政治
――義命と時運の相克

2015年4月25日　初版発行

著者……………………老川祥一
発行者…………………大橋善光
発行所…………………中央公論新社

〒104-8320　東京都中央区京橋2-8-7
電話　販売　03-3563-1431
　　　編集　03-3563-3664
URL　http://www.chuko.co.jp/

印刷……………………三晃印刷
製本……………………大口製本印刷

Published by CHUOKORON-SHINSHA, INC.
Printed in Japan
ISBN978-4-12-004713-8　C0031